丛书编委会

主　任　刘继南

委　员（按姓氏笔画排列）
　　　　　山红红　马延军　王迎军　王温凤
　　　　　许学峰　李晓华　杨旭东　邹晓巧
　　　　　闵惠泉　张李玺　张秀琴　陈乃芳
　　　　　陈维嘉　郑晓静　秦　和　高晓虹

中外女性领导力研究丛书

联合国精英女性培养政策与实践

仪名海 薛岩 张易昔 等著

中国传媒大学出版社
·北京·

总 序

吴启迪

本套丛书系教育部哲学社会科学研究重大攻关项目"高等教育大众化与媒介融合时代菁英女性培养与领导力提升研究"(项目号:15JZDW002)的成果。

20世纪90年代以来,国际社会呼吁性别议题和性别关切应该纳入社会发展主流,借此改变人类文明进程。1995年在北京举行的联合国第四届世界妇女大会上明确提出"社会性别主流化"的行动纲领。这一行动纲领具有长期的指导意义,是引领人类性别文明的"亚历山大灯塔"。"社会性别主流化"意味着:在社会实践或研究领域洞悉性别问题,作为原因、作为交织影响或作为结果;在法规政策制定和实施中确立性别支持框架,作为顶层设计、作为微观透视或作为合法性论证;在媒体呈现报道里规避性别污名化或复制性别歧视偏见,作为议程设置、作为新闻人价值立场或作为普遍的职业操守。社会性别主流化自然亟待全社会的努力,但是从吁求到行动,及至落地生根,都离不开菁英女性作为先行者的探索和开拓,作为"光源"的引导和辐射。菁英女性的培养和领导力提升,是性别平等事业新历史节点的关键所在。

高等教育大众化及至普及化时代,女性在各行各业的领导力呈现,成为性别平等的新表征。自 2006 年起,世界经济论坛每年发布《全球性别差距报告》,从经济机会、政治赋权、教育成就、健康和生存四个维度对全球不同国家的性别差距状况进行衡量。根据世界经济论坛最新发布的报告(2020),教育成就以及健康和生存两个子指数分别为 96% 和 97%,基本实现了性别平等;经济机会、政治赋权两项指数分别为 58% 和 25%,这说明女性经济参与与机会不充分,政治参与严重不足。历史地看,经济与政治指数仍然是历史进步和积极干预的结果,同时醒目的数据也让世人更直观地了解并审视"性别差距",严肃对待并改变造成性别差距的政策、环境和无形的惯习。

性别差距未被纳入视野,甚或性别平等尚未成为议题的漫长历史阶段,我们可以称之为领导力的性别缺失时代,不言自明,这时领导力等于男性领导力,概念内涵上领导力意味着单一性别即男性的领导本质和特征;这时无论是领导力的经验采撷还是理论探讨,都受制于单调而畸形的性别光谱。本套丛书既从理论上探索女性领导力的实质内涵和本质特征,发掘女性和领导力相遇的丰富思想空间,也关注菁英女性实践所焕发、闪烁的新领导力精神、新领导力文化,同时关切媒介环境变迁中女性活跃的生活世界、"她时代"的新气象和女性面临的新问题。此外还特别关注女性领导力生成机制和社会支持网络。研究表明,在侧重性别培养的教育机构中,性别赋权取得了更显著的成就,其思想火种也更可能随之传播出去,而女性继续教育亟待持续规划和系统政策支持。

性别问题在世界不同地方、不同领域呈现出各自的急迫和重点,有的在为性别机会均等努力,在漫长的学制中教育机会均等也呈现出差异图景;有的或重心落在性别平等在不同领域的差异上,如聚焦女性参政情况、学术领域的隐性性别歧视等;比较一致和普遍的关切是在整个职业生涯中女性发展有形的掣肘和无形的障碍,这方面的政策缺位格外突出。研究还关注国际组织的女性发展政策、欧洲女性参政的光谱、中国传媒领域菁英女性领导力、教育领域中女大学生的成长等问题。伴随新科技塑造的媒介环境,女性日常生活变迁和积极表现是世人瞩目的议题,因而也被纳入丛书研究的视野。

本套丛书围绕菁英女性培养和女性领导力提升展开,但是需要申明的是,性别意识不仅仅是女性教育或女性领导力培养需要特别关注的。隐含或隐藏的性别偏见、性别歧视对两性都造成了困扰和伤害,即使是在充满男性优势地位的世界里,真正的性别及其人格担当并没有建立起来。男性、男孩的教育也应该贯穿于整个学制中,而现实往往是既缺乏女性教育,又缺少男性教育。教育是要构造未来世界的,性别意识、性别议题应该首先与教育制度、教育文化相融合。基于性别的自我理解、同情理解、相互理解之愿景和实践,将引领我们走向新世界和新文明。

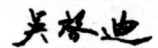

前　言

在当今国际社会,随着女性社会地位的不断提高,女性对于推动人类社会的进步与发展具有不可替代的意义,这已经成为不争的事实。在全球化逐渐走向深入的过程中,世界各国各个领域精英女性人数的增加,不仅意味着女性固有的推动社会发展的能力在全球得以挖掘和呈现,也预示着世界各国需要进一步调整各自的女性政策,加强在精英女性领域的合作,为精英女性乃至全球所有女性的发展奠定更广泛、更坚实的政策基础,营造更适宜的社会环境,推动女性为社会发展做出更大的贡献。

联合国作为当今国际社会中最具影响力的国际组织,自成立以来,就将促进性别平等、增强妇女权能列为长期关注的重点议题。为了持续推进全球女性事业,联合国多次召开国际会议,与成员国商讨维护男女平等的相关细则。在确保各项规定得到严格实施的同时,联合国还建立了一系列定期评估和审查制度,确保妇女赋权能够落到实处。面对各国性别结构不断调整变化的情况,联合国在维护男女平等地位的基础上,致力于在各领域打造精英女性,强化妇女的领导才能,推动女性成为引领世界发展的重要力量。

当前,女性的精英化趋势在各行各业愈发凸显,女性正在从被歧视、被边缘化、被忽略的角色向受尊重、进入主流、受重视的角色转变。面对精英女性群体崛起的事实,联合国在精英女性的培养及提高其领导力方面发挥了重要作用,其中包括:推进性别平等成为联合国可持续发展议题的重要内容;促进女性在科学领域发挥关键作用;增强女性在政治领域的领导地位;扭转女性在经济领域发展中的不利局面;推动女性群体成为维护世界和平不可或缺的重要力量;等等。鉴于此,在联合国框架下分析精英女性培养及领导力提升问题就具备了十分重要的现实意义。

　　本书共分为六章。第一章着重梳理了联合国对精英女性的培养以及提升女性领导力的意义,认为联合国对精英女性的培养有助于打破妇女面临的传统社会困境,进而为推动实现性别平等提供现实的动力。第二章分析了全球女性在从弱势群体到精英女性发展这一角色转变的过程中,联合国所发挥的至关重要的作用。为了使精英女性在社会发展中发挥引领作用,长期以来,联合国做出了不懈的努力。第三章和第四章分别详细介绍了联合国在实践层面做出的相关举措,以提升精英女性的领导能力,真正实现新时代女性自我赋权的成就。需要说明的是,这两章从联合国系统的角度出发,着重介绍了联合国各专门机构就精英女性的培养及提升其领导能力展开的行动。在实现女性精英化的培养道路上,虽然联合国取得了一系列显著成就,但是就现实情况而言,毋庸置疑,联合国仍面临来自不同层面的制约和压力。因此,我们有必要从"中间人"的立场出发,对联合国提升精英女性及其领导力发挥的作用进行重新评判。在这种语境下,第五章主要回应了各方对联合国精英女性的培养和推动精英女性发展能力的质疑,并指出了联合国解决相关问题遇到的现实困境。随着全球化的深入发展,各种层出不穷的新问题正在对联合国及其成员国提出巨大考验,如何在新的社会发展形态下进一步加强联合国精英女性的培养,提高精英女性的领导能力,成为联合国迫切需要应对的重要问题。第六章作为展望篇,试图对当下全球新兴议题中发挥精英女性作用的途径进行评估,并在此基础上为未来联合国精英女性的培养提供可借鉴的努力方向。

在本书立项和写作过程中,得到了中国传媒大学原校长、世界大学女校长论坛组委会主席刘继南教授多方面的支持和鼓励,以及中国传媒大学阮婕好老师极具专业性的指导;苏立特、马佳池、冯小桐、张婧的加入对本书写作任务的完成贡献很大。出版社同仁在编辑此书的过程中做了大量卓有成效的工作,他们辛勤的工作使本书能够及早与读者见面,在此一并表示诚挚的感谢!

在本书写作过程中,作者做了多方面的努力,力图为读者全面呈现联合国在这一领域的政策与实践,但由于作者水平有限,不足之处在所难免,敬请广大读者不吝赐教,多多指正。

作　者

2020 年 6 月 26 日

目 录

第一章 联合国精英女性的培养及其领导力提升的意义 ⋯⋯ 001
第一节 女性议题在联合国体系中的地位分析 ⋯⋯⋯⋯⋯ 001
第二节 精英女性的培养对实现联合国女性议题目标的意义 ⋯⋯⋯⋯ 011
第三节 精英女性领导力的提升对实现联合国女性议题目标的意义 ⋯⋯ 016

第二章 联合国对女性从对弱势群体地位改变到精英女性的诉求 ⋯⋯ 024
第一节 联合国提出女性议题的基本宗旨 ⋯⋯⋯⋯⋯⋯⋯ 024
第二节 联合国提出女性议题的四个阶段 ⋯⋯⋯⋯⋯⋯⋯ 029
第三节 从解决女性平等地位到精英女性培养 ⋯⋯⋯⋯⋯ 037
第四节 从精英女性培养到精英女性领导力的提升 ⋯⋯⋯ 040

第三章 联合国精英女性培养的实践路径 ⋯⋯⋯⋯⋯⋯⋯ 043
第一节 机构的创建 ⋯⋯⋯⋯⋯⋯⋯⋯⋯⋯⋯⋯⋯⋯⋯ 043

第二节　决议的出台 ·· 049
第三节　措施的采取 ·· 051

第四章　联合国系统精英女性领导力提升的实践 ·· 054
第一节　联合国系统政策的出台 ·· 054
第二节　联合国系统措施的采取 ·· 085
第三节　联合国系统对成员国工作的推进 ······································· 113
第四节　联合国系统在民间社会的推动 ··· 158

第五章　联合国精英女性培养及其领导力提升的成就及问题 ·················· 165
第一节　联合国精英女性培养及其领导力提升的成就 ···················· 166
第二节　联合国精英女性培养及其领导力提升的困境 ···················· 173

第六章　联合国精英女性培养及其领导力提高的对策 ······················· 191
第一节　联合国精英女性培养及其领导力提升的优势 ···················· 191
第二节　高等教育大众化优势发挥 ··· 204
第三节　媒介融合趋势的运用 ·· 210
第四节　联合国精英女性的培养及其领导力提升的前瞻分析 ········· 218

结　语 ··· 231

附录一：与性别相关中英文译名对照 ··· 235
附录二：与性别议题相关的网址 ··· 242

后　记 ··· 248

第一章 联合国精英女性的培养及其领导力提升的意义

女性是创造人类文明的一支伟大力量。促进男女平等,保障女性权益,不仅关系到女性的切身利益,对人类创造能力的全面发挥、社会生产力的充分解放也起着至关重要的作用。自联合国成立以来,联合国各级机构在提高女性地位、促进性别平等、推动世界妇女事业发展方面做出了不懈努力。联合国各专门机构也纷纷出台相关措施,为弥合性别鸿沟做出了重要贡献。在新的复杂多变的国际背景下,女性在维护世界和平、推动世界经济发展、发展各国人民友好关系等方面发挥着关键作用。与此同时,在女性领域,联合国及其成员国也面临多方面的挑战,如何在现有的历史条件下,更加全面、系统地保障妇女的平等地位,充分挖掘精英女性的潜力,成为当前联合国推动女性事务乃至联合国全球事业发展的当务之急。

第一节 女性议题在联合国体系中的地位分析

尽管当前国际社会在女性事务方面已经取得了前所未有的进步和发展,但是就性别议题而言,全球在实现性别平等方面仍然任重道远。毫无疑问,联合国作为全球最具权威性、最具普遍性的国际组织,在推动性别平等问题上负有更大的责任。"女性问题就是联合国的问题""联合国所有的问题都是女性问题"已成为国际社会的共识。鉴于此,本章试图对女性问题在联合国体系中的地位进行分析,以此阐明联合国解决女性问题,包括推进性别平等、增强妇女权能,对精英女性的培养以及提高精英女性领导能力对实现联合国宗旨及目标的意义。

一、联合国部分机构关注的优先议题

联合国成立伊始,《联合国宪章》就开宗明义地指出联合国的宗旨之一是"促成国际合作,以解决国际间属于经济、社会、文化及人类福利性质之国际问题,且不分种族、性别、语言或宗教,增进并激励对于全体人类人权及基本自由之尊重"。"不分性别"地增进并激励对于全体人类人权及基本自由之尊重,成为联合国创建的重要原则和开展此后活动重要的行动指南。而性别平等不仅是一项基本人权,同时也是建设和平、繁荣与可持续世界的基石。为了能够全方位消除各领域内存在的性别歧视现象,充分保障女性的合法与平等权益,联合国各直属机构、专门机构及其相关机构,以及联合国成员国纷纷设立性别专题,从政治、经济、社会、文化、安全多层面出发,推动女性平等和赋权,使女性成为社会发展的重要力量。

联合国妇女署(UN Women)是致力于增强女性权能的核心机构,并为联合国制定实现性别平等全球标准提供支持。联合国妇女署与各国政府及民间社会合作,通过出台政策、实施法律、制订计划及开展多种服务,以确保这些标准能够得到有效实施,并使全世界的女性真正受益。联合国妇女署的女性权利保障工作主要围绕以下几个战略重点展开:女性领导、参与治理系统并从中平等受益;女性有收入保障、有体面的工作和经济自主权;所有女性能够不受各种形式的暴力侵害;女性为建立可持续的和平与恢复发展活力做出贡献,并在其中发挥更大作用,进而从预防自然灾害和人类冲突以及人道主义行动中平等受益。基于战略重点包含的不同内容,联合国妇女署成立了四个专项部门,包括提高妇女地位司、国际提高妇女地位研究训练所、性别问题和提高妇女地位特别顾问办公室(OSAGI)、联合国妇女发展基金。

成立于1946年11月4日的联合国教科文组织一直将"性别平等"视为开展工作的焦点。早在20世纪90年代,"如何在课堂教学中对男孩和女孩实现公平的教育""男孩和女孩如何能够平等地学习科学技术""女性人力资源开发"等问题,成为联合国教科文组织讨论的重点问题。2000年4月在塞内加尔的达喀尔举行的世界教育论坛上,来自164个国家的代表一致通过了《达喀尔行动纲领》。纲领明确指出,要在2005年以前消除初等和中等教育的两性不平等现象,并在2015年前实现教育方面的两性平等。除了在基础教育层面给予女性性别平等关注之外,联合国教科文组织还从高等教育方面出发,注重挖掘女性成为科学家的潜力。为了在全世界树立妇女榜样的形象,联合国教科文组织致力于增强妇女在科学、技术、工程和数学中的能力,改善了在科学、技术、工程和数学领域中性别平等的衡量标准。与此同时,联合国教科文组织统计研究所(UNESCO Institute for Statistics)还专设了"性别与教育"(Gender and Education)主题,专门为各国、各地区在实现教育性别平等进程中提供数字统计,为评估性别平等程度提供科学的量化依据。

国际电信联盟(International Telecommunication Union,ITU)致力于将性别观点纳入国际电信联盟的主流,并通过信息通信技术促进性别平等和增强妇女权能。近年来,国际电信联盟在多领域推进相关工作并取得了良好的效果:如2016年国际电信联盟成立宽带可持续发展委员会数字性别鸿沟工作组,旨在研究解决妇女面临的障碍和加强利益相关者之间合作的措施;2018年,国际电信联盟与非洲联盟委员会合作,发起"非洲女孩可以编码倡议"(African Girls Can Code Initiative,AGCCI),为非洲的更多年轻妇女能够从事信息与通信技术(Information and Communication Technology,ICT)行业的研究和职业提供机会;2017年6月,国际电信联盟率先与国际劳工组织联合发起了"青年体面工作数字技能运动",试图在工作环境中弥合性别数字鸿沟;①在国际电信联盟于2018年发布的《将性别观点纳入国际电信联盟的主流,通过电信/信息和通信技术促进两性平等和赋予妇女权力决议》②中,国际电信联盟专门强调了信息通信技术在推动女性赋权、促进性别平等及提高妇女参与社会发展方面的作用,特别鼓励年轻妇女从事科学、技术、工程和数学领域的研究与事业,以增强她们在社会和经济方面的能力,为科技行业带来巨大价值。为了弥合数字领域中存在的性别鸿沟,国际电信联盟试图从多个领域开展工作,将妇女纳入经济和社会的数字化转型进程。通过建立平等的合作伙伴关系,旨在确保世界各地的妇女获得帮助、拥有塑造数字经济的机会以及获取技能和担任领导角色的可能。在国际电信联盟开展的活动中,非常注重与电信发展相对落后的地区合作。

联合国工业发展组织(United Nations Industrial Development Organization,UNIDO)将性别平等和增强妇女权能视为其任务的核心。基于这一前提,联合国工业发展组织认为,解决行业中存在的性别不平等问题,充分挖掘妇女作为变革的领导者和经济推动者的全部潜力,能够促进经济发展并推动包容性增长。与此同时,联合国工业发展组织认为增强妇女作为减贫驱动力的作用,促进女性投资者和企业家的发展,并且认识到性别平等与保护环境之间的关

---

① International Telecommunication Union. Bridging the gender divide [EB/OL]. [2019-11-12]. https://www.itu.int/en/mediacentre/backgrounders/Pages/bridging-the-gender-divide.aspx.
② International Telecommunication Union. Mainstreaming a gender perspective in itu and promotion of gender equality and the empowerment of women through telecommunications/information and communication technologies [EB/OL]. [2019-11-12]. https://www.itu.int/en/ITU-D/Digital-Inclusion/Documents/Resolutions/RESOLUTION%2070%20(REV.%20DUBAI,%202018).pdf.

系,有助于促进包容性和可持续工业化。2019年9月,联合国工业发展组织在新发布的《两性平等和增强妇女权能政策》中阐明了本组织对两性平等的承诺及其两性结构和责任制。为进一步指导各组织今后在这一领域的工作,联合国工业发展组织还制定了《2020—2030年性别平等和增强妇女权能战略》。该战略将促进性别平等的包容性工作环境与对性别问题敏感的战略规划结合起来,为方案执行提供框架,以促进组织在性别平等方面全球成果的交付。[1]

世界卫生组织(World Health Organization, WHO)始终关注妇女健康的相关问题,其目标是通过收集证据、制定将性别问题纳入卫生政策和规划的规范及标准、宣传性别和两性不平等给健康带来的影响,增进知识和加强卫生部门的反应。基于此,世界卫生组织发布了《性别、妇女和卫生:战略草案》[2],并把性别分析和行动纳入了世界卫生组织的工作中;世界卫生组织依据《联合国千年宣言》[3]确定的发展目标,在卫生领域一项重要的目标便是促进两性平等并赋予妇女权力,监测妇女参与社会、经济和政治活动等关键因素的进展情况,并引导建设性别平等社会。联合国的千年目标包括:到2005年消除初等教育和中等教育中的两性差距,并最迟于2015年消除所有各级教育中的这种差距。然而,据调查,现阶段少女仍占失学人口的55%;在可获取数据的所有国家中,女性与男性在收入方面也远未实现平等。为此,世界卫生组织将继续与会员国及其他合作伙伴一起,进一步增进妇女的权利,助力妇女的健康关爱,为预防和应对基于性别的暴力行动提供多方面的支持;不断促进妇女在卫

---

[1] United Nations Industrial Development Organization. Gender equality and the empowerment of women [EB/OL]. [2019-11-15]. https://www.unido.org/our-focus-cross-cutting-services/gender-equality-and-empowerment-women.

[2] 世界卫生组织. 性别、妇女和卫生:战略草案(EB120/6)[EB/OL]. [2019-11-15]. https://www.who.int/gb/ebwha/pdf_files/EB120/b120_6-ch.pdf? ua=1.

[3] 联合国大会. 联合国千年宣言[EB/OL]. [2019-11-13]. https://www.un.org/zh/documents/view_doc.asp? symbol=A/RES/55/2.

生部门的参与程度和领导地位,提升世界卫生组织及其会员国识别两性平等相关差距的能力,为其他国际组织提供两性平等政策和规划方面的支持。世界卫生组织的主要战略包括加强对两性不平等对特定卫生问题、卫生服务和成功应对所产生影响的认识,开发各种工具以促进并扩大区域和国家层面的卫生部门政策、干预措施和规划,系统地解决性别方面的关切问题。

通过对联合国直属机构及其专门机构关于性别平等工作内容的梳理,我们可以发现,妇女赋权与联合国直属机构及其专门机构的专项事务紧密相连,成为指导落实各项任务的基础。换言之,在肯定性别平等对促进经济、政治、文化和信息发展的作用的前提下,联合国直属机构及其专门机构鼓励会员国和成员在审查各项工作时考虑与性别有关的政策,并确保将这一原则贯彻始终。可以认为,"维护男女平等"作为联合国直属机构及其专门机构关注的优先议题,其实施和执行情况正在对全球各项事务的落实和发展产生直接影响。

二、联合国召开会议与活动讨论的主要内容

为了持续并不间断地推进全球妇女事业,联合国多次召开国际会议,与成员国商讨维护男女平等的相关细则。在确定各项规定及其实施的过程中,联合国还建立了一系列定期评估和审查制度,确保妇女赋权能够落到实处。从前期推动到后期问责,可以看出,联合国正在使性别平等系统地、有保证地纳入其系统的主要机构职能。

随着国际女权运动的兴起,1972年12月18日,联合国宣布1975年为国际妇女年,[1]并在墨西哥举办了第一次世界妇女大会。在第一次世界妇女大会的要求下,1975年12月15日,联合国随后宣布1976年至1985年为联合国

---

[1] 联合国大会. 国际妇女年(A/RES/3010(XXVII)[EB/OL].[2019-12-02]. https://www.un.org/zh/documents/view_doc.asp? symbol=A/RES/3010(XXVII).

妇女十年,主题为平等、发展与和平,①并设立了一个十年自愿性基金。在墨西哥召开联合国第一次世界妇女大会结束五年后,第二次世界妇女大会在哥本哈根召开。会议形成的行动纲领呼吁联合国进一步采取有力的国家层面措施,并确保妇女拥有财产所有权和财产控制权。第三次世界妇女大会在审查和评估联合国妇女十年成就的基础上,于1985年在内罗毕正式召开。参加此次会议的157个国家的政府在认识到墨西哥城会议的目标还未充分实现的情况下,十分难得地通过了《提高妇女地位内罗毕前瞻性战略》。②该战略作为指导成员国消除性别歧视的行动纲领,不仅为成员国未来的行动提出了具体的操作方案,还首次承认所有问题的根源在于妇女问题这一说法,并肯定了妇女问题在联合国发展中的核心地位。1995年,第四次世界妇女大会在北京举行,相比《提高妇女地位内罗毕前瞻性战略》的内容更进一步,此次会议颁布的《北京宣言》和《行动纲要》③宣称妇女权利是一项人权,并承诺成员国的具体行动应以确保对这些权利的尊重为前提。正是在意识到妇女议题重要性的基础上,联合国在2000年发表的《联合国千年宣言》中,宣称将性别问题正式纳入千年发展目标中,其中特别目标5"促进两性平等并赋予妇女权利"与提高妇女地位息息相关。

为了确保《北京宣言》和《行动纲要》的内容得到各国的贯彻与执行,联合国在2000年6月10日第23届联合国大会特别会议上通过的《政治宣言》④中宣称,会员国同意"定期评估进一步执行《北京宣言》和《行动纲要》的情况,以

---

① 联合国大会.国际妇女年世界会议(A/RES/3520(ⅩⅩⅩ))[EB/OL].[2019-12-17].https://www.un.org/zh/documents/view_doc.asp? symbol=A/RES/3520(ⅩⅩⅩ).
② United Nations. Nairobi forward-looking strategies for the advancement of women[EB/OL].[2019-12-17].https://www.un.org/womenwatch/confer/nfls/.
③ United nations women. Beijing declaration and platform for action [EB/OL]. https://www.un.org/womenwatch/daw/beijing/pdf/BDPfA%20C.pdf.
④ 联合国大会.政治宣言(S-23/2)[EB/OL].[2019-12-17].https://documents-dds-ny.un.org/doc/UNDOC/GEN/N01/362/64/img/N0136264.pdf? OpenElement.

期在纲要通过10年后,于2005年,各方酌情评估取得的进展并审议新的倡议"。2005年3月,隶属联合国经社理事会职司委员会的妇女地位委员会对《北京宣言》和《行动纲要》的执行情况,以及提高妇女地位、增强其力量的目前挑战及其前瞻性战略这两个主题进行了审议和评价,明确了以国别执行情况为重点,确定各项成就、差距和挑战的标准,并明确了在《行动纲要》和"2000年妇女:21世纪两性平等、发展与和平(第四次世界妇女大会五周年会议)"结果框架内,亟须为推进执行工作而采取行动并提出倡议的领域。

除了召开与妇女主题相关的世界会议并进行审议外,联合国还多次开展纪念活动,向世界呼吁推进全球性别平等的重要意义。在开展的多项活动中,除了设立国际妇女年、联合国妇女十年外,"联合国妇女权利与国际和平日"和"消除对妇女的暴力行为国际日"的设立也非常具有代表性。联合国大会在1977年召开的第32届会议上,请各国根据其历史和民族风俗习惯宣布该年中的任何一日为联合国妇女权利与国际和平日。大会呼吁所有国家做出贡献,为消除对妇女的歧视和为她们充分及平等地参与社会发展创造条件。同时,联合国于1975年国际妇女年开始,每年在3月8日举办国际妇女日纪念活动。鉴于注意到妇女遭受暴力伤害的广泛事实,联合国在1999年12月17日召开的联合国大会上将11月25日定为"消除对妇女的暴力行为国际日",请各国政府、各国际组织和非政府组织在该日举办活动,以提高公众对此问题的认识。[1] 从阶段性会议的召开和审议以及纪念日的确定可以看出,促进性别平等、维护女性的权利、反对对女性的歧视、消除对女性的暴力正在成为联合国工作的重要内容。

---

[1] 联合国大会.消除对妇女的暴力行为国际日(A/RES/54/134)[EB/OL].[2019-12-19]. https://documents-dds-ny.un.org/doc/UNDOC/GEN/N01/362/64/img/N0136264.pdf? OpenElementhttps://www.un.org/zh/documents/view_doc.asp? symbol=A/RES/54/134.

三、联合国维护人权的重要探讨对象

人权是所有人与生俱来的权利,它不分肤色、性别、国籍、种族、语言、宗教、身份、地位。事实上,自 1945 年联合国成立以来,《联合国宪章》就规定,促进和鼓励尊重所有人的人权是其基本目标之一。因此,从这个意义上说,维护妇女人权成了联合国推进人权事务的基本目标之一。

根据联合国妇女署发布的妇女人权信息图①,对妇女人权的讨论始终基于人权的框架之下。妇女虽然有权充分和平等地享有所有人权,并不受任何形式的歧视,但实际情况是,无论在法律和政策层面还是受到社会规范和陈规定型观念的影响,在许多领域还直接或间接存在着对妇女的歧视。也就是说,法律面前的性别平等并不一定意味着实践中妇女拥有平等的机会。2019 年妇女人权信息图发布的最新数据显示,在国籍方面,全球至少仍有 50 个国家认为,女性没有权利要求、改变或保留她们的国籍;在教育方面,全球有 7.5 亿人是没有文化的,其中三分之二为女性;在工作方面,在一些没有工资待遇的工作和本土工作上,女性要比男性每天多花 3 倍的时间。根据这些数据可以推测,当前女性的基本人权还未得到有效保证,与男性相比,女性权利仍处在被排斥的境地。②

为了改善女性处于被动的不利局面,联合国于 1948 年颁布了人类人权史上具有里程碑意义的《世界人权宣言》③,作为指导各国尊重人权的基本法则。

---

① United Nations Women. Infographic: human rights of women[EB/OL].(2019-12-12). https://www.unwomen.org/en/digital-library/multimedia/2015/12/infographic-human-rights-women.
② United Nations Women. Infographic: human rights of women[EB/OL].[2019-12-12]. https://www.unwomen.org/en/digital-library/multimedia/2019/12/infographic-human-rights.
③ 联合国.世界人权法案(217A(Ⅲ))[EB/OL].[2019-12-12].https://www.un.org/zh/documents/view_doc.asp? symb.

与此同时,1945年通过的一系列国际人权条约和其他文书还扩大了国际人权法的构成。其中1979年12月18日通过的《消除对妇女一切形式歧视公约》①作为推动性别平等的一项法案,已经成为保护相关人权条约的重要组成部分。每年,联合国大会的社会、人道主义和文化委员会还会就一系列问题进行审查和监测,其中提高妇女地位作为一项重要内容,成为讨论人权问题的重点。可以看出,妇女作为维护人权的探讨对象,已经内化为讨论人权内容的问题之一。换言之,将维护妇女的权利等同于保护人权正在成为联合国妇女署乃至联合国各个机构的普遍共识。

四、联合国促进性别平等的主要方法

除了在理念及政策上提出具体要求外,为推进女性事业的发展,联合国还不断采取行动,包括于1946年6月在经济及社会理事会体系下创建妇女地位委员会。妇女地位委员会作为联合国与妇女活动事务的桥梁,其主要工作是制定有关妇女的公约、宣言召开与妇女相关的会议,促进性别平等。除此之外,妇女地位委员会还负责督促和监督《提高妇女地位的内罗毕前瞻性战略》的实施,加强妇女问题上各国际组织间的合作,以及提升大众对妇女问题的认识。

1975年,在墨西哥召开的第一次妇女问题世界会议上成立了联合国提高妇女地位国际研究训练所,其宗旨是:通过研究、人员培训及交流和信息传播,促进与协助各政府间组织和非政府组织为提高妇女地位所做出的努力,从而保障妇女在个人发展过程中既是参与者又是受益者。

1976年12月,联合国建立了"联合国妇女十年志愿基金",1984年该基金更名为"联合国妇女发展基金",负责在保障妇女参与发展活动方面为具体

---

① 联合国大会. 消除对妇女一切形式歧视公约(A/RES/34/180)[EB/OL].[2019-12-12]. https://www.un.org/zh/documents/treaty/files/A-RES-34-180.shtml.

项目提供"种子钱",以起到催化剂的作用。

1982年,根据联合国《消除对妇女一切形式歧视公约》,联合国成立了消除对妇女歧视委员会,该委员会的主要任务是监督并审查公约在各个国家与地区的实际执行情况,并通过经社理事会向联合国大会提出建议。

可以看出,促进性别平等是提升妇女地位与领导力的主要方法和手段。

第二节 精英女性的培养对实现联合国女性议题目标的意义

联合国女性事务发展的历史表明,尽管联合国及其成员国做出了一系列努力,但女性面临的相关社会问题,如女性遭受歧视、遭遇暴力以及两性不平等问题一直未能得到有效解决。为了保障妇女的安全与利益,消除妇女面临的歧视困境,联合国逐渐开始注重培养精英女性,提升精英女性的领导才能。作为实现性别平等的重要一环,培养具有优秀特质的女性,尤其是精英女性,对联合国全面消除性别"玻璃天花板"具有独特意义。

一、精英女性的培养对实现消除性别歧视的意义

联合国创建后,性别歧视一直是阻碍两性平等发展的关键问题。性别歧视致使妇女通常从事不安全、低工资的工作,且在高级职位中所占比例较小。随着接受教育的女性人数不断增加,各行各业对妇女的包容性使得越来越多行业呈现出性别多样性的趋势。

根据国际劳工组织2015年发布的《妇女在企业和管理中的发展势头》全球报告,在全球大多数地区,由于女性在受教育方面超越男性,她们已组成了一个令世人瞩目的人才库,成为重要的国家资源。女性经营企业的人数逐渐增多,这意味着有关消费者的消费决策更多地掌握在了她们手中。

报告对全球管理岗位中妇女的比例进行了统计,结果显示,在接受调查的

128个国家中,有 3 个国家——牙买加、哥伦比亚和圣卢西亚,妇女担任管理岗位的人数多于男性。其中牙买加的性别平等情况最为乐观,妇女担任管理岗位的比例高达 59.3%。此外,全球有 19 个国家中女性管理者的比例维持在 40% 到 50% 之间,有 48 个国家妇女担任管理职位的比例在 30% 至 40% 之间。报告认为,在 2000 年至 2012 年这十几年间,在有数据可查的全球 109 个国家中,有 84 个国家的妇女从事管理工作的比例有所增加。这表明在过去几年中,妇女在管理岗位上做出了突出贡献,得到了业界越来越多的认可和肯定。[1]

不仅如此,国际劳工组织在 2019 年 5 月发布的《商业和管理中的女性:变革的商业案例》也证实了上述趋势。报告指出,自 2002 年以来,在亚洲及太平洋地区、拉丁美洲和加勒比地区以及欧洲,担任管理职务的妇女人数呈现出稳步增长的态势。

报告还对 1991 年至 2018 年间女性劳动力平均参与率进行了审查,结果表明总体增长趋势较为明显。报告显示,北美地区女性劳动力参与率自 20 世纪 90 年代以来一直呈上升趋势。相比之下,中东和北非地区的女性劳动参与率虽然在所有地区中最低,但近些年来呈现出稳步上升的态势,从 1991 年的 17% 增加到了 2018 年的 20%。与此同时,拉美和加勒比地区的女性劳动力平均参与率增长最快,提高了 9.6 个百分点(从 42.1% 增至 51.7%)。非洲地区的女性劳动力人数也呈现出缓慢的上升趋势。

值得注意的是,过去 30 年来,与女性劳动力参与率的上升趋势形成对比的是,各地区男性劳动力参与率却有所下降。[2] 这些信息无疑表明劳动力市

---

[1] International labour organization. Women in business and management: gaining momentum [EB/OL]. [2019-12-12]. https://www.ilo.org/wcmsp5/groups/public/---dgreports/---dcomm/---publ/documents/publication/wcms_316450.pdf.

[2] International Labour Organization. Women in business and management: the business case for Change [EB/OL]. [2019-12-23]. https://www.ilo.org/wcmsp5/groups/public/---dgreports/---dcomm/---publ/documents/publication/wcms_700953.pdf.

场正在为吸纳女性释放更多空间。无论是管理岗位中女性人数的增多,还是妇女劳动力参与比例的提高,都在强调这样一个事实:各行各业正在打破原有的性别偏见,开始愿意接受女性成为推动市场发展的关键力量这一观念。与男性相比,女性进入管理层并获得决策权,意味着她们得到了市场的广泛认可。经济发展需要妇女的有效参与,妇女也成为拉动全球经济发展的重要推动力。①

二、精英女性的培养对实现消除性别暴力的意义

根植于对妇女的歧视,针对妇女的暴力行为成为破坏社会安定的重要问题,也是阻碍性别平等的关键因素。联合国在研究性别暴力议题时,重点着眼于以下三个方面:亲密伴侣间暴力、人口贩运与性剥削、女性生殖器残割。参考联合国基于上述三个方面得出的统计结果可以发现,在全球范围内,每三位妇女中就有一位遭受过殴打或性暴力;在全球人口贩运的受害者中,妇女所占比例高达71%,其中四分之三被贩运的女性遭受过性侵;当前,在有数据可查的30个国家里,至少有2亿妇女和女童遭受过女性生殖器残割。② 世界卫生组织于2013年发布的《暴力对待妇女行为的全球及区域概况:伴侣暴力和非伴侣暴力现状及其健康影响》报告显示的结果也如出一辙。总体而言,全世界35%的妇女都经历过伴侣实施的身体暴力或性暴力,或者非伴侣实施的性暴力。遭受这两种暴力伤害的女性在全世界妇女人口中占比很大,但妇女面临的暴力形式远不止这些。③ 作为一种侵犯人权的歧视行为,可以说,暴力侵害

---

① 根据2017年世界经济论坛预测,如果到2025年全球劳动力市场参与方面性别差距缩小25%,全球的国内生产总值将增加5.3万亿美元。
② 联合国.聚光灯倡议:消除暴力侵害妇女和女童行为[EB/OL].[2020-01-05].https://www.un.org/zh/spotlight-initiative/.
③ 世界卫生组织.暴力对待妇女行为的全球及区域概况:伴侣暴力和非伴侣暴力现状及其健康影响[EB/OL].[2020-01-05].http://apps.who.int/iris/bitstream/10665/85241/4/WHO_RHR_HRP_13.06_chi.pdf?ua=1&ua=1.

女性仍然需要引起社会的广泛关注。

女性寻求自身权益的历史表明,扩大妇女对政治进程的参与可以促成更有利于妇女的立法成果并增强国家的应对能力。[1] 这也就是说,在借助法律维护妇女安全利益的过程中,应该吸收更多的女性力量参与其中。妇女一旦参与到相关的政治决策和立法工作中,就为制定有利于消除暴力侵害妇女行为的相关法律法规创造了更大的可能性。就此而言,增强妇女权能、强化对精英女性的培养,就成了消除性别暴力、维护妇女安全的重要手段。

当前,欧盟与联合国共同发起了"聚光灯倡议:消除暴力侵害妇女和女童行为",展现出打击一切暴力侵害妇女行为的坚定决心。在欧盟和其他国际组织的帮助下,预防妇女遭受暴力伤害已经取得了一定成果。例如,2008年至2011年,全球宣布放弃"割礼"的村庄从300个增加到5 315个。在城市里,宣布放弃"割礼"的社区每年大约以550个的速度递增,增幅为16%。

受联合国和其他国际组织的影响,全球消除和预防一切暴力侵害妇女行为观念的传播势头也在不断增强。各国政府纷纷出台了相关的区域政策或法律协定。截至目前,全球至少有119个国家现已颁布反家庭暴力法,125个国家颁行了性骚扰防治法,52个国家颁行了关于婚内强奸的法律。[2] 可以说,精英女性的培养作为提高妇女能力的重要措施和途径,正在为推动全球保护妇女制度的健全迈出重要一步。

三、精英女性的培养对促进性别平等的意义

毫无疑问,在当今国际社会,阻碍性别平等发展的因素是多方面的。因

---

[1] 联合国.聚光灯倡议.消除暴力侵害妇女和女童行为[EB/OL].[2020-01-05].https://www.un.org/zh/spotlight-initiative/facts_and_figures.shtml.
[2] European Commission. Questions and answers: EU-UN spotlight initiative to eliminate violence against women and girls[EB/OL].[2019-09-23].https://ec.europa.eu/commission/presscorner/detail/en/MEMO_17_3222.

此,解决这一问题必然涉及多个领域。女性在追求平等权利的过程中,面临着贫穷、政治制度、经济结构、传统观念、暴力等来自社会的多方面压力。如何克服重重阻碍,为妇女创造更大的发展空间,成了国际社会亟待解决的重要难题。

联合国认为,投资于妇女的技能发展是推动性别平等、消除贫困和促进经济增长的有效手段之一。自1975年以来,世界各国,无论是政府层面还是民众层面,人们对男女两性地位的认知均有所提升,这对于促进男女平等大有益处。

纵观全球,在一些国家,男女之间的关系已经发生重大变化,特别是妇女的教育水平有了显著提高,参与有酬生产活动的女性人数也明显增加。不仅如此,从联合国1995年9月发布的《第四次世界妇女大会会议报告》内容来看,创造一种社会及教育环境,使妇女与男子一样受到平等待遇,并鼓励她们充分发挥自己的潜力,将有助于打破有关女性的传统落后形象,消除对妇女歧视和男女不平等的思想及文化根源。而促进妇女实现终身学习,接受正规教育并培养知识和技能,将会成为她们不断取得进步的关键因素。[①] 因此,基于社会发展现实及国际社会认知的发展,联合国认为有必要提高妇女的专业能力,改善妇女接受职业培训、科技教育和进修教育的机会,从根本上改善妇女的被动地位,推进性别平等目标的实现。

值得一提的是,随着国际环境的变化和科技产品日新月异的发展,新的社会发展形态正在对女性的社会生产、生活能力提出前所未有的挑战。为了应对不断演变的新形态,联合国致力于关注前沿领域的妇女能力培养。例如,为了实现数字领域中的男女平等,联合国妇女署于2017年4月专门发起了一项

---

① 联合国大会. 第四次世界妇女大会会议报告(A/CONF.177/20.Rev.1)[R/OL].[2019-12-06]. https://www.un.org/womenwatch/daw/beijing/pdf/Beijing%20full%20report%20C.pdf.

全球倡议,其内容主要是借助技术创新(Technovation)挑战赛,鼓励更多女性学习电脑编程,激发她们开发电子应用程序的热情。通过对年轻女性进行技术能力培训,不仅有助于打破传统意义上妇女脱离新兴数字部门的陈旧观念,同时也为未来女性能够迅速融入科技社会、实现充分就业提供了更多可能。正如当时的一位参赛者所言:"尽管参加比赛的女孩来自世界各地,但是她们的积极参与提醒我要在这个非传统的工作领域继续前进。展望未来,我也想成为一名信息技术(IT)领域的企业家。"①毫无疑问,无论是传统领域还是新兴领域,实现性别平等的前提是对女性技术能力进行精英化培养。只有全方位提高妇女的实践能力和学习能力,同时不断增强她们在各行各业中的应用技能,尤其是造就大量精英女性,使其成为女性贡献社会能力的榜样和旗帜,才能推动妇女事业的发展。因此,对精英女性的培养对推进实现两性平等无疑具有一定的现实意义。

第三节　精英女性领导力的提升对实现联合国女性议题目标的意义

在女性事业发展的过程中,优秀女性从潜力的挖掘到能力的练就,再到权利的获得,是女性参政议政、参与社会治理的基本路径。精英女性作为一支推动社会发展不可忽视的重要力量,其领导力的提升将会引发传统社会业态中性别结构的深刻变革。而女性潜力的挖掘,需要对女性价值的肯定和尊重;女性能力的练就,需要教育和经济的赋能;女性权力的获得,需要政策的保障。在这样的社会大背景下,探讨联合国体系内精英女性的领导作用就具有了十分重要的意义。

---

① United Nations Women. Leveraging the technovation challenge: tunisian girls start coding [EB/OL]. [2020-06-27]. https://www.unwomen.org/en/news/stories/2017/4/feature-leveraging-the-technovation-challenge-tunisian-girls-start-coding.

一、提高了女性政治参与的能力

妇女实现参政议政的前提在于政治议程能够容纳女性力量,并让有代表性的优秀女性发挥领导作用。妇女平等参与政治生活和公共生活,属于基本人权。西蒙·波娃认为,女性的真义在于她是一个活的存在,生理上的差别和心理上的任何情节都无法规定她们生命的轨迹,她们靠自己的价值来开拓自己的解放之路。① 提高妇女受教育程度是提高妇女参政水平的前提和基础。受教育水平的提高,使女性具备自我反思的能力、洞察政治的眼界、参与社会和经济活动的激情,以及相应的技术资本。就现实情况而言,尽管一些相关政治管理部门对妇女发展设置了阻碍,但是随着女性政治决策能力的不断增强,女性领导人作为不可忽视的重要政治群体,正在成为影响地方政府乃至全球发展变革的重要力量。

为实现在政治领域中的两性平等,许多国家采取了进一步的措施,包括废除影响妇女参政的歧视性法律和做法,推行女性职位 30% 至 40% 的配额制度,开展一些提升女性领导力的培训项目,采取一定措施平衡男性与女性在家庭和工作之间的关系。根据各国议会联盟的最新数据统计,截至目前,全球议员中女性比例已经达到 25%。② 这意味着,在全球议会的人员构成中,有接近四分之一的人是女性。虽然男性议员在议会中占据主导地位,但就发展趋势而言,全球女性议员仍有巨大的发展空间。相较于 1995 年的 11.3%,女性担任议员的比例提高了 13.7 个百分点。需要注意的是,女性除了在担任政府议员方面取得进展外,在国家元首等更高政治级别的职位上也实现了巨大的飞跃。截至 2019 年 6 月,全球共有 11 位女性担任国家元首,12 位女性担任政

---

① 牧原.给女人讨个说法[M].北京:华龄出版社,1995:247.
② Inter-Parliamentary Union.Women in parliament [EB/OL].[2019-11-17].https://www.ipu.org/.

府首脑。① 与此同时，认识到青年女性的领导力对实现可持续发展目标的重要意义，联合国妇女署还启动了全球青年女性领袖网络②，主要目的是分享有关于如何赋权年轻女性并激发新一代妇女领导人的经验和策略，以促进更多的年轻精英女性代表实现政治赋权。

二、增强了女性的经济权能

提升女性企业家的领导能力，对促进女性的经济赋权和实现性别平等至关重要。然而，遗憾的是，纵观当前全球企业中担任管理层领导者的性别分配比例，难免让人心生遗憾。凯特力特（Catalyst）作为一家全球性非营利组织，长期关注工作场所的两性问题，致力于帮助建立包容性文化，提升女性在经济方面的领导能力。该组织经过长期追踪女性在管理职位上的比例分配变化，得到的最新数据显示，全球 500 强企业中女性担任首席执行官的比例仅有 6%。女性在董事会相关职位中的比例虽有所增加，达到了 21%，但相较男性，女性的领导能力仍未得到充分发挥。就最基础的员工人数分配情况来看，女员工比例达到了 45%，但毫无疑问，男性依然是主导企业发展的重要力量。③

不仅如此，与选择成立大型公司相比，女性更倾向于创办微小型企业或非正式企业。图 1-1 展示了全球各地区妇女创办企业规模大小的比例分配情

---

① United Nations Women. Facts and figures: leadership and political participation [EB/OL]. [2020-07-03]. https://www.unwomen.org/en/what-we-do/leadership-and-political-participation/facts-and-figures.
② United Nations Women. The road to 2030: leadership by and for young women [EB/OL]. [2019-09-22]. https://www.unwomen.org/en/news/stories/2016/8/youth-day-the-road-to-2030.
③ Catalyst. Workplaces that work for women. pyramid: women in S & P 500 companies [EB/OL]. [2019-10-04]. https://www.catalyst.org/research/women-in-sp-500-companies/.

况。具体而言,从全球水平来看,妇女创办微小型企业和小型企业的比例相对较高,而中型规模的企业较少成为妇女的首选。这也就意味着,在女性选择成立公司的规模方面,中型或大型企业一般会被排除在外。创新和技术是企业家和经济体发展的主要机遇,但是启动和发展创新资源或者技术驱动型组织可能会对妇女创办公司构成较大障碍。在美国,在通常被视为全球初创企业领袖的风险投资公司中,只有 15% 的高管团队中有女性,女性 CEO 的比例不到 3%,同时,缺乏资本也严重限制了女性创办高增长创新驱动型企业的能力。

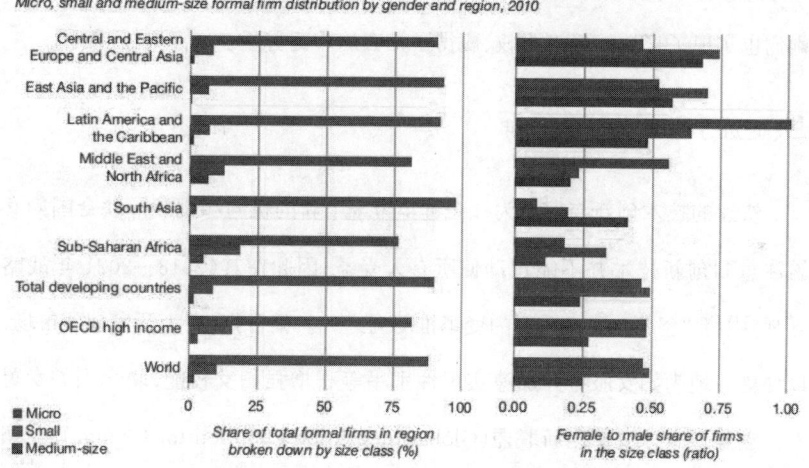

图 1-1　全球各地区女性建立企业规模的相关性分析[①]

女性领导能力未能充分发挥,势必会影响企业的经济增长和健康发展。

[①] United Nations Secretary-General's High-Level Panel on Women's Economic Empowerment. leave no one behind a call to action for gender equality and women's economic empowerment [EB/OL]. [2020-02-21]. https://www2. unwomen. org/-/media/hlp%20wee/attachments/reports-toolkits/hlp-wee-report-2016-09-call-to-action-en. pdf? la＝en&vs＝1028.

国际劳工组织通过对全球 186 个国家的数据分析发现,一个国家女性就业数量的增加与该国国内生产总值的增长呈正相关关系。基于此前提,国际劳工组织预计,企业的性别多样性与公司的成功密切相关。《女性在企业和管理中:为什么亟须改变》(Women in Business and Management: The Business Case for Change)报告调查了全球 70 多个国家的 13 000 家企业,超过 57% 的受访企业认同采取性别多样化举措会提升公司效益。联合国在对实施性别多样化管理层的公司进行追踪时发现,大概有四分之三的企业报告称,女性群体的加入为企业创造了至少 20% 的利润。[1] 可以看出,让更多女性进入企业的管理层是极具说服力的。精英女性群体作为一个强大的人才库,只要能被企业充分利用,这些女性就能为企业创造更多效益。在为企业做出贡献的同时,她们也实现了真正的经济赋权,赢得了社会的广泛尊重。

三、促进了女性的创新精神

快速的技术创新与发展为社会进步带来了新的机遇和挑战。联合国妇女署注意到创新技术并不能自动使所有人受益,因此在其《2018—2021 年战略计划》中将"创新"列为重要的变革推动力之一。报告指出,为开发创新市场,以便更好地为妇女服务并加速实现性别平等和增强妇女权能,联合国妇女署专门创建了全球变革创新联盟(Global Innovation Coalition for Change)。

全球变革创新联盟提出了五项妇女领导计划,其中的"她创新全球计划"指出,该计划的主要任务是联系全世界的女性创新者,并为开发满足女性和女孩需求的创新提供支持。此外,"她创新应用程序""她创新全球活动和会议""她创新奖""她创新实验室"等内容,也肯定了具有才能的精英女性对创新工

---

[1] International Labour Organization. Women in business and management: the business case for change [EB/OL]. [2019-06-30]. https://www.ilo.org/wcmsp5/groups/public/---dgreports/---dcomm/---publ/documents/publication/wcms_700953.pdf.

作的重要意义,同时有针对性地将女性创新者联系起来,为其他女性进行创新学习树立模范和榜样。

2018年3月,联合国妇女署宣布设立"创新冠军",首批创新冠军包括国际知名女演员萨拉·米歇尔·盖勒(Sarah Michelle Gellar)、佐伊·索尔达娜(Zoe Saldana),性别平等首席执行官克劳迪娅·尚(Claudia Chan)以及历史学家尼娜·安萨里(Nina Ansary)等。① 作为联合国妇女创新的主要倡导者,她们致力于在科学、技术、工程、数学以及创新等相关领域为妇女争取机会,并提高妇女参与创新工作的积极性,以及培养妇女的创业精神。可以看出,在联合国妇女署的推动下,正是由于有了一些来自社会各界精英女性对创新工作的支持和参与,塑造妇女创新的意识才开始逐渐觉醒。可以预想,一旦这些优秀的女创新者形成一定规模并成为引领创新的关键力量,未来实现创新工作环境的性别平等将有更大可能。

四、缩小了性别数字鸿沟

随着计算机信息技术的普及和发展,计算、数据、人工智能等新兴行业正在给妇女带来前所未有的挑战。作为一个讨论平台,互联网治理论坛旨在让不同的人和利益相关者团体平等地汇聚在一起,交流信息,分享与互联网和技术相关的良好政策及做法。

2019年5月,国际电信联盟发布了《关于数字获取、技能和领导力中性别平等的数据和证据》报告,对全球信息技术产业中妇女担任领导职位的人数比例进行了分析,指出2015年电信服务行业中妇女担任首席执行官的职位比例严重不足,仅为9.5%。不仅如此,从2017年经济合作与发展组织的统计数据

---

① United Nations Women. Global innovation coalition for change [EB/OL].[2019-06-30]. https://www.unwomen.org/en/how-we-work/innovation-and-technology/un-women-global-innovation-coalition-for-change.

来看,信息和通信技术领域的女性专家比例一直低于男性。尤其是在工程和技术类职业中,全球女性研究人员的比例仍旧处于低位,在 6% 到 47% 之间不等。虽然一些国家(马来西亚、菲律宾、哈萨克斯坦和蒙古)的报告显示女性在这些技术行业中几乎实现了平等参与,但就数据而言,大多数其他国家的妇女参与率仍旧低于 30%。[①] 不仅如此,在国际电信联盟系统内部,男女任职比例仍存在严重的分配不均现象。如图 1-2 所示,从 2018 年国际电信联盟任职员工的级别分配比例来看,随着级别的升高,从事 P 级别工作的女性人数越来越少。在作为领导级别的 D 岗位中,男性任职比例高达 90%,相比之下,国际电信联盟中担任领导职务的女性比例仅有 10%。很明显,国际电信联盟的领导决策层仍由男性主导。妇女在数字行业中较低的参与率意味着该行业存在严重的性别差异。妇女在管理层中能力发挥受限,直接导致她们无法对决策产生影响,长此以往,也会间接致使数字技术行业内出现性别鸿沟。

针对如何解决这一问题,全球知名电信公司率先做出示范。自 2016 年开始,诺基亚就为公司 4 300 多名领导和管理人员开展了性别平等的专题培训。同时,公司还采取实际行动,在 2020 年将女性担任领导职务的比例提高到 25%,并同步增加了女性的任职人数。

此外,在国际层面,联合国妇女署、国际电信联盟与非洲联盟委员会(AUC)合作,共同发起了一项"非洲女孩可以编码倡议(AGCCI)"。该倡议从 2018 年开始,到 2022 年结束,预计在长达四年的学习过程中,让年轻女孩接触并掌握数字素养、编码和个人发展技能,同时培养她们成为程序员、创作者

---

① United Nations International Telecommunication Union. Taking stock: data and evidence on gender equality in digital access, skills and leadership[EB/OL].[2019-11-23]. https://www.itu.int/en/action/gender-equality/Documents/EQUALS%20Research%20Report%202019.pdf.

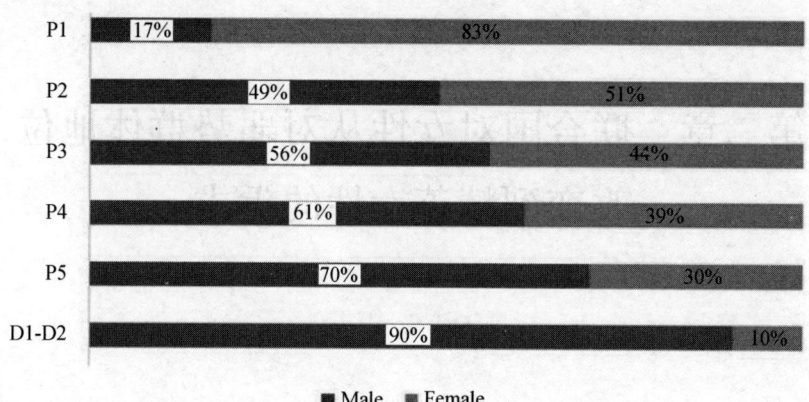

图 1-2 2018 年国际电信联盟部门中男女任职分配比例①

和设计师。该倡议希望在这些接受培训成长起来的杰出女性引领下,能够促进区域内更多女性从事与信息通信技术行业相关的研究工作。② 毫无疑问,培养女性领导能力能够彰显妇女为科技行业创造的潜在价值。更多杰出女性融入信息通信技术行业后,不仅有助于企业做出更加多元化的决策,同时也将为弥合行业内的数字性别鸿沟做出巨大贡献。

---

① United Nations International Telecommunication Union Gender Dashboard. Women in ITU [EB/OL]. [2019-07-29]. https://www.itu.int/en/action/gender-equality/data/Pages/ie.aspx? /en/action/gender-equality/data/Pages/default.aspx.
② International Telecommunication Union. Working group on the digital gender divide: bridging the gender gap in internet and broadband access and use [EB/OL]. [2019-08-13]. https://www.broadbandcommission.org/Documents/publications/DigitalGenderDivideProgressReport2018.pdf.

第二章 联合国对女性从对弱势群体地位改变到精英女性的诉求

随着近些年来女性社会地位的不断提高,女性对于推动国际社会发展的重要作用已成为无可争议的事实。因此,在关注到妇女能力提升的现实背景下,联合国关于女性的议题也做出了及时调整,开始从之前仅仅关注改善妇女的弱势地位,向当前回应精英女性诉求转变。

本章首先回顾联合国提出女性议题的宗旨,然后在女性议题宗旨的指导下,将联合国推动妇女发展的历程分为四个阶段进行介绍。通过对四个阶段议题的梳理,试图阐明在妇女问题上联合国政策及行动方向的发展演变。

面对各国性别结构不断变化的形势,联合国积极行动,在维护男女地位平等的基础上,致力于在各领域强化妇女的领导才能,这日益成为联合国促进女性发展的新课题。

第一节 联合国提出女性议题的基本宗旨

维护两性性别平等,是联合国一直追求的目标。《联合国宪章》开宗明义:联合国的创建旨在促成国际合作,以解决国际间属于经济、社会、文化及人类福利性质的问题,并且强调"不分种族、性别、语言或宗教,增进并激励对于全体人类之人权及基本自由之尊重"①。联合国成立后,在促进妇女人权、推动妇女在发展过程中发挥作用等方面做了一系列的努力。

一、促进妇女人权

妇女人权作为人权的重要组成部分,除了在性别属性上与人权有所差别,在内容上两者并无明显区分。妇女人权从女性立场出发,主要包含三个方面的内容:一是妇女的公民权利和政治权利;二是妇女的经济、社会和文化权利;三是妇女的生理特征产生的权利。② 具体而言,妇女的公民权利和政治权利包括生命权、自由权、法律平等权、选举权和被选举权等;妇女的经济、社会和文化权利包括工作权、财产权、劳动保护权、同工同酬权、教育权、医疗权、健康权、发展权等;妇女基于生理特征的权利包括生殖健康权、生育权等。对妇女的权利从政治、经济、文化等方面做出界定,其内容本身丰富了人权的基本内涵。联合国作为当今世界上最大的国际组织,在成立之初,就将人权内容列入国际法的范畴。其中,对于妇女人权的内容,联合国给予了高度重视,出台了多项促进妇女权利的文件和报告等。

《联合国宪章》作为指导联合国系统内部各项工作的纲领性文件,不仅明确指出了各部门的权力范围和责任义务,还针对世界各国正在面临的普遍性难题提出了一些重大原则,如实现男女平等、世界和平,以及一系列可操作性强的实施方案。《联合国宪章》序言部分第一条指出:"我联合国人民同兹决心,重申基本人权,人格尊严与价值,以及男女与大小各国平等权利之信

---

① 联合国大会.联合国宪章[EB/OL].[2019-09-15].https://www.un.org/zh/sections/un-charter/chapter-i/index.html.
② 张晓玲.妇女与人权[M].北京:新华出版社,1998:16.

念。"①将人权与男女平等置于《联合国宪章》开篇的首要位置,足以看出联合国对解决该议题的重视与决心。不仅如此,《联合国宪章》还在第一章第三款中规定:"不分种族、性别、语言或宗教,增进并激励对于全体人类之人权及基本自由之尊重。"在第三章第八条规定:"联合国对于男女均得在其主要及辅助机关在平等条件之下,担任任何职务,不得加以限制。"第九章第五十五条规定:"联合国应促进全体人类之人权及基本自由之普遍尊重与遵守,不分种族、性别、语言或宗教。"很显然,联合国在维护男女平等的原则下,承认女性应享有与男性同等的权利。

除了《联合国宪章》对提升妇女地位做出规定外,联合国制定的其他保护妇女权利的国际文件,在推进联合国妇女事业的进程中也发挥了重要作用。1948年通过的《世界人权宣言》作为《联合国宪章》人权内容的进一步延伸,在第二条中指出:"人人有资格享有本宣言所载的一切权利和自由,不分种族、肤色、性别、语言、宗教、政治或其他见解……"同时,第十六条强调了女性在婚姻方面的权利,指出在结婚和解除婚约时,男女权利平等;只有经男女双方自由且完全的同意,才能缔结婚姻。②在语言使用方面,联合国要求内部工作人员在任何类型的交流中都要使用性别包容性语言,无论交流是口头还是书面的、正式还是非正式的、针对内部受众还是外部受众。使用性别包容性语言,意味着联合国致力于打破系统内部传统的性别定型观念,消除因语言或文字表达方式不当所引发的歧视女性行为。

《联合国宪章》和《世界人权宣言》虽然为各国实现男女平等描绘了美好的愿景,但其内容并不包含强制性措施,因此,无法保证政策能被各国有效遵守。

---

① 联合国大会. 联合国宪章:70周年纪念版[EB/OL]. [2019-08-22]. http://www.un.org/zh/charter-united-nations/.
② 联合国大会. 世界人权宣言[EB/OL]. [2019-09-12]. http://www.un.org/zh/universal-declaration-human-rights/index.html.

在这种情况下,为促进男女平等目标的实现,联合国颁布了一系列保护妇女权利的国际法案,其中包括《关于男女同工同酬的公约》《妇女政治权利公约》《关于婚姻的同意、结婚最低年龄及婚姻登记的公约》《消除对妇女一切形式歧视宣言》等。可以看出,联合国将妇女议题纳入人权内容范畴,打破了传统意义上维护妇女一切形式权利的路径。这意味着,促进妇女人权已不再仅仅是某个政府采取的单独行为,妇女作为国际社会普遍关注的对象,对其实施保护已成为国际社会需要共同担负的重要责任。

二、推动妇女在发展过程中发挥作用

促进性别平等始终贯穿于联合国妇女工作之中。然而遗憾的是,早在1961年联合国制定第一个国际发展战略时,女性并未被列入发展计划之内,她们被政策排除在外,陷入了不利境地。女性的艰难处境逐渐让国际社会意识到女性全面参与社会工作,包括参与法律制定的重要性,人们认为如果没有妇女的参与,社会就无法实现全面发展和进步。在这种情况下,联合国开始重视妇女在各部门中的作用,采取积极措施,促进她们发挥自身权能。1970年12月15日,联合国大会根据妇女地位委员会的建议,通过了《国际一致行动促进妇女地位方案》。① 该方案为联合国第二个发展十年战略提供了妇女议题上实现的一般目标和最低指标。一般目标包括:成员国批准或加入关于妇女地位的有关国际公约;制定法律,使国内法与有关妇女地位的国际文书,例如1967年11月7日联合国大会通过的《消除对妇女歧视宣言》②取得一致;衡量和评估妇女对各部门的贡献;研究科学与技术对妇女地位的影响等。最低

---

① 联合国大会.国际一致行动促进妇女地位方案[(A/RES/2716(ⅩⅩⅤ)][EB/OL].[2019-08-23]. https://www.un.org/zh/documents/view_doc.asp? symbol = A/RES/2716(ⅩⅩⅤ).
② 联合国大会.消除对妇女歧视宣言[A/RES/2263(ⅩⅩⅡ)][EB/OL].[2019-08-17].htps://www.un.org/zh/documents/view_doc.asp? symbol.

指标要求各国确保男女在教育、就业、健康水平、公共生活等方面达到平等。除此之外,1970年12月15日联合国大会通过决议,要求联合国系统内各秘书处采取适当措施,确保女性享有担任高级职位及其他职位平等机会。[①] 1972年联合国大会确认1975年为"国际女性年",要求这一年加紧行动,确保女性充分参与全面发展,并肯定了女性对发展各国间友好关系和合作以及巩固世界和平做出的重要贡献。[②]

可以看出,到了20世纪70年代,联合国大会对于女性问题的讨论已经发生了根本性转变,从传统的平等问题发展到促进女性融入发展,逐渐关注女性领导能力的提升。1975年6月19日至7月2日,联合国第一次世界妇女大会在墨西哥首都墨西哥城召开。此次大会是自联合国成立以来第一次专门讨论妇女问题的世界性政府间会议,也是"国际妇女年"的重要活动之一。会议通过了《关于妇女的平等地位和她们对发展与和平的贡献的宣言》(也称《墨西哥宣言》)和《为实现妇女年目标而制定的世界行动计划》(也称《世界行动计划》),并向联合国建议,宣布1976至1985年为"联合国妇女十年"。新政策的出台和宣言的颁布表明,国际社会致力于在改变男女不平等地位的基础上,推动女性更好地融入社会发展,以平等原则为指导,促进妇女积极进入公共领域和社会系统,为参与各级决策而努力,以提升妇女的身份、地位及综合实力。1975年12月15日,联合国大会通过决议,确立1976至1985年为"联合国妇女十年",十年间的目标是促进男女平等,为确保妇女能够充分参与全面发展而努力,增进妇女对发展中国家间友好关系与合作的贡献,以及加强其对世界和平的贡献。

---

① 联合国大会.联合国体系内各组织秘书处雇用合格妇女担任高级及其他专门职位[A/RES/2715(ⅩⅩⅤ)][EB/OL].[2020-02-05].https://www.un.org/zh/documents/view_doc.asp?symbol=A/RES/2715(ⅩⅩⅤ).
② 联合国大会.国际妇女年[A/RES/3010(ⅩⅩⅦ)][EB/OL].[2020-01-12].https://www.un.org/zh/documents/view_doc.asp?symbol=A/RES/3010(ⅩⅩⅦ).

事实上,一直以来,联合国都在敦促各国寻求解决男女平等的可行路径。但是面对复杂多变的国际形势,国际社会也对联合国的女性议题提出了更高的要求,仅从两性角度出发解决男女平等问题已经不能满足社会发展的实际需求。妇女作为一支不可忽视的重要社会主体力量,应当在获得与男性同等社会地位的基础上,发挥更多女性的优势力量,融入社会的主流发展进程,推动社会进步。正如 1995 年 1 月联合国秘书长在《第二次审查和评价〈内罗毕战略〉的执行情况》报告中所言:"妇女被认为是变化的动因,她们作为一支经济力量,是一种宝贵的资源,如果没有这种资源,发展的进程就会受到限制。"

第二节 联合国提出女性议题的四个阶段

推进妇女事业发展是一项系统性工作,一直以来都是联合国不断探索的实践工程。近七十年来,随着全球问题不断增多,女性在国际社会中发挥的作用也在持续转变。女性社会角色的变化要求联合国重新审视有关妇女议题的政策,这就需要对联合国在不同阶段提出的针对妇女发展的专门性政策进行反思与评判。

一、1945 年—1975 年:制定法律维护妇女权益

为了引起国际社会对妇女问题的重视,联合国在早期阶段致力于做好维护妇女权益的基础性工作,从法理意义出发寻找促进男女平等的行动依据。作为联合国的基本大法,《联合国宪章》多次强调"主权""男女平等"等内容。1949 年 12 月,联合国大会通过《禁止贩卖人口及取缔意图营利使人卖淫的公约》,该公约于 1951 年 7 月正式生效。公约规定,各国禁止贩卖妇女儿童和经营卖淫业,并对违法行为制定了处罚原则。同时,公约要求缔约国建立专门机

构打击违法犯罪行为。① 1951年,国际劳工大会第34届会议通过了《关于男女同工同酬的公约》。经过两年讨论,该公约最终于1953年5月通过。条约内容首先对"报酬"一词做出了概念界定,同时围绕"如何实现男女同工同酬"提出四项基本规则,包括建立承认工资的办法,制定雇主与工人间的集体协议等。② 1952年12月20日,第七届联合国大会通过了第一个专门维护妇女权利的国际法文件,即《妇女政治权利公约》。③ 联合国于1949年开始起草这份公约并最终于1952年通过,两年后正式生效。虽然公约内容只有11条,但它却在政治层面以法律的形式明确了男女拥有共同且平等的政治权利,包括选举权等。这项举措意味着联合国在推进男女平等议题上又迈出了关键的一步。

事实上,联合国不仅关注广大妇女平等政治权利的实现,对已婚女性在婚姻中的权利也给予了法律上的承认。1957年2月20日联合国大会通过的《已婚妇女国籍公约》规定:"任何人的国籍不得任意剥夺,也不得否认其改变国籍的权利。"④在随后颁布的《关于婚姻的同意、结婚最低年龄及婚姻登记的公约》中,联合国规定了当事人在结婚方面应该遵守的准则及男女在婚姻中拥有平等的权利内容等。⑤ 为了消除国际社会对妇女存在歧视这一普遍性看

---

① 张晓玲. 妇女与人权[M]. 北京:新华出版社,1998:123.
② United Nations International Labour Organization. C100—equal remuneration convention[EB/OL].[2019-10-17].https://www.ilo.org/dyn/normlex/en/f? p = NORMLEXPUB:12100:0::NO::P12100_ILO_CODE:C100.
③ United Nations. Convention on the political rights of women (A_RES_640_Ⅶ-E)[EB/OL].[2019-10-17].https://treaties.un.org/doc/source/docs/A_RES_640_Ⅶ-E.pdf.
④ United Nations.Married women nationality convention (Ch_ⅩⅥ_2)[EB/OL].[2019-10-17].https://treaties.un.org/doc/Treaties/1958/08/19580811%2001-34%20AM/Ch_ⅩⅥ_2p.pdf.
⑤ United Nations.Convention on consent to marriage, minimum age for marriage and registration of marriages (Ch_ⅩⅥ_3)[EB/OL].[2019-10-17].https://treaties.un.org/doc/Treaties/1964/12/19641223%2002-15%20AM/Ch_ⅩⅥ_3p.pdf.

法,联合国在1967年专门通过了《消除对妇女歧视宣言》。①宣言内容涵盖了妇女在政治、经济、社会、家庭、教育等方面应享有的平等权利,并敦促各国政府在国内尽快实施各项原则。《消除对妇女歧视宣言》的颁布,不仅为国际社会实现男女平等提供了一个可供参照的行动标准,同时也为第一次世界妇女大会的召开奠定了必要的理论基础。1975年6月19日,联合国第一次世界妇女大会在墨西哥城正式召开。作为联合国自成立以来第一次专门讨论妇女问题的世界性大会,会上通过的《关于妇女的平等地位和她们对发展与和平的贡献的墨西哥宣言》在明确男女平等定义的基础上,为各国政府和非政府组织制定了30多项原则,以提高女性在社会中的地位并发挥其作用。②《为实现妇女年目标而制定的世界行动计划》③向国际社会提出了近十年内争取提高妇女地位的行动指导方针和优先领域,并要求各国政府设立处理女性事务的国家机构。④从这些公约和宣言的颁布可以看出联合国在维护妇女地位、确保男女平等方面的坚定决心。它们从法律层面确保了女性的政治、经济和社会权利等,为今后各国政府在本国内开展妇女工作提供了值得借鉴的指南,为国际社会解决女性问题奠定了思想基础。

二、1976年—1985年:推动妇女充分参与发展进程

如果说在第一阶段,联合国希望通过法律规定在国际社会确立维护男女

---

① 联合国大会.消除对妇女暴力行为宣言[A/RES/2263(XXII)][EB/OL].[2019-10-17]. https://www.un.org/zh/documents/view_doc.asp?symbol=A/RES/2263(XⅫ).
② United Nations. Report of the world conference of the international women's year(E/CONF.66/34)[EB/OL].[2019-06-07]. https://digitallibrary.un.org/record/586225/files/E_CONF.66_34-EN.pdf.
③ United Nations. World conference of the international women's year (E/CONF.66/34)[EB/OL].[2019-11-18]. https://www.un.org/womenwatch/daw/beijing/otherconferences/Mexico/Mexico%20conference%20report%20optimized.pdf.
④ 张晓玲.妇女与人权[M].北京:新华出版社,1998:139.

平等的原则，那么在第二阶段，在推进女性议程的过程中，联合国则更加强调发挥女性参与社会事务的独特作用。也就是说，与第一阶段女性被动参与不同，第二阶段国际社会更加注重发挥女性的主动性，力求让女性成为参与社会事务的积极力量。

在这个阶段，联合国从多个方面支持促进女性融入发展的各项政策。在政治方面，联合国分别于1980年和1985年召开第二次世界妇女大会和第三次世界妇女大会，针对过去联合国在妇女议题上已取得的成果以及亟待解决的问题，提出了具体意见和应采取的措施。鉴于各国在实现男女平等问题上虽已取得显著进步，但从总体水平上看还未能取得令人满意的结果这一现实，联合国分别通过了《联合国妇女十年后半期行动纲领》和《提高妇女地位内罗毕前瞻性战略》。①《联合国妇女十年后半期行动纲领》强调从就业、保健和教育三个方面着手，改善女性的生存环境。文件阐明了发展问题以及男女对发展的不平等参与是导致女性处于不平等地位的根源，认为男女不平等与历史进程、社会男女分工、不公平的国际经济关系、社会未能认识到女性对社会做出的潜在贡献等密切相关。②《提高妇女地位内罗毕前瞻性战略》对处于社会弱势地位的妇女群体给予了特别关注，认为平等不仅是目的，也是手段。法律面前人人平等，任何人都有机会享受权利、发挥潜力并享受成果。该战略为未来实现男女平等提供了具体的实施方案，包括全面立法、设立政府妇女工作机构、加快社会经济结构改革、承认妇女的经济贡献、建立监测妇女状况的机构等。③ 值得注意的是，在这十年期间，联合国还制定并通过了一份最重要的维

---

① United Nations. Implementation of the nairobi forward-looking strategies for the advancement of women to the year 2000(A/49/349)[EB/OL].[2019-08-07].http://daccess-ods.un.org/access.nsf/Get? Open&DS=A/49/349&Lang=E.
② United Nations. Report of the world conference of the united nations decade for women: quality, development and peace (A/CONF.94/35)[EB/OL].[2019-08-07].https://digitallibrary.un.org/record/36306? ln=en#record-files-collapse-header.
③ 张晓玲. 妇女与人权[M].北京:新华出版社,1998:146,147.

护妇女权利的国际法律文件,即《消除对妇女一切形式歧视公约》。①《消除对妇女一切形式歧视公约》围绕"歧视"一词展开,其中第一条内容将"对妇女的歧视"定义为基于性别的任何区别、排斥或限制,其影响或目的均足以妨碍或否认妇女(不论已婚未婚)在男女平等的基础上,对政治、经济、社会、文化、公民或任何其他方面人权和基本自由的认识、享有或行使。《消除对妇女一切形式歧视公约》提及了在发展过程中妇女权利受限的三个原因,即妇女的民事权利、生育权利和文化传统限制了妇女对基本权利的享受。此外,与其他人权公约不同,该公约还关注到了人类繁衍问题及文化因素对两性关系的影响。②

在经济方面,1976年联合国创建了联合国妇女十年志愿基金,以执行联合国妇女十年的方案,特别是为发展中国家的妇女项目提供资助。1984年,该基金会改名为联合国妇女发展基金,成为联合国一个专门为女性提供金融服务的机构。联合国妇女发展基金的作用是:在符合国家和区域利益的前提下,援助有利于妇女的创新和实验性活动;充当催化剂,以确保妇女在投资前期尽可能经常且合理地参与到主流发展活动中。联合国妇女发展基金工作的核心战略是:促进妇女经济保障与权利,推动具有性别敏感认识的立法和决策,强化妇女在经济能力管理、和平及安全方面的作用。

同年,在充分认识到妇女在政治、经济等方面存在巨大潜力的情况下,联合国出台了针对妇女发展的援助计划,以切实保障妇女全面参与到发展进程中。例如,鉴于认识到妇女组织对促进男女平等发挥的积极作用,联合国设立了促进妇女参与发展机构,并且成立了提高妇女地位国际研究训练所,主要负责收集和散播关于妇女在其所处社会中的具体情况和相关数据,从多维度促进女性融入发展进程。可以看出,国际社会正在逐渐意识到,社会发展是全面的,缺乏女性力量参与的发展将会影响社会的经济、文化等秩序。然而,仅仅

---

①② 联合国大会.消除对妇女一切形式歧视公约(A/RES/34/180)[EB/OL].[2020-02-11]. https://www.un.org/zh/documents/view_doc.asp? symbol=A/RES/34/180.

从经济、政治等层面出发还不足以解决根深蒂固的歧视女性问题。进入第三个阶段后,女性议题真正打破了联合国系统内边缘议题设置的界限,成为联合国重要部门研究的主流问题。

三、1986年—1995年:女性议题被纳入联合国主流议程

自1984年以来,联合国妇女署每五年发布一次"关于妇女在发展中的作用"世界调查报告。截至1995年发布的三份报告总结并分析了妇女在社会发展中的参与情况,指出要解决妇女贫困问题,必须提高农村妇女的生产和合作能力,必须为妇女提供平等的就业机会和充分参与经济决策的机会。[1] 1991年,由联合国经济和社会事务部统计司编写的《1970至1999年世界妇女状况:趋势和统计数据》(*The World's Women 1970-1990: Trends and Statistics*)一书首次出版。该书每五年再版一次,主要内容是对世界各地妇女地位的情况进行评估,通过数据分析阐明女性对经济、政治、文化发展的促进作用。1992年6月,在里约热内卢召开的联合国环境与发展大会上通过了《里约环境与发展宣言》,宣言第20条指出:妇女在环境管理和发展方面具有重大作用。因此,女性的充分发展对人类实现持久进步至关重要。1993年12月,第48届联合国大会通过了《消除对妇女的暴力行为宣言》。[2] 宣言在承认各国内部存在对妇女的暴力行为这一事实的基础上,首先明确了"对妇女的暴力行为"的概念,其次指出了暴力行为包含的几点表现以及女性所享有的基本权

---

[1] 联合国大会. 关于妇女在发展方面的作用的世界性调查(A/39/566)[EB/OL].[2019-12-02].https://undocs.org/zh/A/39/566;United nations. 1989 world survey on the role of women in development (ST_CSDHA_6)[EB/OL].[2019-12-02].https://undocs.org/en/ST/CSDHA/6; United nations. Women in a changing global economy: 1994 world survey on the role of women in development (ST/ESA/241)[EB/OL].[2019-12-02].https://digitallibrary.un.org/record/207546/files/ST_ESA_241-EN.pdf.

[2] 联合国大会.消除对妇女的暴力行为宣言(A/RES/48/104)[EB/OL].[2019-12-02].https://www.un.org/zh/documents/view_doc.asp? symbol=A/RES/48/104.

利。同年,世界人权大会在维也纳顺利召开。会议讨论并通过了《维也纳宣言和行动纲领》,纲领在"妇女的平等地位与人权"部分内容中强调,妇女的平等地位和妇女的人权应纳入联合国全系统活动的主流,同时鼓励联合国其他机构保障妇女实现平等参与。①1994年,联合国国际人口与发展大会认为有必要推动妇女赋权,目标是实现让妇女在各个阶段充分参与政策制定,确保加强妇女对可持续发展的贡献。②1995年,第四次世界妇女大会在中国北京召开,会议通过了两个重要文件,即《北京宣言》和《行动纲要》。③《北京宣言》着重指出,妇女的权利就是人权,人权是实现平等、发展与和平的基础。在肯定妇女权利的前提下,宣言还指出了未来的努力方向,包括从政治、经济、教育、健康等方面推动女性实现独立。《行动纲要》是一项赋予女性权力的纲领,对12个重大领域给予了特殊关注,涉及妇女与贫困、教育、健康、武装冲突、经济、媒介等方面的关系。

总体来看,这个阶段的妇女问题已经成为联合国讨论各项议题过程中不可忽视的重要部分。与之前不同,妇女的声音不再被边缘化,而是与经济、政治、发展等主流议题相结合,成为促进社会发展的关键动力。同时,从整体趋势而言,议题由最初阶段谋求"男女平等"转变为之后实现"女性赋权",这种对女性权利的观念转变表明,未来联合国要从社会结构入手,改善男女不平等的对立关系。

---

① United Nations Human Rights. Vienna declaration and programme of action[EB/OL]. [2020-01-15].https://www.ohchr.org/en/professionalinterest/pages/vienna.aspx.
② 联合国国际人口与发展大会.《国际人口与发展大会行动纲领》[EB/OL].[2020-02-04]. https://www.unfpa.org/sites/default/files/pub-pdf/ICPD_PoA_CH_Text_Web_optimized.pdf.
③ 联合国大会.第四次妇女问题世界会议报告(A/CONF.177/20/Rev.1)[R/OL].[2020-01-15].https://documents-dds-ny.un.org/doc/UNDOC/GEN/N96/273/00/img/N9627300.pdf? OpenElement.

四、1996 年—现在:推进落实有关女性发展的各项政策

经过国际社会数十年来为解决女性问题的不断努力,在各种政策、宣言、纲领等的指导下,1996 年后联合国女性议题已经进入实施和完善阶段。自第四次世界妇女大会提出"让性别意识进入决策主流"的观点后,1996 年 3 月,妇女地位委员会第四十届会议就提出要求,确保在联合国系统工作的各个方面以及在推进与民间社会组织联系方面,都考虑到性别观点。① 2000 年 6 月,第四次世界妇女大会五周年特别会议名为"2000 年妇女:21 世纪两性平等、发展与和平"。会议审查并评价了《北京宣言》和《行动纲要》12 个重大关切领域执行工作的进展情况报告,指出了目前的 12 个领域里改善女性问题所取得的成就以及亟待解决的主要问题。② 同时,会议希望在《北京宣言》和《行动纲要》通过 10 年后,于 2005 年召集各方评估取得的进展并审议新的倡议。2000 年 9 月召开的联合国首脑会议颁布了《联合国千年宣言》,性别问题被纳入千年发展目标,内容包括促进两性平等和赋予女性权力、降低产妇死亡率以及改善产妇保健等。2005 年 3 月,妇女地位委员会第 49 届会议提出集中审议《北京宣言》《行动纲要》及联合国大会第 23 届特别会议成果的执行情况,并就提高妇女和女童地位、增强其力量等提出前瞻性战略。在 2010 年召开的妇女地位委员会第 54 届会议上,联合国认为千年发展目标中关于实现两性平等的内容虽有进展,但步伐缓慢且不均衡,并提醒各国注意有必要进一步加强《行动纲要》的执行与实现千年发展目标之间的联系。③ 不仅如此,在 2010 年召开

---

① United Nations Women. Report of the csw 40th session [EB/OL]. [2019-08-25]. https://www.un.org/womenwatch/daw/csw/40sess.htm.
② United Nations Women. Beijing +5 process and beyond [EB/OL]. https://www.un.org/womenwatch/daw/followup/bfbeyond.htm.
③ United Nations Women. Comission on the status of women. report of the 54th session of the commission on the status of women [EB/OL]. [2019-08-22]. https://www.un.org/womenwatch/daw/beijing15/index.html.

的"联合国第四次世界妇女大会十五周年纪念会议"和2015年召开的即纪念北京世界妇女大会20周年大会"上,《行动纲要》再次成为各成员国讨论的重要话题。会议从不同方面评估了妇女的发展状况,并对《行动纲要》的实施情况进行了反思和总结,以进一步推动男女不平等问题的解决。

可以看出,针对以往提出的诸多女性议题,自1995年第四次世界妇女大会后,联合国更倾向于关注政策的实施效果,尤其对第四次妇女大会上提出的《行动纲要》等内容实施的后续行动给予了特别重视,这些后续行动也成为后期联合国系统内部各部门讨论女性问题的主要内容。

事实上,尽管联合国在这个阶段才着重强调采取行动解决女性问题,但从整体的女性议题发展趋势来看,其政策的实施是有迹可循的。从最初在制度层面为女性实现平等提供法律保护,到在理念层面鼓励女性融入社会发展,再到从实践层面保障和监督其他各成员国落实维护女性权利的相关政策,这个过程在不断完善。这也意味着,联合国作为解决国际事务的核心机构,对促进各成员国实现男女平等、消除对女性的歧视、赋予女性权利发挥了至关重要的作用。

第三节 从解决女性平等地位到精英女性培养

事实上,随着以联合国为核心的国际组织在全球范围内围绕女性平等和赋权工作的推进,以及世界各国民主化进程的加快,女性作为推动社会进步的重要力量,对自身权利保障提出了新的要求。在这样的现实背景下,联合国不得不对女性政策做出更新和调整,从最初致力于解决女性遭受歧视和暴力等问题,发展到强调女性参与政府决策制定等问题。女性平等参与社会政治生活,不仅意味着国际社会在维护女性的政治利益方面做出了尝试性的努力,也为未来联合国提高女性政治领导力奠定了基础。然而,鼓励女性参与政治生活的这一举措,并不意味着国际社会中普遍存在的两性不平等问题已经得到切实解决。恰恰是因为考虑到女性参与政治进程有助于提高女性地位这一事实,联合国才从这一新的路径出发,首先在政治意义上寻求突破长久以来对女性群体的歧视。

1995年第四次世界妇女大会正式通过的《行动纲要》,可谓是联合国探索女性赋权的一次伟大尝试。《行动纲要》重点考察了妇女在经济、教育、政治等12个领域的发展情况。其中,在"妇女参与权与决策权"部分,联合国指出了妇女政治参与程度较低的问题,[①]具体表现为政府部门女性任职人员数量不足、参与政治途径狭窄、政治能力较弱等。在这种形势之下,联合国分别为各国政府、各政党、国际组织以及联合国内部制定了两个新的战略目标,即确保女性平等加入并充分参与权力结构及决策过程、提高女性参与决策的机会和领导能力。不仅如此,为保障各级政治组织落实关于性别问题的各项政策,《行动纲要》还特别强调提高女性地位的机制建设,呼吁各级行政组织的最高级别单位负责并定期监测政策的执行情况,并要求将性别观点纳入立法及公共政策,收集、编制和分析按性别分类的数据信息,以便进行性别研究和整体评价。

毫无疑问,《行动纲要》为女性实现充分和平等参与政治、经济、文化等议程勾勒了一个宏伟的设计蓝图。为了将蓝图变成现实,联合国规定每五年对《北京宣言》和《行动纲要》的实施情况进行评估和审查。在2000年召开的第49届妇女地位委员会会议上通过的《2000年妇女:21世纪两性平等、发展与和平》报告中,虽然对12个领域赋予女性权力过程中遇到的障碍和面临的挑战进行了总结与回顾,但更引人注目的是,文件首次制定了各国未来优先解决

---

① 联合国大会.第四次妇女问题世界会议的报告(A/CONF.177/20/REV.1)[EB/OL].[2019-09-07]. https://www.un.org/womenwatch/daw/beijing/pdf/Beijing%20full%20report%20C.pdf.

女性问题的行动计划。例如,在科技领域,德国计划增加女科学家的比例,韩国重视提高高级研究所女教授的地位;在经济领域,许多国家开始鼓励女性自主创业并增加妇女在各级管理阶层的参与度;在军事领域,一些会员国将设法增加维和行动中的妇女人数;在政治领域,澳大利亚优先考虑解决高层决策职位中妇女人数不足的问题等。①

除了在政治、经济、教育、军事等领域提高了女性的参与比例外,联合国还对年轻女性群体的政治参与程度给予了极大关注。近年来,联合国注意到,由于在教育、技术和指导等方面存在资金和资源限制,年轻女性在各社会领域发挥领导作用的能力受到了影响,因此联合国制定了一系列不同的方案来解决青年女性面临的现实困境。2016年8月12日,在国际青年日当天,联合国妇女署召开了一次全球青年女性领导人会议(The Road to 2030:"Leadership By and for Young Women")。会议重点指出,发展青年女性的领导能力是实现可持续发展目标的关键。② 会议期间,15位年轻女性领导人讲述了如何赋权其他青年女性的经验和策略,并指出传统文化观念、不公平的教育以及暴力问题,仍然是女性参与政治议程面临的主要障碍。联合国妇女署为各地区由青年领导的组织提供资金支持,以促进年轻女性的参与;同时还致力于提高年轻女性在区域和全球论坛中的代表性,以及参与决策制定的程度。在妇女地位委员会第六十届会议上,联合国妇女署、世界基督教青年协会和青年联盟公民社会组织首次公开召集了300多名年轻领导人,参与"女性赋权和与之相关的可持续发展建设"议题的宣传与网络建设。

---

① 联合国经济及社会理事会.审查《北京宣言》和《行动纲要》以及题为"2000年妇女:21世纪两性平等、发展与和平"的大会特别会议成果文件的执行情况[EB/OL].[2020-01-17]. http://daccess-ods. un. org/access. nsf/Get? OpenAgent&DS = E/CN. 6/2005/2&Lang=C.

② United Nations Women. The road to 2030:"leadership by and for young women" [EB/OL].[2019-11-13].http://www.unwomen.org/en/news/stories/2016/8/youth-day-the-road-to-2030.

可以看出，尽管长久以来联合国在解决女性不平等问题上付出了巨大努力，但却未能充分认识到女性在决策过程中表现出的领导才能，尤其是以青年女性为代表的群体对社会发展产生的推动作用。基于此前提，联合国开始尝试从政治、经济、教育、文化、科技、健康等多领域挖掘女性的才智潜能，并赋予女性更多权力参与公共生活和决策制定。随着技术进步催生出了更多的生产资料，女性作为生产资料的部分创造者，这已经成为无可争议的事实。因此，面对社会发展对女性群体的巨大需求，联合国已经开始行动，将提高女性领导力，尤其是对精英女性的培养及其领导力的提升，设定为未来发展的优先议题。在这个思路下，可以推测，未来联合国将在解决男女不平等议题的指引下，鼓励最大限度地为女性参与决策释放公共空间，同时加大资源投入，培养更多具有无限潜力的年轻精英女性，为社会发展注入动力。

第四节　从精英女性培养到精英女性领导力的提升

长期以来，陈规定型的男权观念和传统的性别角色，限制了女性对公共权力的行使，更不用说女性能够登上政治舞台，同其他男性共享权力。从世界范围来看，虽然女性在世界政治、经济、教育、科技、健康等领域担任领导者的比例有所攀升，但从整体水平来看，提升女性领导力的任务仍然任重道远。

各国议会联盟(Inter-Parliamentary Union, IPU)与斯德哥尔摩大学合作创立的"全球性别配额数据库"(Gender Quotas Database)最新数据显示，在调查的全世界符合宪法、选举和政党配额的 149 个国家中，女性代表人数在议会中的总体平均水平为 23.5％。其中，卢旺达是全世界女性议员人数占比最多的国家，众议院中女性比例高达 61.3％；其次是玻利维亚，女性在下议院中赢得了 53.1％ 的席位。从全球范围来看，截至 2018 年年底，有 34 个国家的女性在众议院议员中所占比例不到 10％。这些国家既包括日本这样经济发展水平较高的国家,也包括泰国、斯里兰卡、刚果等发展中国家。值得注意的是,当前仍然有4个国家的女性在下议院中未获得任何职位,这四个国家分别是密克罗尼西亚、卡塔尔、瓦努阿图和也门。①

纵观全球女性职业升迁的历史可知,经过长时间的斗争与争取,部长级别女性职位的比例得到了一定程度的提高。根据2005年各国议会联盟的数据统计,瑞典是女性担任部长总数最多的国家。在瑞典21个部门的部长中,有11名女性,占比高达52.4%。其次是西班牙,女性人数占部长总数的一半,比例达到50%。与2005年不同,2017年最新统计数据显示,女性担任部长的比例超过50%的国家增加到了6个。近些年,新增加的女性担任部长比例超过50%的国家有保加利亚、法国、尼加拉瓜、瑞典、加拿大以及斯洛文尼亚。需要特别注意的是,法国女性担任部长人数的比例在这十几年中得到了显著提高,从2005年的第33名升至2017年的首位,女性部长的占比由17.6%增加到52.9%。与新增加的其他国家不同,在这12年中,法国的部长人数并未发生变化,在17名部长中,女性人数由之前的3名增加到了9名。也就是说,在总量不变的情况下,法国实现了女性部长人数绝对量的增长。然而,与全球女性议员的占比情况相同,一些国家女性部长的任命也未能打破"零"的局面,2017年仍有13个发展中国家没有女性担任部长级别的职务。②

就部门职务而言,各国议会联盟对186个国家提供的1 237个职位进行统计后得出结论:与核心政治事务密切相关的职务,由女性部长担任的比例较少;而与核心政治事务关联度较低的职位,女性担任部长职位的人数则相对较多。截至2017年1月,女性最常在环境、自然、能源部门担任部长职务,其次

---

① International Institute for Democracy and Electoral Assistance. Gender quotas database [EB/OL]. [2019-11-17]. https://www.idea.int/data-tools/data/gender-quotas/country-overview.
② United Nations Women. Women in politics 2017 map[EB/OL]. [2019-08-25]. http://www.unwomen.org/en/digital-library/publications/2017/4/women-in-politics-2017-map.

是在家庭、儿童、老人、残疾人等相关部门。对于议会事务、财政、地方政府、行政管理等围绕政治展开的核心部门,由女部长担任的职位数量较少。①

从上述数据可以看出,虽然议会中女性领导人的比例有了显著提高,但国家级和部长级等更具精英特质的女性任职比率提升仍进展缓慢。截至2017年10月,在全世界152个国家中,共有11名女性担任国家元首,占比7.2%;担任政府首脑的女性共有12名,占比7.9%。不仅如此,大多数女性领导人所在的工作部门多局限于远离核心政治事务的社会公共领域,传统的政治部门仍然由男性主导。

实际上,联合国始终将女性在政治部门中的任职比例,作为衡量提高精英女性领导力的标准。最近,联合国妇女署呼吁各国制定法律和预算,以促进性别平等。在一些国家,联合国召集了多名来自政治领域的女性领导人,共同探讨推进提高女性领导力的各项措施。在摩尔多瓦,联合国妇女署与联合国开发计划署合作,建立了女性市长网络和地方议员网络。这些网络首先将注意力聚焦于国会,之后将性别平等作为战略优先事项纳入其核心目标。作为战略重点,相关举措促进了女市长和女议员的工作,其中全职网络协调、定期会议、媒体推广等流程,有利于女性领导人之间相互学习。②

---

① United Nations Women. Women in politics 2017 map[EB/OL].[2019-08-25]. http://www.unwomen.org/en/digital-library/publications/2017/4/women-in-politics-2017-map.
② United Nations Women. Parliaments and local governance [EB/OL]. [2019-06-25]. http://www.unwomen.org/en/what-we-do/leadership-and-political-participation/parliaments-and-local-governance.

第三章 联合国精英女性培养的实践路径

近些年来,联合国重视对精英女性的培养,尤其是在精英女性培养的领导力方面,联合国更是创造性地形成了一套完整的实践体系,其中包括组织机构、政策指导以及战略举措等。

第一节 机构的创建

为有效解决女性问题,联合国专门成立了维护女性权利的组织和机构。在维护女性权利的过程中,这些机构不断地对提高女性地位的政策做出调整,并对如何增强精英女性的领导力等议题提出了新的要求。以下对这些维护女性权利的组织和机构的工作内容进行简要介绍。

一、联合国妇女署

联合国妇女署是2010年7月联合国大会通过建立的旨在促进性别平等和增强女性权能的新实体。这个新实体重点关注以下四个领域:第一,女性实现平等领导和参与,并在治理系统中受益;第二,女性有收入有保障、体面的工作和经济自主权;第三,所有妇女和女孩的生活不会遭受任何形式的暴力;第四,女性在维护可持续和平方面做出贡献并发挥更大影响,并从预防自然灾害和冲突以及人道主义行动中平等受益。① 为了深化改革后取得的成果,联合国妇女署制定了一系列旗舰项目(Flagship Programme Initiatives)②,其中,"妇女的政治赋权和领导能力"与"激励女企业家拥有平等机会"等计划作为涉及精英女性培养的重要内容被给予了特别关注。"妇女的政治赋权和领导能力"计划集中于通过实施强有力的法律框架和制定有效的行政规范,扩大有资格且有能力的女性参加选举的人数比例。同时,在一些性别敏感(Gender Sensitive)的政治机构中,给予女性领导人更多支持。为解决以女性企业家为代表的女性群体面临的结构性障碍,"激励女企业家拥有平等机会"计划致力于在公共领域和公司环境中促进性别平等,以为女性创建企业创造需求并加

---

① United Nations Women. Women in politics 2017 map[EB/OL].[2019-11-13].http://www.unwomen.org/en/digital-library/publications/2017/4/women-in-politics-2017-map.

② 为了深化改革取得的成果,联合国妇女署制定了一系列旗舰项目(Flagship Programme Initiatives)。联合国妇女署制定的旗舰计划共包含 12 个旗舰项目和 4 个"正在拟定"(Pipeline)旗舰项目。具体项目名称为:(1)妇女的政治赋权和领导能力(Women's Political Empowerment and Leadership);(2)妇女诉诸司法(Women's Access to Justice);(3)为性别平等提供变革性融资(Transformative Financing for Gender Equality);(4)通过气候智能型农业赋予妇女权力(Women's Empowerment through Climate-Smart Agriculture);(5)妇女创收:体面劳动和社会保护(Income Generation for Women: Decent Work and Social Protection);(6)激励女企业家拥有平等机会(Stimulating Equal Opportunities for Women Entrepreneurs);(7)安全的城市和安全的公共空间(Safe Cities and Safe Public Spaces);(8)预防和获得必要的服务以制止对妇女的暴力行为(Prevention and Access to Essential Services to End Violence against Women);(9)妇女在危机应对中的领导、获取和保护(Women's Leadership, Access and Protection in Crisis Response);(10)解决气候变化中的风险性别不平等问题(Addressing the Gender Inequality of Risk in a Changing Climate);(11)妇女参与和平、安全和恢复(Women's Engagement in Peace, Security and Recovery);(12)改善可持续发展目标基于证据的本地化的性别统计数据(Better Gender Statistics for SDGs Evidence-Based Localization);(13)要求获得生殖、孕产妇、新生儿、儿童和青少年保健服务的权利(Demanding Rights to Reproductive, Maternal, Newborn, Child and Adolescent Health Services);(14)妇女为可持续能源创业(Women's Entrepreneurship for Sustainable Energy)。

强女企业家对这一需求的应对能力。① 联合国妇女署提出的旗舰项目反映了与男性相比,女性在政治、经济、气候、健康、安全、创业等领域发挥的力量仍然存在不足。然而,值得庆幸的是,针对精英女性的培养也被列入了联合国妇女署的主流计划之内,并从政治赋权和经济赋权出发为精英女性发展提供机制保障。

二、妇女地位委员会

1946年6月21日,联合国经济及社会理事会决定设立妇女地位委员会(Commission on the Status of Women,CSW)。作为主要的全球政府间机构,妇女地位委员会致力于促进两性平等和赋予女性权利。在记录全世界女性生活现实的同时,该委员会在制定性别平等和赋权标准等方面发挥了关键作用。

在妇女地位委员会成立早期,该机构将重点放在制定国际公约及改变歧视性的性别立法规则上,以促进人们对妇女问题的重新认识。因此,妇女地位委员会先后制定并出台了《妇女政治权利公约》《消除对妇女歧视宣言》《消除对妇女一切形式歧视公约》等,这些公约构成了各国制定维护女性权利准则的主要标准。

随着社会发展,男女不平等状况进一步凸显,妇女地位委员会努力将妇女问题融入联合国各领域的主流议题中,使其摆脱被边缘化的独立轨道。同一时期,妇女地位委员会还将"对女性的暴力行为"置于国际辩论的最前沿,并于1993年12月通过了《消除对妇女的暴力行为宣言》。②

如果说联合国妇女署在力促各成员国制定衡量性别平等的标准方面迈出

---

① United Nations Women. Supporting the SDGs with UN women's flagship programmes [EB/OL]. [2019-11-14]. http://www.unwomen.org/en/how-we-work/flagship-programmes.

② United Nations Women. A brief history of the commission on the status of women[EB/OL].[2018-07-29].http://www.unwomen.org/en/csw/brief-history.

了一大步,那么妇女地位委员会作为经社理事会的主要机构之一,在全球范围内监督各国为保障女性权利所采取措施的执行情况方面,也做出了突出贡献。也就是说,与联合国妇女署在宏观层面为成员国制定女性政策提供支持不同,妇女地位委员会更注重从微观层面出发,敦促各国维护女性权益的诸多项目尽快落地。

于是,从 1987 年开始,妇女地位委员会决定制定多年工作计划(Multi-Year Programme of Work),并设置了年度会议讨论的优先主题。2006 年,妇女地位委员会再次增加年度审查主题,以评估上一届会议商定结果的执行情况。通过对 2010 年—2019 年这 10 年间委员会通过的优先主题和审查主题进行汇总,可以看出,妇女地位委员会的工作计划始终围绕着增强女性权能的内容展开。对于如何赋予女性更多权利,委员会提供的方案是为女性提供资金支持、科学技术指导,建立社会保护制度等。[1] 很显然,方案试图从经济、政治和教育层面出发,尝试打破长期以来女性在提高领导力时面临的公共服务困境。同时,对女性给予更多社会支持和指导,使女性能够在不断变化的职业领域强化自我赋能的能力也逐渐成为妇女地位委员会努力的方向。

三、消除对妇女歧视委员会

消除对妇女歧视委员会的成立与 1982 年《消除对妇女一切形式歧视公约》的颁布密切相关。《消除对妇女一切形式歧视公约》第五部分第十七条规定,应设立一个消除对妇女歧视委员会,以审查执行公约所取得的相关进展。根据第十八条内容,缔约国承诺在批准或加入一年内提交关于它们为执行公约而采取的立法、司法、行政或其他措施的报告,以及履行公约时遇到的各种因素或困难的说明。公约要求缔约国至少每四年向联合国秘书长提交一次报

---

[1] United Nations Women. Commission on the status of women [EB/OL].[2019-10-25]. http://www.unwomen.org/en/csw.

告,供委员会审议。① 不仅如此,消除对妇女歧视委员会也需要在每年召开的会议上对报告做出有效回应。根据公约第二十一条,委员会每年应向联合国大会提交报告,并根据所收到的缔约各国的报告和资料的审查结果,提出一般性的意见和建议。②

我们可以认为,围绕国际社会中普遍存在的女性受歧视问题,联合国已经建立了具体部门,并提供了制度和组织上的保障。然而,这一制度化设计并非只有单向属性,而是在双向互动的作用下设立了交流、监督和反馈机制,以尽快改变国际社会中长期存在的女性受歧视的不平等现状。消除对妇女歧视委员会对女性受歧视问题的重视表明,"歧视"已经成为当前阻碍女性提高领导力的关键因素,更是阻碍女性谋求全面发展的绊脚石。因此,正是借助委员会的监督和审查权力,各缔约国才能着手改变女性的不平等状况。也只有解决了阻碍女性发展的这些基础性障碍,为她们释放多元化的创造空间,女性领导力才能得到充分发挥,才能涌现出更多的精英女性领导者,进而为社会发展注入新鲜动力。

四、机构间妇女和两性平等网络

机构间妇女和两性平等网络(Inter-Agency Network on Women and Gender Equality, IANWGE)是社会性别问题协调中心在联合国各办事处、各专门机构、各基金会和方案内的一个网络。近年来,其关注的主要议题是将性别观点纳入联合国系统的主流政策和行动计划中,监察社会性别主流化在联合国规范性业务活动中的实施情况,以及女性的经济赋权、问责制和国际自主权等

---

① 联合国大会. 消除对妇女一切形式歧视公约[EB/OL]. [2019-10-25]. https://www.un.org/zh/documents/view_doc.asp? symbol=A/RES/34/180.
② 联合国大会. 消除对妇女一切形式歧视公约(A/RES/34/180)[EB/OL]. [2018-05-27]. https://www.un.org/zh/documents/view_doc.asp? symbol=A/RES/34/180.

内容。不仅如此,机构间妇女和两性平等网络更加注重与其他国际机构及非政府组织就妇女赋权问题开展双边或多边合作。

2006年1月30日至31日,机构间妇女和两性平等网络与经济合作与发展组织援助委员会两性平等网络合作,举办了两年一次的研讨会议。会议主题为加强多边和双边机构之间的伙伴关系,以支持伙伴国家实现两性平等和妇女赋权。会议肯定了多边机构在促进两性平等和女性赋权方面产生的积极作用,认可了机构之间建立伙伴关系的创新做法,加强了彼此之间的相互合作,改进了以性别平等和赋予女性权利为重点的发展援助路径。

值得注意的是,在会议形成的报告内容中,"支持地区和国家政治进程"部分显示,机构间妇女和两性平等网络已经和经济合作与发展组织就女性问题达成一致,即必须定期将两性平等目标纳入国家治理和法律改革。然而,实现上述目标并非易事,首先,需要加强国家女性机构与民间社会的联系;其次,要提高民间社会促使各国政府履行其对性别平等承诺的问责能力;最后,要将性别平等倡议纳入地方社会发展规划以及基层组织的发展倡议中。[1] 这意味着,随着社会环境的变迁,不平等态势不断加剧,带有个体性别特征的难题正在突破传统的议题范围。其影响力已经从社区组织扩展到国家实体,甚至波及国际社会。因此,在认识到社区、国家和国际组织对女性问题存在相互作用的前提下,机构间妇女和两性平等网络认为有必要在二者之间搭建合作平台,在系统内部消除针对女性歧视的不平等言论,营造女性参与政治的公平氛围,同时逐步改善妇女在政治、经济、教育、科技等方面的弱势地位。

---

[1] Aid Modalities and the Promotion of Gender Equality. Summary report of the joint meeting of the Inter-Agency Network on Women and Gender Quality (IANWGE) and the OECD-DAC network on gender equality[R/OL].[2019-06-03]. http://www.oecd.org/dataoecd/1/4/37024994.pdf.

第二节 决议的出台

联合国不仅创建了相关的行政部门机构重视女性力量的发展，同时还提出了一系列鼓励女性积极参与政治和经济等规范框架，这对提高女性领导力发挥了重要作用。

一、关于设立训练干练妇女领袖团队或干部中心的决议

在 1965 年经社理事会召开的第三十九届会议颁布的决议中，首次提出设立训练干练妇女领袖团队或干部中心。决议指出，在发展中国家训练女性领袖尤为重要。为确保女性能够充分参与各国经济、政治以及科学和技术等工作，联合国促请各会员国关注设立中心或采取其他措施，以训练女性干部，协助各国推进工作。不仅如此，为促使女性发展释放更多潜能，决议通过了借助资金扶持和技术训练等方式促进女性实现发展的提议。在这个目标下，联合国促请秘书长及各机关行政首长增加雇用合格女性担任技术专家的可能性。[1]

二、关于女性政治权利的决议

推动女性参与政权一直是联合国致力于实现男女平等的重要环节。在 1963 年 7 月 12 日联合国经社理事会发布的《妇女地位委员会报告书》中，要求各会员国每两年向秘书长提交一份关于实施女性参政权公约的报告，内容包括：有哪些女性当选本国议会议员，以及被派担任政府、司法或外交方面的

---

[1] 联合国. 联合国经社理事会决议(E/4117)[EB/OL].[2020-08-01].http://daccess-ods.un.org/access.nsf/get？open&DS=E/4117&Lang=C.

高级职位,如部长、大使,或出席联合国大会、专责机关、相应机构代表团团员等。① 可以看出,在政治方面,联合国不仅重视女性是否拥有与男性相同的权利,而且政府部门精英女性的培养情况也成为联合国衡量女性政治权利的重要考量因素。

近些年来,尽管一些国家女性的政治地位有了一定程度的提升,但总体而言,女性在公共部门的任职状况仍未得到显著改善。20世纪80年代后期,联合国高度重视推动其系统内部女性实现机会平等。1984年,联合国提出按地域分配原则,女性的任职总数应达到25%的指标。② 1988年,联合国建议各组织采取措施确保女性能在专业人员以上的职类,特别是在高级职位占有更大比例。③ 1990年,经社理事会提出增加政府间组织和非政府组织中担任决策职位的女性人数,并确保女性能够充分参与选拔和登记环节。该决议首次对担任领导职务的女性人数提出具体要求,规定各国政府、政党、工会、专业及其他代表性团体应各自制定指标,争取在1995年前将担任领导职务的女性比例提高到30%,并期望在2000年实现男女在领导职务上的比例平等。同时,决议要求各相关方实行征聘和培训方案,培养女性担任这些职务。④ 很明显,为增强女性政治权利而制定目标的行为不仅凸显了目前政治领域中女性任职情况的不足,一系列的制度化设计也为精英女性的发展提供了可操作化的实践路径。

---

① 联合国. 联合国经济及社会理事会决议和决定(E/3816)[EB/OL].[2020-08-01]. http://daccess-ods.un.org/access.nsf/get? open&DS=E/3816&Lang=C.
② 联合国.联合国经济及社会理事会决议和决定(E/1984/84)[EB/OL].[2020-08-02].http://daccess-ods.un.org/access.nsf/get? open&DS=E/1984/84&Lang=C.
③ 联合国. 联合国经济及社会理事会决议和决定(E/1988/88)[EB/OL].[2020-07-19].http://daccess-ods.un.org/access.nsf/get? open&DS=E/1988/88&Lang=C.
④ 联合国. 联合国经济及社会理事会决议和决定(E/1990/90)[EB/OL].(1990-02-25).[2020-08-13].http://daccess-ods.un.org/access.nsf/get? open&DS=E/1990/90&Lang=C.

第三节 措施的采取

除了创立机构和颁布决议外,联合国还采取了一系列举措落实有关女性议题的具体内容,以实际行动推动着性别平等议程的实施。

一、旗舰计划举措

为突破长久以来国际社会存在的性别不平等障碍,联合国妇女署制定了一系列旗舰计划。其中,涉及女性的政治赋权和领导能力、女性为可持续能源创业、促进女企业家的平等机会以及女性在危机中的领导和保护等内容,凸显了女性群体作为社会发展中一支不可忽视的重要力量,其发挥的领导作用已渗透到生活的各个方面。

具体而言,在政治方面,"女性的政治赋权和领导能力"计划对精英女性的培养提出了新要求,并就女性突破结构性障碍方面提出了概括性的指导意见。内容包括:实施强有力的法律框架和行政安排;扩大有资格且有能力参加选举的女性群体;改变社会规范,促使女性被接受为合法、有效的领导人;在性别敏感的部门中支持女性领导人。[1] 除了在政治方面给予女性足够的支持,该计划在经济方面也对女性所拥有的企业给予了充分关注。联合国妇女署为拓宽女企业家的融资渠道,加强了传统和创新的金融中介服务,例如设立定向贷款项目、建立信贷强化机制等,并提出利用政策机制为女性拥有的企业创造

---

[1] United Nations Women. Flagship programme: women's political empowerment and leadership[EB/OL].[2020-09-03]. https://www.unwomen.org/-/media/headquarters/attachments/sections/library/publications/2016/fpi%20brief-leadership_v4%20interactive.pdf?la=en&vs=5447.

更多机会。① 此外,还要为女性协会和女企业家提供能力发展,促使她们能够应对复杂的经济系统和对采购机会做出回应。② 可以说,旗舰计划作为一项综合性的女性赋权指南,从政治、经济、安全等方面对女性领导能力的培养和发挥起到了重要的作用。

二、全球青年女性领导人网络

联合国高度重视青年女性领导能力的培养。在 2016 年 8 月 12 日国际青年日之际,联合国妇女署与联合国机构间青年发展网络合作,发起了名为"全球青年女性领导人网络"的项目。该项目基于年轻女性对社会发展具有重要作用的认识,认为加强年轻女性的领导力是实现可持续发展目标的关键。在此次活动中,15 位年轻女性领导人结合自身经历,指出了目前年轻女性在发展中面临的性别、文化、安全等方面的阻碍。为消除这些阻碍,联合国围绕"领导"(Leaps)框架建立了女性青年战略,致力于:加强年轻女性的领导力;赋予年轻女性经济权利;采取措施制止对年轻女性实施暴力;强化年轻女性、年轻男性和代际伙伴之间的关系;以最终促进实现两性平等和可持续发展。

为年轻女性群体建立领导人网络,不仅为女性赋权拓宽了发声空间,还激励新一代年轻女性朝着 2030 年前实现性别平等和可持续发展的愿景努力。

三、女性创新战略

为加快赋予女性权利的步伐,应对未来技术变革对女性构成的挑战,联合国妇女署正式启动了"妇女创新战略"(UN Women's Innovation Strategy)计划。该计划重点围绕四个方面展开,其中包含"促进女性成为创新者和企业

---

①② United Nations Women. Flagship programme: women's entrepreneurship for sustainable energy [EB/OL]. [2020-09-11]. https://www.unwomen.org/en/how-we-work/flagship-programmes.

家"的内容凸显出联合国妇女署对挖掘女性潜力做出的努力。① 联合国认识到跨部门伙伴关系的变革力量。2017 年,联合国妇女署与私营部门、学术机构以及非营利组织共同合作,创建了全球创新变革联盟,希望提高女性参与创新的机会和行动能力。在全球创新变革联盟主导的计划中,"她创新全球计划"项目提倡通过组织活动、建立实验室、设置奖项等方式,将全世界的女性创新者联系在一起,为女性创业者和企业家搭建合作平台并给予她们必要的支持。

事实上,创新战略并不仅仅包含将性别问题纳入创新这一个方面,该战略还探讨了技术手段的创新应用对女性产生的影响。就战略中提到的区块链和大数据而言,虽然区块链技术为处于人道主义危机中的女性提供了获得稳定收入的机会,但不可否认,在大数据面前,与男性相比,女性在获取信息通信技术和运用数据工具方面仍存在巨大差距。② 因此,面对信息技术手段的更新迭代,如何运用最新的科学手段消除女性在创新和创业方面的阻碍,仍然是联合国妇女署当前亟须面对的重要课题。从这一意义出发,我们可以认为,女性创新战略的提出,其最终目标在于通过技术驱动满足女性的需求,促进女性的发展。

---

① United Nations Women. Innovation-and-technology [EB/OL]. [2020-04-02]. http://www.unwomen.org/en/how-we-work/innovation-and-technology.
② United Nations Women. Innovation for gender equality[EB/OL].[2020-11-11].https://www. unwomen. org/en/digital-library/publications/2019/03/innovation-for-gender-e-quality.

第四章 联合国系统精英女性领导力提升的实践

联合国系统是由联合国直属部门、附属机关、专门机构、相关组织、成员国各相关单位、各类伙伴关系以及各类方案、基金组成的庞大关系网络。长久以来,联合国系统内部的各个附属组织虽着眼于专门事务的处理,但并未忽视"性别"这一要素对系统内部事务发展产生的影响。各部门纷纷致力于将"女性"纳入工作的主流议程,认为女性对推动各项工作发挥着至关重要的作用。因此,本部分重点梳理了联合国系统内各个附属组织针对"性别"问题提出的相关政策、行动举措以及实践方针,力图从全局把握女性在联合国系统内所扮演的角色。

第一节 联合国系统政策的出台

为了充分发挥女性力量,联合国的主要机构、附属机关及专门机构制定了一系列具体政策,指导并促进女性的参与进程。这些机构包括联合国妇女署、联合国教科文组织、国际劳工组织、国际农业发展基金、世界气象组织等。基于此,本部分主要从联合国整体以及各专业机构出发,梳理各部门针对性别问题提出的具体举措。

一、联合国：《北京宣言》和《行动纲要》

作为一项女性赋权的纲领性文件，《北京宣言》和《行动纲要》确认了女性在教育、健康、经济、政治、环境、人权等各个领域的地位和作用。在《北京宣言》和《行动纲要》中，男女不平等并没有被孤立地视作女性问题，而是被看成建设一个可持续、公正的发达社会的唯一途径。[①] 基于此，《北京宣言》和《行动纲要》呼吁各国政府、国际非政府组织、民间社会、女性团体等在以下重大领域采取战略行动：女性与贫穷；女性的教育和培训；女性与保健；对女性的暴力行为；女性与武装冲突；女性与经济；女性与决策权；提高父母地位的机制；女性的人权；女性与媒体；女性与环境；女童。其中，涉及"女性与决策权"的议题从政治层面出发对提高女性领导力的内容提出了新的要求。

在《北京宣言》和《行动纲要》所描绘的"女性与决策权"这一重大领域，核心问题是"女性不能平等参与政治决策和政治生活"。该文件在"女性参与权力和决策"的框架下，对这一问题做了较为详细的描述：女性在政府各级，特别是在部级和其他执行机关中任职的人数不足。全球各国立法机构成员中只有10%是女性，女性担任部级职位的百分比更低。在有些国家，包括正在经历根本性政治、经济和社会变化的国家，参与立法机构的女性人数大为减少。

不仅如此，该文件还对各会员国政府部门中女性候选人的情况进行了阐述。尽管几乎所有会员国中的女性都已取得投票权和担任公职的权利，但成为公职候选人的女性人数仍严重不足。事实上，这种现象并非仅存在于政治领域，由于社会中普遍存在对男女的消极陈规及定型观念，强化了男性主导的意识倾向，导致在艺术、文化、体育、媒体、教育、宗教和法律领域担任决策职位

[①] 联合国.第四次世界妇女大会《北京宣言》和《行动纲要》[EB/OL].(1994-09-04)[2019-07-29].https://www.un.org/womenwatch/daw/beijing/pdf/BDPfA%20C.pdf.

的女性人数不足,使女性无法对许多关键机构产生重大影响。①

女性在公共领域的权利分配格局中存在分配不均的问题,这表明女性参与公共生活仍面临着来自政府运作和传统观念两方面的阻碍。一方面,传统的家庭观念以及照顾子女的责任,使得女性无暇顾及个人职业发展方面的提升;另一方面,以男性占主导地位的社会特征仍被大多数人普遍认可且未能改变,各部门依然通过采取隐性政策,在女性求职、升职、担任高级管理人员等方面设置结构性障碍,限制女性争取更高职位和发挥领导才能。面对家庭内部不平等的权力关系以及社会实践层面的歧视态度,女性如何参与决策并发挥领导能力,仍然是联合国亟待解决的重要问题。

二、妇女地位委员会:妇女与平等

(一)全系统性别平等战略

2017年9月,联合国秘书长安东尼奥·古特雷斯正式启动"全系统性别平等战略"(System Wide Strategy On Gender Parity),战略内容主要是针对2028年实现性别平等的建议行动,具体包括领导力和问责制、人才管理措施、任命高级官员以及创建有利环境等方面。从联合国组织职务的性别分配比例来看,截至2017年,女性在关键类、管理类和高层职位中的任职人数仍严重不足。以联合国秘书长全球高级领导团队的官员构成为例,其中女性占29%,男性占71%。注意到这一现象后,自2017年年初开始,联合国开始尝试做出改变。联合国秘书长先后任命了32位领导人加入高级管理小组(17名女性和15名男性),使小组的男女构成比例实现均等。不仅如此,和平行动特派团

---

① 联合国大会.第四次世界妇女大会会议报告[EB/OL].[2019-11-17].https://www.un.org/womenwatch/daw/beijing/pdf/Beijing%20full%20report%20C.pdf.

高级领导中女性的任职比例也从之前的 2% 增长到了 25%。① 在联合国组织的实践推动下，虽然"性别均等"在各部门取得了一定成效，但女性在领导级别岗位的人数仍有巨大的提升空间。更值得注意的是，联合国系统中资历与女性比例之间存在反向关系，即职位越高，性别均等的差距越大。也就是说，在一些高层级别的管理职位中，女性成为领导人的概率较低。在女性很难获得更高上升空间的情况下，其领导能力更难以得到充分发挥。

为了改善联合国组织部门中性别任职的失衡状态，《全系统性别平等战略》通过实施激励措施平衡问责制，并提供积极举措增强和鼓励不同层级的员工。战略设置了三个目标日期——2021 年、2026 年和 2028 年，涉及国际工作人员中的 D 系列、P 系列以及 FS 级别的永久和定期任用。报告表示，这些年份周期并不仅仅是时间上的表达，还关系到联合国组织部门现代化和体制文化的改变。战略建议重新强化招聘和留任制度，包括提出特别措施以协助和支持管理人员，建议运用现代猎头职能和组建女性高级人才后备库。此外，该战略还鼓励优先通过培训计划，设置特派团高级领导人课程来培养人才。该战略旨在通过消除无意识偏见，制定灵活的工作安排，修订育儿假期政策以及改善非家庭工作地点和住宿标准，来改善联合国组织部门员工的工作环境。②

(二) 妇女地位委员会的多年工作计划

自 1987 年起，妇女地位委员会就开始制订持续多年的工作计划，并确立了年度优先主题和审查主题，以期在未来的社会发展进程中凸显女性的作用和意义。总结归纳近些年(2015—2020 年)的工作方案可以看出，妇女地位委

---

① 联合国妇女署.全系统性别平等战略(中文版)[EB/OL].[2019-11-18].https://www.un.org/gender/sites/www.un.org.gender/files/system-wide_gender_parity_strategy_c.pdf.
② United Nations. United for gender parity: strategy information[EB/OL].[2019-12-03]. https://www.un.org/gender/content/strategy.

员会的重点和审查主题分别如下：

2015 年计划主要回顾《北京宣言》和《行动纲要》的执行进展情况，以及大会第二十三届特别会议的成果。除此之外，大会还讨论了在 2015 年后发展议程中实现性别平等和增强女性权能的机会。2016 年计划的优先主题为增强女性权能及其与可持续发展的联系，审查主题为消除和防止一切形式的暴力侵害妇女和女童的行为。

2017 年计划的主题着重关注女性与经济发展的关系，把讨论内容设定为在不断变化的劳动世界中赋予女性经济权力，审查主题为回顾妇女和女童执行《千年发展目标》的挑战和成就。

2018 年计划关注到农村地区女性的发展情况，妇女地位委员会聚焦"为实现性别平等及增强农村妇女和女童权能的挑战与机遇"议题，并将审查主题的侧重点放在信息与女性的关系层面，重点研究女性对媒体、信息和通信技术的参与和使用及其对女性地位和提高权能的影响与作用。

2019 年计划将主题设为社会保护系统、获得公共服务和可持续基础设施，以实现两性平等并增强妇女和女童权能，审查主题为赋予女性权力及其与可持续发展的联系。

2020 年在审查并评估《北京宣言》和《行动纲要》的执行情况以及大会第二十三届特别会议的成果基础上，重点评估了《北京宣言》和《行动纲要》对充分实现《2030 年可持续发展议程》的贡献。

可以看出，妇女地位委员会作为全球范围内推动性别平等和增强女性权能的重要政府间机构，近些年围绕女性发展的前沿议题展开工作，在记录世界各地女性的生活现实以及制定有关性别平等和女性赋权的全球标准方面发挥了重要作用。[1]

---

[1] United Nations Women. Commission on the status of women[EB/OL].[2020-01-22].https://www.unwomen.org/en/csw.

(三)旗舰报告

为了对全球女性的地位进行评估和审查,联合国妇女政策与计划司(UN Women's Policy and Programme Division)出版了多个出版物,其中较为重要的旗舰报告是《世界妇女的进步》和《妇女在发展中作用的世界调查》。

《世界妇女的进步》主要为国家决策者、女性权利倡导者和研究人员明确了女性的权利问题。该文件回顾了在社会经济和政治环境不断变化的背景下,世界各地女性的生活随时间推移会如何变化。自 2000 年以来,该报告已出版了 7 个版本。报告每一期都聚焦特定的女性发展主题,内容涵盖全球化背景下的妇女生活(2000 年),妇女与战争及妇女与和平(2001 年),性别平等与千年发展目标(2002 年),妇女、工作与贫困的关系(2005 年),性别与问责制(2008 年),追求正义(2011 年),以及转变经济、实现权利(2015 年)。

《妇女在发展中作用的世界调查》每五年出版一次,并提交给处理经济和金融问题的联合国大会第二委员会。《世界概览》将性别观点纳入经济和发展问题的范畴。回顾近些年来报告的主题内容,大多集中在性别与经济、性别与移民、性别与发展的关系上。例如,在 2014 年发表的报告中,关注到了性别平等对推动可持续发展的作用;2009 年的报告指出,女性对经济资源和包括小额信贷在内的金融资源的利用与控制产生了重要影响。不仅如此,2004 年的报告还关注了移民中的女性问题,并将主题定为"妇女与国际移民",内容包括处理劳务移民、移民妇女、难民和流离失所者的权利,以及贩运妇女和女童问题。1999 年的报告注意到在全球化发展背景下,女性在全球家庭和劳动力市场中的相对地位[①]联合国妇女署最新发布的旗舰报告《将承诺变为现实:2030 年可持续发展议程中的性别平等》,从性别角度对执行可持续发展目标的进展、差距以及挑战进行了全面且权威的评估。同时,该报告依据现有数据

---

① United Nations Women. Publications[EB/OL].[2020-02-06]. https://www.unwomen.org/en/how-we-work/research-and-data/publications.

监测实现妇女和女童可持续发展目标的全球和区域趋势,并为实施性别敏感的政策和问责制进程提供了实用指导。作为高质量数据和政策分析的来源,这份报告为决策者、女性组织、联合国系统和其他利益攸关方提供了重要参考和问责工具。[①]

三、联合国教科文组织:女性与科学

自 2008 年以来,"性别平等"问题进一步被确定为联合国教科文组织主要关注的优先事项之一。为实现两性平等并在职权范围内促进赋予女性权力,联合国教科文组织采取了双管齐下的办法,即"将性别观点纳入所有方案和活动的主流议程"(Gender Mainstreaming in All Programmes and Activities)以及"制定特定性别的方案"(Gender Specific Programming)。与其他组织部门不同,作为在全球范围内推广并普及教育、科学和文化的主要负责部门,联合国教科文组织侧重于关注科学界中女性所发挥的关键作用。

(一)支持女性科学家

1994 年,联合国教科文组织与欧莱雅企业基金会合作,共同制定了《促进妇女参与科学的先驱计划》。联合国教科文组织和欧莱雅企业基金会致力于表彰那些通过自身工作对当今全球挑战做出贡献的女性研究人员。自 1998 年以来,已有超过 107 名杰出女性在科学研究方面取得突出进展,并获得了欧莱雅-联合国教科文组织奖。这 107 名女性中有三名曾获得诺贝尔奖。[②]

---

① United Nation Women. Turnning promises into action: gender equality in the 2030 agenda for sustainable development[EB/OL].[2020-02-06].https://www.unwomen.org/en/digital-library/sdg-report.

② United Nations Educational, Scientific and Culture Organization. A pioneering programme for the promotion of women in science [EB/OL]. http://www.unesco.org/new/en/natural-sciences/priority-areas/gender-and-science/for-women-in-science-programme/.

(二) 改善在科学、技术、工程和数学中性别平等的衡量标准

除了支持女性参与科学研究外,联合国教科文组织还致力于改善女性在科学、技术、工程和数学(Science, Technology, Engineering, Mathematics, STEM)方面的参与情况。[①] 联合国教科文组织意识到,在科学、技术、工程和数学领域,两性的参与程度仍存在很大差距,尤其是在更高级别职位中女性任职比例较低,全球范围内女性在科学教育方面的代表性最低,甚至未超过儿童和青年群体。针对这些问题,该组织制定了改善科学、技术、工程和数学领域性别平等的衡量标准,包括数据收集、评估监测等,其目标是缩小全球范围内在科学、技术、工程和数学领域内存在的性别差距。

(三) 女性参与决策议程

科学、技术和创新(Science, Technology, Innovation, STI)对于实现国际商定的发展目标至关重要。[②] 但遗憾的是,国际社会在制定及实施科技和创新政策时,并未将"性别"议题考虑在内。性别观点应被应用于科技与创新政策的制定,然而这项内容却远未成为现实。面对这样的困境,联合国教科文组织积极推动女性参与自然科学部门的工作,在科学议程设置和创新政策方面,也努力汲取女性的独特见解,以应对可持续和公平发展过程中出现的各种挑战。为此,一项专门解决科技创新领域忽视女性角色问题的运动应运而生。作为一项国际倡议,"性别中的科学、创新、技术与工程"(Gender in SITE)倡议旨在促进女性在科学、创新、技术和工程中的积极作用,激发女性在上述领域做出

[①] United Nations Educational, Scientific and Culture Organization. Improving measurement of gender equality in STEM[EB/OL].[2020-01-07]. http://www.unesco.org/new/en/natural-sciences/priority-areas/gender-and-science/improving-measurement-of-gender-equality-in-stem/.

[②] United Nations Educational, Scientific and Culture Organization. Promoting women's participation in policy-making processes[EB/OL].[2020-01-07]. http://www.unesco.org/new/en/natural-sciences/priority-areas/gender-and-science/womens-participation-in-policy-making-processes/.

贡献，使其成为变革性力量，进而推动科学技术的发展。

考虑到女性更容易受到贫困、自然灾害以及气候变化的影响，联合国教科文组织提出女性不仅是"受害者"，更是强有力的"变革推动者"的主张。女性虽具备改善气候、开展教育以及防治自然灾害的相关知识和技能，但在实际工作中，各级决策的制定过程仍缺少女性代表的参与。因此，联合国教科文组织致力于在跨领域背景下赋予女性更多权利，将性别平等与治理灾害风险、应对气候变化、保护生物多样性、传承本土化知识和发展海洋科学相联系，在互动中充分发挥女性思维优势，以降低自然灾害造成的影响。①

四、国际劳工组织：女性与工作

国际劳工组织的主要目标是促进女性和男性在自由、公平、安全且具有人类尊严的条件下，获得体面工作的机会。国际劳工组织涉及多项主题，其中"平等和歧视""公平招聘""性别平等"等内容与"性别"议题密切相关。可见，促进性别平等不仅是实现上述目标的关键因素，更是贯穿国际劳工组织所有政策成果在各领域实施的政策驱动力。国际劳工组织较为关注就业市场中女性在机会、待遇、保障等方面存在的差别对待情况，为消除劳工市场中对女性的性别歧视，该组织提出了有针对性的干预措施。

（一）性别平等

为保障就业市场中男女员工能够平等参与并平等受益，国际劳工组织自20世纪50年代就开始着手满足男女的具体需求，并提出了一系列重要的促进性别平等的公约。1951年，国际劳工局理事会提出《同酬公约》(第100号)。经过两年的讨论，该公约于1953年5月正式生效。《同酬公约》的主要

---

① United Nations Educational, Scientific and Culture Organization. Crosscutting issues [EB/OL]. [2019-07-26]. http://www.unesco.org/new/en/natural-sciences/priority-areas/gender-and-science/cross-cutting-issues/.

内容包括：界定了"报酬"以及"对男女工人同等价值的工作付予同等报酬"的含义；明确了执行上述公约的渠道；指出了不符合付予同等报酬规则的例外原则。① 1958年6月召开的第42届国际法委员会会议通过了《就业和职业歧视公约》(第111号公约)，并决定于两年后正式生效。公约对工作关系中的"歧视"问题予以明确，并对参与签订条约的会员国提出遵守公约内容、消除就业歧视的实践要求。对不应视为歧视的例外原则，条约也给出了具体规定。② 除了关心女性在工作中可能会遇到的歧视问题外，国际劳工组织还致力于帮助男女工人平衡家庭和工作之间的关系。1981年，国际劳工组织提出《有家庭责任的工人公约》，希望各会员国在国家、社会以及社区层面采取措施，以保障有家庭责任的男女工人获得平等的机会与待遇，并考虑满足他们的需求，发展并促进公共和私人服务，包括家庭相关设施建设等。③ 可以看出，上述条约规定了在工作范畴内男女平等的行动准则。然而，国际劳工组织涉及的公约内容并未止步于此。就历史进程而言，面对不断变化的市场需求，国际劳工组织仍持续对就业政策、职业指导、就业保障、工作时长、夜班、职业卫生、生育等领域存在的性别问题予以关注，旨在平衡两性之间的差距，谋求公平的社会待遇。

(二) 生育保护

自1919年第一届国际劳工大会通过第一个《1919年生育保护公约》(第3号)以来，生育保护就一直是国际劳工组织关注的首要问题。1952年，国际劳

---

① International Labour Organization. C100-equal remuneration convention(No. 100) [EB/OL]. [2019-03-22]. https://www.ilo.org/dyn/normlex/en/f? p = NORMLEXPUB:12100:0:NO:12100:P12100_INSTRUMENT_ID:312245:NO.

② International Labour Organization. C111-discrimination (employment and occupation) convention(No. 111) [EB/OL]. [2020-03-15]. https://www.ilo.org/dyn/normlex/en/f? p=NORMLEXPUB:12100:0:NO:12100:P12100_INSTRUMENT_ID:312256:NO.

③ International Labour Organization. C156-workers with family responsibilities convention (No.156) [EB/OL]. [2020-03-15]. https://www.ilo.org/dyn/normlex/en/f? p = NORMLEXPUB:12100:0:NO:P12100_ILO_CODE:C156.

工组织对首个生育保护公约的内容进行了修订,并形成了《生育保护公约》(第103号)。① 与第3号公约相比,1952年通过的《生育保护公约》(第103号)延长了妇女产假期限,确立了医疗福利、奖金标准以及解雇产妇的相关规则。2000年6月15日通过的《生育保护公约》(第183号)再次对第103号公约进行了修订,此次修订不仅扩大了怀孕女性的保障范围,还进一步规定:没有产假的妇女有权获得现金补助,以确保她们能够维持自身和子女的健康及适当生活条件,且补助金额不得少于之前收入的三分之二;批准该公约的国家需采取措施,确保孕妇和哺乳母亲不会被安排从事对其自身或子女健康有害的工作;禁止雇主以妇女怀孕、休产假或重返工作岗位为由终止雇用,除非终止理由与妊娠、分娩或哺乳无关;保障妇女在产假结束后有权返回同一岗位或工资相同的岗位;赋予女性每日一次或多次休息时间,或减少每天工时用于婴儿哺乳的权利等。②

可以看出,国际劳工组织通过的三项公约性协定,力图解决的核心问题是帮助女性成功地将生育与工作相平衡,避免她们因生育在就业方面遭受不平等对待。三项公约的渐进式修订逐步扩大了工作领域中对女性生育保护的范围,增加了相应权利,还为国家政策和行动提供了详细指导指南。

根据国际劳工组织标准信息系统统计结果,截至目前,全球已有34个国家批准了第183号公约,并明确了产妇休假的最长期限。但遗憾的是,仍有绝大部分国家尚未批准。这些国家中不仅有一些发展中国家,也有部分发达国家,不过需要说明的是,法国已批准第183号公约 ,并不在此列,常见未批准

---

① International Labour Organization.C103-maternity protection convention(No. 103)[EB/OL]. https://www.ilo.org/dyn/normlex/en/f? p = NORMLEXPUB: 12100: 0: NO: 12100:P12100_INSTRUMENT_ID:312248:NO.

② International Labour Organization. C183-maternity protection convention(No.183)[EB/OL]. [2020-02-05]. https://www.ilo.org/dyn/normlex/en/f? p = NORMLEXPUB: 12100:0:NO:12100:P12100_INSTRUMENT_ID:312328:NO.

的发达国家包括美国、加拿大、德国、日本、英国等。①

五、国际农业发展基金:赋权农村女性

国际农业发展基金专注于农村减贫工作。该基金注意到女性是推动农村经济发展的主要贡献者,也是为家庭、社区提供有效服务的关键成员。因此,国际农业发展基金对农村社区中存在的性别议题予以格外关注。但从现实情况来看,长期以来,农村女性面临着来自家庭与社会传统观念的双重阻碍。一方面,农村女性不得不承担琐碎繁重的家庭事务;另一方面,在传统的父权观念下,她们在政治参与、教育程度、行动决策等方面常遭遇不平等的性别关系。鉴于此,国际农业发展基金提出了一系列包容性政策,旨在赋权女性,使其能够充分融入农村社区,进而推动农村的经济发展。

(一)两性平等与妇女赋权政策

2012年9月,国际农业发展基金正式推出两性平等与妇女赋权政策。该政策以农村地区存在的性别不平等问题为切入点,阐明了推行性别平等与女性赋权政策的重要意义。政策涵盖核心原则、实现途径、运作方式等内容,为解决农村地区的女性相关问题提供了合理的解释框架。该政策认为,性别问题对于实现国际农业发展基金的各项目标和战略框架至关重要。因此,国际农业发展基金将农业和农村发展背景下的性别问题置于工作的前沿位置。同时,为实现农村女性赋权的目标,该政策提出主要从以下三个方面开展工作:

第一,经济赋权,确保农村地区的男性与女性能够公平参与有盈利性的经济活动,并平等从中获益。第二,政治决策参与,促使女性和男性在农村机构和组织中拥有平等的发言权和影响力。第三,平等的劳动分工,保证男女在工

---

① International Labour Organization. C183-maternity protection convention(No.183) [EB/OL]. [2019-08-23]. https://www.ilo.org/dyn/normlex/en/f? p = NORMLEXPUB: 11310:0:NO:P11310_INSTRUMENT_ID:312328.

作量与社会福利分配上实现公平。①

(二)将性别观点纳入国际农业发展基金业务的主流政策

长期以来,国际农业发展基金大力支持推进性别主流化工作。《2016—2025年战略框架》报告指出,性别平等被确定为国际农业发展基金身份和价值观核心的五项参与原则之一。基金在性别主流化方面积累了诸多成功经验,如传播家庭方法论、开展实用识字教育、培养财务能力、提升领导才能、促进地位平等等,力求实现对性别状况产生变革性影响。

在具体操作层面,该政策提出,推进性别主流化政策将从以下五个领域展开行动:

(1)在国际农业发展基金支持国家方案的设计与实施方面,步骤包括确立性别战略、制订性别问题设计方案、实施和监督计划、开展中期审查以及完成和评估。

(2)将国际农业发展基金视为一个组织机构,行动领域包括在组织内部建立性别平等宣传、伙伴关系和知识管理机制。

(3)提升合作伙伴处理农业和农村发展中性别问题的能力。

(4)确保相关企业采取措施维持性别平衡。

(5)保证企业的人力、财政部门以及监督和问责制度充分支持性别平等,赋予女性权利。②

六、世界气象组织:女性与气象

为促进组织内部实现性别平等,世界气象组织建立了一套规范有序的监

---

① Internationnal Fund for Agricultural Development. Gender equality and women's empowerment [EB/OL]. [2020-03-06]. https://www.ifad.org/documents/38711624/39417906/genderpolicy_e.pdf/dc871a59-05c4-47ac-9868-7c6cfc67f05c.

② Internationnal Fund for Agricultural Development. Gender mainstreaming in IFAD10 [EB/OL]. [2020-08-02]. https://www.ifad.org/documents/38711624/39417930/genderifad10_e.pdf/db5298d9-7132-4f33-a451-f2447dba9ed0.

督问责机制。在系统机构方面,世界气象组织将性别观点纳入主流工作,制定了关于女性参与气象和水文相关工作的平等机会等政策;世界气象组织执行理事会提出了世界气象组织性别行动计划,关注性别平等和赋予女性权利相关事宜。在隶属机构方面,世界气象组织的下属机构注重发挥女性优势,提出了促进性别平等、赋予女性权利以及鼓励妇女参与执行理事会工作等政策。在区域协会方面,世界气象组织从国别层面出发,致力于针对不同区域的气象组织中存在的性别不平等问题提出新要求。

(一)两性平等政策

2007年启动制定并最终于2015年6月通过的两性平等政策,目标是在世界气象组织内建立一个衡量两性平等进展的监督机制,以鼓励、促进和推动该组织实现性别平等。在此框架下,围绕系统内女性的权利维护,该政策对组织内不同部门提出了以下要求:

(1)确保组织秘书处男女机会平等。

(2)确保男女有平等机会参与世界气象组织的所有组成机构相关工作以及能力建设活动。

(3)确保男女在国家气象和水文服务方面机会均等。

(4)确保开展对性别敏感问题的研究,并通过组织协调提供相应服务,包括保障男女平等的准入和使用能力。

(5)确保该组织的所有项目和方案都具备性别敏感性。[1]

(二)《世界气象组织性别行动计划》

2016年6月,世界气象组织执行委员会正式批准《世界气象组织性别行动计划》。该计划分别从政策、策略和行动层面对世界气象组织的秘书处、成

---

[1] World Meteorological Organization. WMO gender equality policy[EB/OL].[2020-06-13]. https://ane4bf-datap1.s3-eu-west-1.amazonaws.com/wmocms/s3fs-public/WMO_Gender_Equality_Policy_2.pdf? cDwDm7FfR8sCGQO5JlkMPHZwHZ_3Cn3K.

员机构与会员国等围绕性别平等的行动举措提出了新要求。

　　从整体战略设计来看：第一，计划认为在治理层面需要加强各部门间关于性别平等和赋予女性权利的政策对话；第二，鼓励女性参与世界气象组织的治理工作；第三，提出建立一个有助于实施世界气象组织性别平等政策和行动计划的架构；第四，将性别平等作为本组织的一项关键成果。在战略策划层面，世界气象组织致力于推动性别主流化的实现。在人员能力培养层面，计划注重加强女性能力培养，要求男女能够平等利用天气、水文和气候服务的能力，同时提倡年轻人尤其是年轻女性能够接触到气象、水文方面的专业知识。在人力资源方面，计划努力实现各部门性别均等，并确保在招聘、选拔、留任、晋升等环节营造一个有利于性别均衡的友好环境。在沟通层面，世界气象组织确保沟通材料、方式和渠道避免出现性别偏见，通过提供性别主流化的激励措施和定期信息，促进政策对话和政策执行。在监督层面，计划要求在确保所有数据按性别分解的基础上，监督各级性别政策的执行情况，同时需要将性别问题纳入对世界气象组织系统和运营的优势与挑战评估范畴。在资源分配和提供服务层面，计划确保以自愿捐款的形式提供资金，并保证女性与男性一样能公平获取、解释和使用世界气象组织的信息与服务。需要注意的是，虽然上述内容对世界气象组织各层级部门推进性别平等做出了具体规划，但部分计划内容已被纳入 2016—2019 年的优先行动原则。① 可见，《世界气象组织性别行动计划》不仅是对当下世界气象组织两性平等发展状况的总结，同时也为未来世界气象组织解决性别不平等问题规划了具体的实施方案。《关于实施世界气象组织性别主流化政策的进展报告》指出，"性别主流化"作为世界气象组织长期以来关注的重点议题，成为推进性别平等政策的重要内容。2007

---

① World Meteorological Organization. World meteorological organnazation gender action plan[EB/OL].[2020-02-19]. https://ane4bf-datap1.s3-eu-west-1.amazonaws.com/wmocms/s3fs-public/GAP_Draft.pdf?VDGolo0GoiMq9aT5AHzO2uHJdKJTqmZ.

年,第十五届世界气象大会在审查女性在气象与水文方面获得平等机会的进展基础上,正式提出制定性别主流化政策和实施计划。报告建议为实现性别主流化政策建立相关机制,并向执行理事会申请,希望设立一个性别主流化专家咨询小组;同时,敦请世界气象组织的秘书长同意,在秘书处设立性别主流化专家职位,以便在秘书处内部以及各成员、技术委员会和区域协会执行性别平等主流化政策,并监测和评估进展情况。[1] 2011 年,在日内瓦召开的第十六届世界气象大会总结了"性别主流化"政策的具体内容,将实现性别平等作为政策的总体目标,提供和改善对性别敏感的环境服务,这一举措将有助于强化对与天气、气候和水有关的人道主义需求的回应。报告指出,为了实现上述目标,世界气象组织制定了三个方案。第一,确保将女性和男性的各种需求和经验纳入就业、决策和提供服务的因素;第二,根据以往世界气象组织性别分析的结果,酌情采取针对性别的干预措施;第三,将建立具体机制,监督各级机构的性别主流化活动。同时,报告还侧重于从"就业"和"提供环境服务"[2]层面为性别平等创造机会,制定从管理机制到政策实施再到监督问责的行动框架,保障世界气象组织的各行政部门落实性别主流化政策。[3]

世界气象组织的技术委员会由多个行政部门构成,其中包括航空气象学委员会、农业气象委员会、海洋学和海洋气象学联合技术委员会、大气科学委员会、仪器和观测方法委员会、气候学委员会以及水文学委员会。围绕性别平等问题,各委员会各有侧重,并在此基础上形成决议,提出了消除妨碍女性发展的工作方案。航空气象学委员会、农业气象委员会以及海洋学和海洋气象学联合技术委员会将"促进性别平等和赋予女性权利"视为重点,因此,为落实

---

[1] World Meteorological Organization. Fifteenth world meteorological congress[EB/OL].[2019-07-11].https://library.wmo.int/doc_num.php? explnum_id=5225♯page=238.
[2] 提供环境服务指获取、解释、使用信息和服务;有效参与公共教育和宣传活动;用户参与世界气象组织活动时确保性别均衡;有效考虑用户的不同需求。
[3] World Meteorological Organization. Sixteenth world meteorological congress[EB/OL].[2020-08-03].https://library.wmo.int/doc_num.php? explnum_id=3429♯page=353.

上述目标,三个部门共同强调制定战略,提高妇女参与委员会工作的比例。具体措施包括制定辅导方案,增强妇女的专业工作能力;查明并处理阻碍妇女平等、充分参与委员会的各项障碍;通过开设研讨班,培养妇女的专业技能,并建立与部门领域相关的职业妇女网络。① 与上述三个委员会不同,大气科学委员会并没有对"赋予女性权利"议题给予过多关注,而是将目标定位在实现"性别平等"上。在这一前提下,大气科学委员会针对性别问题提出的解决方案是在管理和工作中增加女性成员人数,以世界气象组织性别行动计划作为指导,在国家层面就妇女在研究中发挥的作用开展相关行动。② 气候学委员会、水文学委员会以及仪器和观测方法委员会是世界气象组织内部最早关注性别不平等问题的行政部门。面对长期以来联合国系统内男性与女性的任职比例存在的不均衡分配问题,三个委员会以"鼓励女性参与委员会工作"为目标,致力于从政策上打破职场女性的天花板。③ 1996 年 12 月,在水文学委员会提出的建议中涉及"女性参与委员会工作"的部分指出,鼓励女性在与水文相关的机构和国际合作中担任专业人员,提升女性在委员会工作组成员提名中的代表性。④ 半年后,在气候学委员会发布的"女性参与委员会工作"的内容中,认为应鼓励和支持更多女性在气象和水文机构以及国家和国际合作方案制定中担任专业和决策人员。同时,确保在专家会议和培训活动中尽可能增加女性的

---

① World Meteorological Organization. Commission for aeronautical meteorology. Resolution 6 (CAeM-16)[EB/OL].[2020-08-03]. https://library.wmo.int/doc_num.php? explnum_id=5237#page=18.
② World Meteorological Organization. Commission for atmospheric sciences. Decision 2 (CAS-17)[EB/OL].[2020-08-03]. https://library.wmo.int/doc_num.php? explnum_id=4293#page=10.
③ World Meteorological Organization. Commission for climatology. Resolution 18 (CCI-XII)[EB/OL].[2020-06-13]. https://library.wmo.int/pmb_ged/wmo_870_en.pdf#page=37.
④ World Meteorological Organization. Commission for hydrology. Recommendation 2 (CHy-X)[EB/OL].[2020-06-13]. https://library.wmo.int/pmb_ged/wmo_852_en.pdf#page=44.

代表人数。① 2006年,仪器和观测方法委员会注意到组织内部存在女性任职比例不足的问题,因此提出鼓励、促进女性享有平等参与科学研究的机会,为女性从事气象及相关科学专业做好充分准备;支持女性参与委员会相关活动,并鼓励女性拥有平等机会参与有关气象等科学研究的各项决策。为了实现这些目标,决议还要求从教育入手,进一步督促各成员在学校推广科学研究,并保证男女能够实现平等参与。②

就地理空间而言,世界气象组织注重从国别角度解决不同地域存在的性别不平等问题。世界气象组织将世界大陆分为六个区域,分别研究了非洲、亚洲、南美洲、北美洲、中美洲及加勒比地区、西南太平洋和欧洲区域存在的性别问题,结合不同区域的发展现状及实际面临的性别不平等状况,提出了确保"女性参与协会工作"和鼓励实现"性别平等"的具体政策。以亚洲为例,报告审议了关于性别平等进度的文件,其中显示女性在世界气象组织管理结构中的代表人数仍然不足,因此会议敦促各国尽快提名更多女性参与到组织的各项工作中。报告提出要在亚洲建立一个性别问题协调中心,并设立性别活动信托基金,以捐物和捐款的形式确保女性能够获得平等参与协会工作的机会。③

七、联合国粮食及农业组织:农村地区的性别平等

联合国粮食及农业组织发布的报告显示,当前世界上仍有45%的人口依

---

① World Meteorological Organization. Commission for climatology. Resolution 18 (CCI-XII)[EB/OL].[2020-06-13].https://library.wmo.int/pmb_ged/wmo_870_en.pdf#page=37.
② World Meteorological Organization. Commission for instruments and methods of observation. Resolution 3 (CIMO-XIV)[EB/OL].[2020-06-13].https://library.wmo.int/doc_num.php?explnum_id=4952#page=37.
③ World Meteorological Organization. Regional association II (Asia) Decision 37 (RA II-16)[EB/OL].[2020-08-29].https://library.wmo.int/doc_num.php?explnum_id=3549#page=226.

靠农业、林业、渔业或狩猎为生。其中,女性劳动力占全球农业劳动力人数的43%,可以说,她们已经成为支撑粮食作物生产、加工、保存等方面的中坚力量。然而,与女性对农业经济发展做出的突出贡献相比,不平等的性别鸿沟仍然限制着女性发挥作用的能力。例如,女性在获得土地、信贷等重要资源方面面临隐性歧视;在农村劳动力市场中面临工资歧视;在农村求职时,女性可能从事兼职、季节性或低收入工作,甚至可能得不到报酬。

鉴于此,联合国粮食及农业组织于2013年发布《联合国粮食及农业组织性别平等政策》,提供总体框架以指导该组织在所有技术工作中实现性别平等,并评估具体实施效果。

《联合国粮食及农业组织性别平等政策》主要围绕"目标"和"战略"两个部分展开。以总体目标为指导,联合国粮食及农业组织致力于在可持续农业生产和农村发展中实现男女平等,以消除饥饿和贫困。同时,联合国粮食及农业组织与各国、联合国其他机构、民间社会组织以及双边和私营部门伙伴合作,制定了2025年前需要取得的阶段性成果方案,内容包括:

(1)男女平等参与农村机构的决策,参与制定法律、政策和方案。

(2)男女平等获得就业、收入、土地等其他生产资源。

(3)女性和男性可以平等获得农业发展及市场的商品和服务。

(4)通过改进技术、服务和基础设施,使女性的工作负担减少20%。

(5)将与女性和两性平等有关项目的农业援助总额比例提高到30%。

除此之外,联合国粮食及农业组织还通过两种方式实现性别平等目标。一方面,该组织在所有工作中采用内部性别主流化策略,这意味着其所有工作都将系统地审查和处理女性与男性的需求。另一方面,如果性别差距过大,女性无法获得工作机会,该组织还将执行专门针对女性的方案和项目。[①]

---

① Food and Agriculture Organization of the United Nations. Policy on gender equality[EB/OL].[2020-07-13].http://www.fao.org/3/i3205e/i3205e.pdf.

八、国际电信联盟：女性与电信

国际电信联盟致力于将自身打造成促进性别平等的典范组织，并利用信息和通信技术赋予男性与女性平等权利。基于这一愿景，自1998年起，国际电信联盟就在每四年召开一次的世界电信发展大会所提出的报告中不断探讨性别平等议题。历经二十多年的持续讨论，联盟对性别问题的关注已经从最初意识到"不发达地区的性别不平等问题"转向系统内部解决性别鸿沟方面，行动领域从联盟各组成单位拓展到整个信息社会。

1998年，世界电信发展大会形成的最终报告首次对"性别"问题进行讨论。报告提出的第七项决议主要围绕"发展中国家的性别与通信政策"展开。报告指出，广播媒体成为发展中国家女性的主要信息来源，这主要归因于地区经济发展水平较为落后，农村地区电信基础设施配置不完善，因此发展中国家的贫困女性很难获得信息和电信服务。在此背景下，报告要求发展中国家的所有男女都能平等获得电信和新兴信息社会带来的惠益。除此之外，决议还鼓励国际电信联盟在整个电信领域，通过招聘、就业、培训等环节提升女性地位。[1]

2002年，在伊斯坦布尔召开的世界电信发展大会正式提出，要将性别问题纳入国际电信联盟发展主流。为实现上述目标，报告提出了一系列优先行动领域，比如：将性别观点纳入电信发展部门（Telecommunication Development Bureau, BDT）战略、业务和预算计划的主流；将性别指标纳入国际电信联盟统计体系；对性别问题产生的影响进行监测和评估等。

与此同时，报告还要求对国际电信联盟的会员国提供援助，鼓励通过制度

---

[1] International Telecommunication Union. World telecommunication development conference [EB/OL]. [2020-06-23]. https://www.itu.int/ITU-D/conferences/wtdc/1998/valletta_declaration.html.

化机制和程序将性别观点纳入主流,促进电信部门与性别有关举措的组织间合作。向其他成员国提供有关性别分析、性别统计和性别观点的建议,包括性别活动和项目的监测与评估办法;促进农村信息通信技术设施的使用,如由女性经营管理的电信中心等。①

2006 年和 2010 年召开的世界电信大会均围绕性别相关内容强调了一个共同主题——促进性别平等,建设包容各方的信息社会。值得注意的是,尽管两次大会相隔四年,但是报告中有关"性别问题"的具体内容并没有新增。这意味着,"促进性别平等"成为 2010 年前后国际电信联盟解决性别问题的指导方针。

在总结经验的基础上,两份报告批准了下一步的行动计划,包括:继续为发展中国家和经济转型国家设计、实施和支持专门针对女性且具有性别敏感性的项目和方案;制定能够进行跨国比较并揭示部门趋势的性别敏感指标;监督项目和计划,评估性别影响;在适当情况下将性别观点纳入研究组问题,为专门针对女性的项目调动资源;与联合国其他机构建立伙伴关系,促进在针对女性的项目中运用信息通信技术。②

面对国际环境中男女不平等问题出现的新变化,2014 年后的议题内容在延续先前关于将性别问题纳入电信部门主流办法讨论的基础上,提出了"将性别观点纳入包容性和信息平等社会主流"的理念。③ 作为 2014 年相关内容的升级版本,2017 年召开的世界电信大会针对男女不平等问题提出了新内

---

① International Telecommunication Union. World telecommunication development conference[EB/OL].[2020-06-23].https://www.itu.int/en/ITU-D/Digital-Inclusion/Women-and-Girls/Documents/Resolutions/WTDC%20ISTANBUL-Res-44.pdf.

② International Telecommunication Union. World telecommunication development conference[EB/OL].[2020-06-07].https://www.itu.int/en/ITU-D/Conferences/WTDC/Documents/D-TDC-WTDC-2006-PDF-E.pdf.

③ International Telecommunication Union. World telecommunication development conference[EB/OL].[2020-06-07].https://www.itu.int/en/ITU-D/Conferences/WTDC/Documents/D-TDC-WTDC-2010-R1-PDF-E.pdf.

容。数字包容项目致力于通过支持会员提供数字技能培训(从网络识字到更高级的电信/信息通信技术)来促进数字融合。一旦个人掌握了电信或信息通信技术技能,有特定需求的他们就可以利用技术力量提升自身的就业、创业和学习能力。这赋予了女性全面参与数字经济的权利,既满足了她们的安全需求,又促进了她们走上领导和决策岗位。除为增强女性能力提供教育和技能培训外,该项目还针对弥合性别数字鸿沟提供了政策建议,并为女性创造担任领导、实现决策的就业前景创造了条件。为将性别观点纳入包容性和信息平等社会主流,报告要求国际电信联盟各部门采取行动,推进性别问题主流化。例如,为响应《2030年可持续发展议程》,国际电联电信发展部门应与秘书处设立的性别问题工作队(Gender Task Force)以及可持续发展宽带委员会的宽带和性别问题工作组(Working Group on Broadband and Gender of the Broadband Commission for Sustainable Development)保持密切联系,开展紧密合作,相互支持,将性别问题纳入联盟活动主流。同时,国际电联电信发展部门致力于促进女性在决策岗位上的经济赋权,助力她们获得高水平职业就业机会,鼓励女性在电信/信息通信技术领域发挥领导作用,共同推动构建多元化、包容性和一体化的信息社会。此外,国际电联与联合国其他机构建立伙伴关系,推动在针对女性的项目中使用电信技术,鼓励女性上网,增强女性网络能力,监测电信部门存在的性别差距,构建数字经济时代性别平等的全球伙伴关系。[1]

从整体发展概况来看,无论是2002年报告首次提出"将性别问题纳入国际电信联盟计划的主流",还是2014年报告主题再次深化,提出"将性别观点纳入包容性和信息平等社会主流",都可以看出,信息社会的发展已经离不开

---

[1] International Telecommunication Union. World telecommunication development conference(WTDC-17)[EB/OL].[2020-09-13].https://www.itu.int/en/ITUD/Conferences/WTDC/WTDC17/Documents/WTDC17_final_report_en.pdf#page=470.

对性别的关注。事实上,近年来,国际电信联盟各部门在推动"性别主流化"议题方面经历了一个循序渐进的过程。除了 2014 年提出类似观点之外,2016 年 11 月 3 日,世界电信标准大会发布了《在国际电信联盟电信标准化部门的活动中促进性别平等》报告,承诺在电信标准化局(Telecommunication Standardization Bureau,TSB)等部门中完善职位配备,尤其是要求在高级别职位配备中优先考虑性别问题。① 2018 年,在国际电信联盟全权代表大会上,大会通过了《将性别观点纳入国际电信联盟的主流,通过电信/信息和通信技术促进两性平等和赋予女性权利》决议,强调了信息通信技术在促进性别平等和增强女性权能方面的作用。决议特别鼓励年轻女性投身科学、技术、工程等行业,为社会和经济发展贡献力量,并强调女性为科技行业创造的价值。报告还鼓励会员国和其他部门成员审查其与信息社会有关的政策,以确保在所有活动中纳入性别观点。② 一系列政策的演变过程告诉我们,"性别主流化"作为国际电信联盟解决男女平等问题的重要依据,成了影响各部门进行决策的重要内容。

九、联合国工业发展组织:女性与工业

联合国工业发展组织成立于 1966 年,其任务是成为联合国系统内工业活动的中央协调机构,以实现工业发展,重点是通过提高生产率来减轻贫困。2013 年,《利马宣言》(Lima Declaration)确定了工业发展组织关于包容性和可

---

① International Telecommunication Union. Promoting gender equality in ITU telecommunication standardization sector activities (Rev. Hammamet)[EB/OL].[2020-09-13].https://www.itu.int/en/ITU-D/Digital-Inclusion/Documents/Resolutions/Resolution55_Hammamet_16.pdf.

② International Telecommunication Union. Mainstreaming a gender perspective in ITU and promotion of gender equality and the empowerment of women through Telecommunications/Information and Communication TTechnologies (REV. DUBAI)[EB/OL].[2020-08-17]. https://www.itu.int/en/ITU-D/Digital-Inclusion/Documents/Resolutions/RESOLUTION%2070%20(REV.%20DUBAI,%202018).pdf.

持续工业发展(ISID)的重点。这在一定程度上确保了性别平等、赋予女性权利与工业发展组织的任务在概念上相互交织且不可分割:没有女性,发展就不具有包容性;没有包容性,发展就不可持续。因此,如果没有性别平等和赋予女性权利,联合国工业发展组织就无法履行其职责。①

联合国工业发展组织发布的调查报告显示,性别平等会促进经济增长,带来的直接结果是贫困人口数量下降,整体社会福祉显著提升。因此,在这样的背景下,发挥女性作为经济方面的行动者、领导者和消费者的作用,可以实现更高水平的工业化和更持久的经济增长率。预计到2025年,如果女性在劳动市场中与男性扮演同样的角色,全球国内生产总值可能会增长超过25%。基于这一目标,联合国工业发展组织与联合国系统、私营部门和国家一级的伙伴合作,以女性经济赋权为定位,促进性别平等。

(一)《性别平等和增强女性权能政策》

该政策于2009年发布,2015年审查通过,它为制定性别主流化战略提供了总体准则,内容包括:联合国工业发展组织在制定方案、政策和组织实践中充分考虑性别观点;增强女性经济权能;促进有关两性平等的国际商定发展目标的实现;在决策层面实现性别平等。② 为了确保上述政策得到充分执行,联合国工业发展组织建立了一系列必要的行政机制:设立一个由总干事主持的性别主流指导委员会(Gender Mainstreaming Steering Board,GMSB),以评估性别平等相关结果;在所有司和外地办事处分配性别联络点;在总干事办公室

---

① United Nations Industrial Development Organization. Mid-term review of the implementation of the UNIDO policy (2015) and strategy (2016—2019) on gender equality and the empowerment of women[EB/OL].[2020-08-17].https://www.unido.org/sites/default/files/files/2019-05/NEWMid-Term%20Review%20of%20the%20UNIDO%20Policy%20and%20Strategy%20on%20Gender_2018_Final.pdf.

② United Nations Industrial Development Organization. Director-general's bulletin policy on gender equality and the empowerment of women (UNIDO/DGB/(M).110/Rev.2) [EB/OL]. [2019-06-22]. https://www.unido.org/sites/default/files/2015-12/DGB110Rev2_gender_policy_0.pdf.

的人力资源管理部门内设立一个两性平等和增强女性权能办公室。该办公室作为本组织与联合国系统以及公共和私营利益攸关方的性别联络点,主要由一名性别协调员领导,负责协调和开展性别主流化活动。①

(二)《性别平等和增强女性权能战略(2016—2019年)》

该战略概述了联合国工业发展组织将如何在确定优先事项和实施工作的内部磋商基础上履行其承诺。《性别平等和增强女性权能战略(2016—2019年)》提出了一套系统的指导框架,包含一个理论依据、一套双轨办法以及三个主题优先领域等内容。该战略认识到女性在影响可持续生产和消费决策方面发挥的领导作用,但由于现实的环境管理情况未能对两性平等起到促进作用,致使可持续工业发展面临多元挑战。因此,在这种形势下,联合国工业发展组织认为有必要采取措施,将性别观点纳入农村和城市地区无害环境和可持续资源管理机制以及生产技术环节中。遵循这一前提,《性别平等和增强女性权能战略(2016—2019年)》注意到工业发展过程中对女性力量的忽视,提出了以"性别、包容性和可持续工业发展"为内容的理论依据。该战略的目标是在"强劲、包容、可持续和有弹性的经济与工业发展以及经济的有效结合"这一愿景基础上,促进联合国工业发展组织在方案、政策和组织实践中实现性别平等和增强女性权能。②为将二者结合,联合国工业发展组织采用了一套双轨做法:一方面实施性别主流化政策,另一方面采取有针对性的性别干预措施。

性别主流化政策意味着把女性和男性的经历作为联合国工业发展组织在评估、设计、执行、监测和评价所有方案与政策过程中的一个组成部分。有针

---

① United Nations Industrial Development Organization. Gender equality and the empowerment of women: an overview[EB/OL].[2019-06-22].https://www.unido.org/sites/default/files/2016-10/16-05551_Gender_new_eBook_0.pdf.
② United Nations Industrial Development Organization. Gender equality and empowerment of women strategy,2016—2019[EB/OL].[2020-03-27].https://www.unido.org/sites/default/files/2015-12/GC.16_8_E_Gender_Equality_and_Empowerment_of_Women_Strategy__2016-2019_0.pdf.

对性的性别干预措施指针对某一特定群体(包括联合国工业发展组织的工作人员)存在的差距或明确需求而采取的临时特殊措施,目的是让她们能够平等参与工业发展工作并从中受益,确保平等利用联合国工业发展组织的方案、项目和组织做法并从中获益。其中,"女性经济赋权"计划也被纳入这一范畴。

除此之外,《性别平等和增强女性权能战略(2016—2019年)》还规划了2016—2019年的三个优先主题事项,每个主题都代表"性别、包容性和可持续工业发展"中的不同方面:创造共同繁荣、提供经济竞争力、保护环境。关于如何将性别议题融入以上三个主题领域,并助力联合国工业发展组织为性别、包容性和可持续工业发展做出贡献,《性别平等和增强女性权能战略(2016—2019年)》提供了一个重要契机。

事实上,为确保在工业发展过程中实现上述三个主题目标,联合国工业发展组织还需从三个方面着手进行组织变革:首先,制定新举措,增加女性代表人数,包括女性高级职位的人数,为女性在组织内的发展营造一个良性环境。其次,营造对性别敏感的文化氛围,在《道德行为守则》的指导下,创造一个没有歧视和骚扰的工作环境,制定灵活的工作政策,使男性与女性工作人员能够履行各项义务。最后,强化问责机制,将性别敏感内容纳入其工作人员的招聘标准,所有工作人员需要对自己在绩效评价中如何促进两性平等和增强女性权能负责。所有工作人员必须接受基本的性别培训,促使他们遵守战略中的行动准则,并建立表彰制度以奖励性别倡导者。[①]

十、世界卫生组织:女性与健康

世界卫生组织认为,性别平等和女性赋权能够改善健康状况。然而,受经

---

① United Nations Industrial Development Organization. Gender equality and empowerment of women strategy, 2016-2019[EB/OL].[2019-12-25]. https://www.unido.org/sites/default/files/2015-12/GC.16_8_E_Gender_Equality_and_Empowerment_of_Women_Strategy__2016-2019_0.pdf.

济依赖、父系结构以及重大家庭责任等文化性别规范的影响,女性往往在现实生活中面临更大的获取健康信息和享受服务的障碍。根据世界卫生组织2019年3月发布的报告《健康人力中的性别平等:基于对104个国家的分析》(Gender Equity in the Health Workforce:Analysis of 104 Countries),在这104个国家中,女性虽然在卫生和社会部门的就业率较高,就业人数比例达到了67%,但是就各地区的职业划分而言,性别分布存在系统性差异。也就是说,在大多数国家,卫生领域的一些重点行业主要由男性主导,例如牙医、药剂师等,而女性则更多从事一些辅助类工作,成为护理或助产人员(如图4-1所示)。[1] 无独有偶,全球卫生机构中女性的领导能力同样存在不足。联合国对2005至2017年这12年间召开的世界卫生大会首席代表的性别比例进行统计后发现,女性担任首席代表的比例虽然从16%增加到了31%,但从总体水平来看,全球卫生机构中最高决策职位女性的代表比例依然偏低,仅有25%的女性扮演着有影响力的领导和治理角色。报告对140个全球卫生组织进行评估后发现,69%的组织和80%的董事会主要由男性领导,决策权也掌握在男性手中。除领导力不足外,女性在组织中的知名度、认可度和影响力均低于男性。由于受到上述多种限制,健康领域中的大多数女性很难有机会或根本没有机会晋升为更有影响力的领导。[2]

因此,循着这个思路,2009年世界卫生组织提出了另一份报告,即《把性别分析和行动纳入世界卫生组织工作的战略》。报告面向世界卫生组织全体管理人员、技术人员和行政人员,旨在加强和扩大世界卫生组织的能力并使其制度化,以分析社会性别的差异和生理性别在健康方面的作用,监测和处理卫

---

[1] World Health Organazation. Gender equity in the health workforce: analysis of 104 countries[EB/OL].[2019-12-25]. https://apps.who.int/iris/bitstream/handle/10665/311314/WHO-HIS-HWF-Gender-WP1-2019.1-eng.pdf? ua=1.
[2] World Health Organazation.Delivered by women. Led by men: a gender and equity analysis of the global health social workforce[EB/OL].[2020-08-06].https://apps.who.int/iris/bitstream/handle/10665/311322/9789241515467-eng.pdf? ua=1.

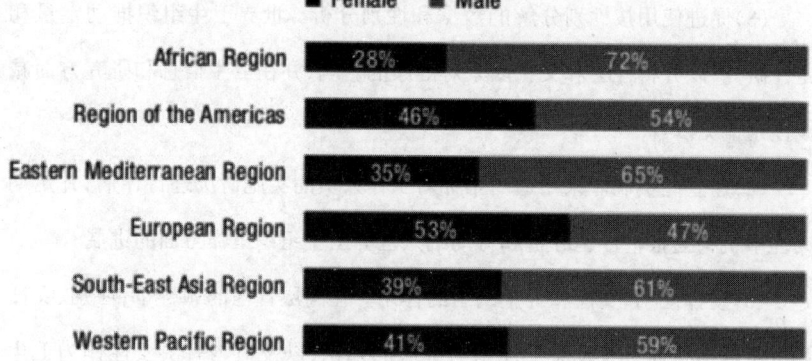

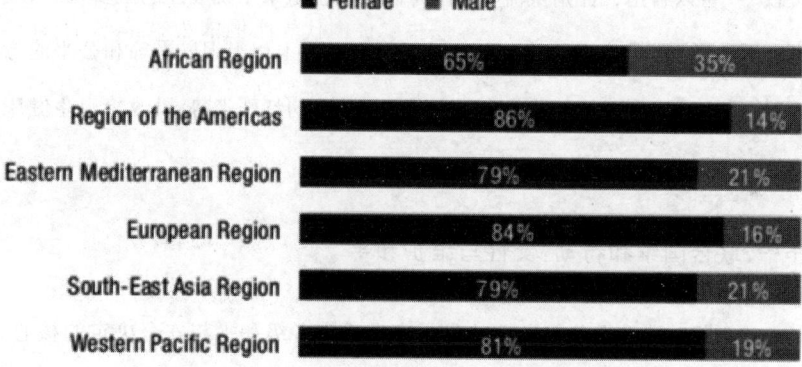

图 4-1 按性别划分的医生与护士人数比例分布

生方面可避免的基于性别的不平等问题。

该战略拟定了以下五个方向。

(1)建设世界卫生组织进行性别分析和规划的能力。具体表现为在全组织范围内建立支持和监测机制,例如建立具有适宜女性专长的性别问题联络点。

(2)将性别问题纳入世界卫生组织管理的主流。各项战略目标的规划和预算等应纳入性别分析和适宜的应对措施,并且绩效监测和评估应包括对性别问题敏感的指标。

(3)促进使用按性别分解的数据和性别分析。世界卫生组织推动定量和定性研究,以分析社会和文化因素对健康的影响,并在卫生信息和研究方面减少性别偏见。

(4)建立问责制。采用适当指标对工作人员的实施情况进行评估,并定期向理事机构通报把性别分析和行动纳入世界卫生组织工作方面的进展。

(5)发挥性别、女性和卫生网络的作用。在高层管理的领导下,性别、女性和卫生网络将通过普及关于性别与健康的知识,以及对与解决女性作为卫生保健消费者所经历的不利条件相适应的活动提供支持,从而为实施工作做出贡献。① 可以看出,"性别主流化"作为世界卫生组织系统关注的重要议题,成了世界卫生组织工作的一个有机组成部分。世界卫生组织以平等和公平的方式回应性别需求,努力克服女性因性别歧视造成的特殊劣势,以改善卫生健康领域女性所遭遇的不平等现状。

十一、联合国维和行动:女性与维护和平

维和行动致力于确保女性的优先事项成为各级和平与安全决定的核心。在认识到女性具备不同经历和能力的前提下,将女性纳入联合国和平行动的各个方面,成了联合国成功开展维和行动并推动可持续和平进程的关键。在这样的背景下,经安理会授权,联合国维和行动在其职能范围内制定了关于女性、和平与安全的安理会决议。2000年,安理会发布的第1325号决议《妇女、和平与安全》是第一份承认武装冲突对女性造成严重影响,并认可女性对预防和解决

---

① 世界卫生组织.把性别分析和行动纳入世界卫生组织工作的战略(中文版)[EB/OL]. [2020-07-13]. http://whqlibdoc.who.int/publications/2009/9789245597704_chi_Text.pdf?ua=1.

冲突、维护和建设和平做出积极贡献的决议。决议强调了女性作为推动世界和平与安全进程的正面力量，具有重要意义。决议提出了具体举措，包括要求各会员国确保在预防、管理和解决冲突的国家、地区和国际机构以及机制的所有决策层中增加女性人数，同时还敦促秘书长任命更多女性担任特别代表和特使等。

如果说安理会在2000年通过的第1325号决议《妇女、和平与安全》是推动女性进入安全与和平议程的指挥棒，那么之后颁布的其他决议则将这些指令变为了现实。2009年发布的《妇女、和平与安全：加强妇女在和平进程中的作用》决议敦促会员国、国际和区域组织进一步采取措施，使女性有机会参与和平进程的各个阶段，具体做法包括提升女性的领导能力，以便她们参与援助的管理和规划工作等。[①] 在2013年发布的《妇女、和平与安全》决议中，要求秘书长任命高级职位女性担任联合国调解人和联合国小组成员。[②] 2015年10月13日通过的《妇女、和平与安全》决议则关注了民间社会的力量，呼吁会员国与民间社会协商，特别是与女性组织协商，在国家行动计划和其他规划框架中纳入与妇女、和平与安全有关的议程并提供资源。与此同时，该项决议还对部门未来行动计划中的女性代表人数做出指导，鼓励调查阻碍女性应聘和升职的原因，增加女性参与联合国维和行动中军事和警察工作的人数；与会员国协作着手修订战略，以便在现有资源条件下，在今后五年内使参与联合国维和行动军事和警察特遣队中的女性人数翻倍。[③]

《领导人和变革者：妇女塑造和平》这份报告认识到女性在国际冲突中发挥的不同作用。基于联合国秘书长维持和平行动倡议和特派团任务中对女性、和平与安全的承诺，联合国和平行动部将女性充分、平等且有意义地参与

---

① 联合国安全理事会.妇女、和平与安全：加强妇女在和平进程中的作用[S/RES/1889(2009)][EB/OL].[2020-06-30].https://undocs.org/zh/S/RES/1889(2009).

② 联合国安全理事会.妇女、和平与安全[S/RES/2122 (2013)][EB/OL].[2020-06-30].https://undocs.org/zh/S/RES/2122(2013).

③ 联合国安全理事会.妇女、和平与安全[S/RES/2242 (2015)][EB/OL].[2020-06-30].https://undocs.org/zh/S/RES/2242 (2015).

和平进程作为其工作的核心。与此同时,秘书长维持和平行动倡议承诺采取具体行动,确保女性直接参与维和行动并促进其中的两性平等。①《领导人和变革者:妇女塑造和平》报告列举了当前加强女性参与的良好做法以及经验教训:通过高级别宣传,为女性领导人和女性网络开辟一个有意义的、可供其参与和平与政治进程的空间;与女性领导人建立牢固的伙伴关系,这与她们更多地参与国家和平进程密切相关;提高认识,与当地女性组织进行交流,能够增强社区对和平进程的自主权。报告指出,目前女性参与和平进程监测机制的程度仍然较低,并认为未来需要付出更多努力,有系统地将非正式进程和地方进程的战略成果转化为正式的国家政治进程;加强女性领导的战略应该是全面的,因此应促进女性参与和平、选举和其他政治进程,扩大女性在地方和国家当局的领导机会。

不仅如此,报告还对世界部分地区女性参与维护和平进程的情况进行了描述。在中非共和国,仅 10% 的女性参与了 2019 年 2 月的和谈会议。与上一年度相比,2018 年参与和谈会议的人员中没有女性。南苏丹地区情况相对较好,2019 年 7 月,有 28% 的女性参与了当地的和平谈判。调查显示,2019 年,苏丹地区仅有 22% 的部长职位由女性担任,其中包括一位女外长。与此同时,苏丹于 2019 年任命了历史上第一位女法官。2014—2019 年在达尔富尔建立的 46 个女性保护网络作为预警机制,为达尔富尔混合行动的任务巡逻规划提供信息,有助于防止性暴力和基于性别的暴力发生。2019 年,刚果民主共和国规定,在占比 62% 的地区保护和早期预警机制的工作人员中,女性比例不得低于 30%。

报告还对地区维和行动中的性别平等实践进行了描述。例如,在马里进

---

① United Nations Peace Keeping. Leaders and changemakers women shaping peace[EB/OL].[2019-11-27]. https://peacekeeping.un.org/sites/default/files/dpo_wps_2019_digital_1.pdf.

行的包容性全国对话将女性领导人作为对话核心,主张将女性作为优先对话对象,法律要求在任命和选举职位上女性占比至少为 30%,并将这一要求纳入对话通过的四项成果决议。此外,在南苏丹,女性领导人被要求对和平协议负责。在联合国南苏丹共和国特派团的协助下,女性领导人开展了战略宣传和谈判工作。因此,《2018 年南苏丹振兴和平协定》将性别相关内容纳入规定,包括女性参与任命和选举政府职位需实现 35% 的配额。达尔富尔女性在政治过渡与和平进程中也占有一席之地。在达尔富尔,120 名女性领导人拟定了一份立场文件,强调了她们在和平谈判中的优先事项,其中重点强调了解决女性保护和安全威胁对实现和平的重要性。

第二节 联合国系统措施的采取

推动精英女性领导力提升,发挥精英女性的领导作用,离不开联合国各部门对性别平等议题的重视与支持。为全方位考察当前女性发展取得的成绩,本节主要针对联合国各部门为促进女性发展所采取的具体举措进行分析。

一、联合国妇女署

(一)女性科学计划

女性科学计划一直以来都受到联合国妇女署的密切关注。在 2011 年妇女地位委员会召开的第 55 届会议发布的报告中,第一章将妇女和女孩接受及参与教育、培训和科学技术,包括妇女平等获得就业机会和体面工作等内容,纳入了经社理事会今后需要采取行动和予以关注的事项。[①] 在回顾这一结论的基础上,2013 年 12 月召开的联合国大会第 68 届会议通过的《科学技术创

---

① 妇女地位委员会.第五十五届会议报告(E/2011/27)[EB/OL].[2019-11-11]. http://www.un.org/ga/search/view_doc.asp? symbol=E/2011/27&Lang=C.

新促进发展》决议确认,妇女充分且平等地获得和参与科学技术创新,是实现性别平等和增强妇女权能的当务之急。决议着重指出,为克服阻碍女性参与科学技术创新的障碍,必须采取系统、全面、综合、可持续、多学科和多部门的办法,敦促各国政府将性别平等视角纳入立法、政策和方案的主流。① 2015 年 12 月 22 日,第 70 届联合国大会再次深化"妇女与科学"相关内容,并阐明了两者之间的互动关系。决议宣布每年 2 月 11 日为"妇女与女童参与科学国际日",并邀请所有会员国、其他国际和区域组织、私营部门、学术界,以及包括非政府组织和个人在内的民间社会,以适当方式举办"妇女与女童参与科学国际日"活动,包括开展教育和提高公众认识活动,旨在促进妇女和女童充分、平等地参与科学领域的教育、培训、就业和决策进程,消除对妇女的一切歧视,尤其是教育和就业领域的歧视,并克服其中存在的法律、经济、社会和文化障碍。为此,特别要鼓励制定科学教育政策和编制相关方案,包括酌情编制课程,以鼓励妇女和女童更多地参与,促进妇女在科学领域的职业发展,并肯定妇女在科学领域取得的成就。②

(二)妇女全球创新变革联盟

为了培养市场意识,消除妇女在创新、技术和创业方面的发展障碍,推动全行业协作,使创新更好地服务于年轻妇女,联合国妇女署于 2017 年建立了妇女全球创新变革联盟(Global Innovation Coalition for Change,GICC)。妇女全球创新变革联盟是联合国妇女署与私营部门、学术界和非营利部门的主要代表之间建立的一种动态伙伴关系,致力于开发创新市场,以更好地服务妇女,加速实现性别平等和增强妇女权能。考虑到市场发展存在的多重障碍,联

---

① 联合国大会.科学技术创新促进发展(A/RES/68/220)[EB/OL].[2019-11-11].https://undocs.org/pdf? symbol=zh/A/RES/68/220.
② 联合国大会. 妇女和女童参与科学国际日(A/RES/70/212)[EB/OL].[2019-11-11].https://undocs.org/pdf? symbol=zh/A/RES/70/212.

合国妇女署认为需要充分挖掘创新和技术潜力以实现变革,为妇女发展创造良好的政策环境。基于此,妇女全球创新变革联盟强调重点关注以下行动:第一,建立市场意识,了解妇女需求的创新点和妇女发展创新的潜力;第二,确定妇女在创新、技术和创业方面取得进步的主要障碍;第三,协同合作,在全行业范围内采取关键行动,以解决障碍、满足需求;第四,监督联盟推动变革行动的实施情况。

妇女全球创新变革联盟提出了五项行动计划,包括"性别创新原则"(Gender Innovation Principles)、"她创新全球计划"(She Innovates Global Programme)、"她创新运动和指导计划"(She Innovates Campaign and Mentoring Programme)、"四好南非计划"(4 Good Programme South Africa)、"创新领导者"(Champions for Innovation)。[1]

"性别创新原则"的目的是为性别敏感的创新方法设定标准,为企业提供如何在整个创新生命周期中融入性别视角的方法。当前,联合国妇女署与联合国其他机构和行业伙伴合作,制定了一套专门的性别创新原则。针对私营部门,联合国妇女署正在建立妇女赋权指南(UN Global Compact),这是联合国妇女署与《联合国全球契约》(UN Global Compact)合作制定的一项行动指南,旨在促使企业能够在工作场所、市场和社区赋予女性权利。为了促进交流,联合国妇女署还在美国国际开发署(United States Agency for International Development)的全球创新交流平台上建立了一个性别微型网站。该网站为来自政府、企业、商业和民间社会的 100 多个组织提供了一个全球论坛,用于分享

---

[1] United Nations Women. United nations women global innovation coalition for change [EB/OL]. [2020-04-15]. http://www.unwomen.org/en/how-we-work/innovation-and-technology/un-women-global-innovation-coalition-for-change.

和探讨性别平等的最佳实践、案例研究和创新方法。①

"她创新全球计划"的目标是通过提供发展工具、方案和资源,支持妇女开展创新活动。该项目将世界各地的女性创新者联系起来,为满足妇女需求的创新发展提供有力支持。项目提出了多项举措:

(1)开发针对女性创新的应用程序,借助社会化媒介平台将女性创新者连接起来,分享和传播她们的故事。

(2)创建全球女性伙伴关系平台,为女性开展创新活动提供开放空间。

(3)设置创新奖项并提供奖励资金,鼓励女性应对创新过程中出现的各种挑战。

(4)建立创新实验室,将私营部门的专业知识与当地女性创新者对接,为女性提供创新专业知识,提升创新水平。

(5)在加拿大开展地区创新分会试点,以了解区域分会如何助力个别地区的妇女解决遇到的障碍。②

"创新运动"的目的是通过促进、支持女性创新者并建立她们之间的联系,提高人们对妇女创新的认识,消除创新中与妇女有关的性别陈规和定型观念。"她创新运动"介绍了从全球变革创新联盟提名的女性创新引领者,并且通过开展活动来展示女性创新者的创新故事。③ "由她领导"(Led By Her)作

---

① United Nations Women. Making innovation and technology work for women[EB/OL]. [2020-02-23]. http://www.unwomen.org/-/media/headquarters/attachments/sections/library/publications/2017/makinginnovationandtechnologyworkforwomencompressed.pdf? la=en&vs=3025.
② United Nations Women. She innovates global programme [EB/OL]. [2020-02-23]. http://www. unwomen. org/en/how-we-work/innovation-and-technology/un-women-global-innovation-coalition-for-change/she-innovates-global-programme.
③ United Nations Women. She innovates campaign and mentoring programme [EB/OL]. [2020-02-23]. http://www.unwomen.org/en/how-we-work/innovation-and-technology/un-women-global-innovation-coalition-for-change/she-innovates-campaign-and-mentoring-programme.

为"她创新运动"的一部分,其博客内容本着互助和共享的精神,为外界了解女性创业精神提供了窗口,也为想要创业的女性提供了具有可行性的资源与建议。①

"四好南非计划"聚焦发展中国家的妇女,旨在为第三世界国家的女性创新者提供获取、维持和拓展业务所需的专业知识,支持妇女的创新发展。该计划有助于向女性参与者传递信心、信念,提升她们整体的专业敏锐度,推动她们开展业务并成长为市场领导者。计划鼓励更多女性持续创新,为女性拥有的企业提供更具市场影响力和知名度的平台,并为女企业家和创新者搭建沟通渠道。②

"创新领导者"是由一些社会精英借助个人平台支持全球变革创新联盟的旗舰创新计划。为支持全球变革创新联盟的工作,这些创新领导者采取了以下措施:

(1)倡导联合国妇女署在科学、技术、工程、数学和创新领域开展支持妇女的活动。

(2)提高人们对妇女在更多参与创新、学习技术和创业过程中面临的障碍的认识。

(3)为全球创新变革联盟的旗舰计划提供实质性投入和专业知识。

(4)利用各自的平台分享和宣传联合国妇女署的创新工作。③ 借助创新领导者的呼吁力量,联合国妇女署希望进一步助力妇女设计、塑造新事物,并

---

① United Nations Women. Led by her [EB/OL].[2020-02-23].http://ledbyher.org/blog/category/her-business/.
② United Nations Women. 4 Good programme South Africa [EB/OL]. [2020-08-16]. https://www.unwomen.org/en/how-we-work/innovation-and-technology/un-women-global-innovation-coalition-for-change/4good-programme-south-africa.
③ United Nations Women. Champions for innovation [EB/OL]. [2020-08-16]. http://www.unwomen.org/en/how-we-work/innovation-and-technology/un-women-global-innovation-coalition-for-change/champions-for-innovation.

从改变世界的技术变革和创新中受益。

(三) 性别平等培训

为了帮助男性和女性理解性别所发挥的作用,使其获得在日常生活和工作中促进性别平等所需的知识与技能,联合国妇女署设立了妇女培训中心,就与联合国妇女署优先事项和新兴议题相关的关键问题,提供高质量的培训课程、方案和资源。性别平等培训是联合国妇女署致力于促进性别平等和赋予妇女权利工作的重要组成部分,其发展目标是成为联合国的核心;通过性别平等培训,构建一个尊重和促进男女人权的社会;其使命是支持联合国和其他利益攸关方,通过变革性培训和学习,兑现对性别平等、女性赋权的承诺。[1] 培训主要采用线上模式,培训的主要内容如下:一方面,建立联合国妇女培训中心电子学习校园网络平台,提供多种语言的免费培训课程,为性别平等和女性赋权政策的普及与推广创造一个富有成效且易于获取的学习环境。通过技术手段、多样化的电子学习模式和创新的教学技术,参与者能够丰富学习方式,实现知识共享。[2] 另一方面,成立性别平等培训实践社区,由专家就性别平等议题进行线上平台信息共享,并激发人们就与性别平等培训相关的关键问题进行讨论。[3]

(四) 妇女联络点网络

为了实现性别平等,联合国大会于 1988 年 12 月 21 日召开的第四十三届

---

[1] United Nations Women. Training centre[EB/OL].[2020-06-22].https://trainingcentre.unwomen.org/mod/page/view.php? id=45.

[2] United Nations Women.Training centre [EB/OL].[2020-06-22].https://trainingcentre.unwomen.org/.

[3] United Nations Women. Training centre [EB/OL].[2020-06-22].https://trainingcentre.unwomen.org/mod/page/view.php? id=45.

会议①通过了联合国秘书长决定全职部署首席干事一级的妇女联络点的决定。② 自 2011 年 1 月 1 日起,联络点成为联合国妇女署的一部分,负责监测和报告联合国系统中妇女的状况,并协助联合国秘书长达成联合国授权的各系统所有级别性别比例 50∶50 的目标。联络点主要有以下职能:第一,支持联合国妇女署向联合国大会和妇女地位委员会报告妇女地位情况;第二,倡导并协助制定政策;第三,展示和分享良好做法;第四,协调并支持联合国秘书处妇女联络点网络以及联合国不同实体的性别联络点网络;第五,代表性别问题联络人参加高级别会议,包括执行联合国系统各组织内部性骚扰协调工作队执行委员会,以及秘书长为实现和平行动中的性别平等而采取的紧急措施工作组的相关会议;第六,提供指导和进行倡导。③

此外,联合国妇女署还负责支持联合国秘书处部门性别联络点网络。性别联络点通过以下方式为其部门负责人提供支持:在部门内提高对性别敏感问题的认识;监测性别平等目标的实现进程;促进性别目标的实现并提供宣传等。联合国妇女署与联络点网络定期举行会议,组织整理最新资料并促进交流。④ 可以看出,为了推进性别平等的实现,联合国妇女署不遗余力地采取了多项举措,确保妇女在发展过程中获得更加平等的竞争机会,尤其是在联合国系统中获得高级别职位的机会,进而实现女性全面赋权的目标。

---

① 联合国大会.第四十三届会议通过的决议和决定(A/RES/43/224)[EB/OL].[2020-06-22].https://www.un.org/zh/documents/view_doc.asp? symbol=A/RES/43/224.
② United Nations Women. The focal point for women [EB/OL].[2020-06-22]. https://www.un.org/womenwatch/osagi/fp.htm.
③ United Nations Women. Gender focal points and focal points for women [EB/OL]. [2020-06-12]. https://www. unwomen. org/en/how-we-work/gender-parity-in-the-united-nations/focal-points-for-women.
④ United Nations Women.Gender focal points and focal points for women [EB/OL].[2020-06-12]. https://www. unwomen. org/en/how-we-work/gender-parity-in-the-united-nations/focal-points-for-women.

二、妇女地位委员会

自 1996 年起,妇女地位委员会每年都会出台一份确定优先主题的结论性文件。商定内容包括年度女性优先发展主题,以及为妇女发展提出的一系列体制办法,供各国政府、政府间机构、民间社会等各级机构参考和执行。通过梳理二十多年来的成果,联合国进一步认识到培养精英女性对于经济、健康、安全等领域发展的重要性。面对各领域中女性领导能力发挥不足的情况,联合国致力于从下述方面采取具体措施,全面提升女性的决策能力。

第一,在经济方面,1997 年联合国敦促各国政府、国际组织和私营部门应承认妇女以雇主、雇员和企业家身份,通过从事有报酬和无报酬工作对经济增长做出的贡献。基于此,以妇女为领导力量的优秀企业家群体受到联合国长期且充分的重视,同时,一套具体的奖励机制也被提上日程。首先,在创业方面,各国政府、金融机构、非政府组织、民间团体、妇女组织和其他相关行动者,通过提供援助服务或方案、市场信息,开展培训,建立涵盖国家和国际两级的网络,给予充分财政支持,以及在适当时制定鼓励措施,促进妇女创业和自营活动。[1] 其次,通过小额供资、小额信贷和合作社等方式,强化妇女的企业家精神,提升个人主动性,帮助妇女所拥有的企业参与国际贸易、技术革新和转让、投资以及知识和技能的培训,并从中获益。[2] 再次,在制度方面,为确保有足够数量的妇女担任高级决策职务,各国政府应实施并监测反歧视法的执行情况。[3] 提倡编制和使用按性别分列的统计数字,将其作为监测劳动力市场

---

[1] 妇女地位委员会.妇女与经济[CSW41 商定结论(1997/3)][EB/OL].[2020-06-12]. https://www.un.org/womenwatch/daw/csw/41sess.htm#expert.

[2] 联合国经济及社会理事会,妇女地位委员会第五十二届会议报告(E/2008/27)[EB/OL].[2020-06-12]. http://daccess-ods.un.org/access.nsf/Get?OpenAgent&DS=E/CN.6/2008/11&Lang=C.

[3] 妇女地位委员会.妇女与经济[CSW41 商定结论(1997/3)][EB/OL].[2020-06-12]. https://www.un.org/womenwatch/daw/csw/41sess.htm#expert.

性别分工以及妇女参与包括经济决策在内的高级管理职位情况的基本工具，以此展现妇女参与高层管理的益处和排斥妇女的弊端。① 又次，在科学技术方面，要求在新兴技术领域内强化妇女作为使用者、内容创造者、雇员、企业家、创新者和领导者的角色塑造。② 最后，在提升领导力方面，采取措施确保妇女充分、平等且有效地参与并进入各级经济决策组织和机构，以及企业、公司董事会和工会的领导层，担任高级别职务。③

第二，在政治方面，女性拥有决策权力及相关内容是妇女地位委员会提高女性政治地位的重要议程。在 1997 年商定的结论中，关于联合国秘书处妇女职员任命人数的决定得到了确认：秘书处应设法增加来自在秘书处无人任职或任职人数不足国家的妇女职员数量。鼓励秘书长任命女性担任提议设立的联合国新副秘书长职位，将其作为推动整个联合国系统决策职位将妇女纳入主流的一个步骤。各国政府、联合国系统各机关机构以及其他国际组织和非政府组织，应促进来自其他任职人数不足或处境不利群体的女性在决策岗位和论坛的任职数量。④ 除了要求在系统内不同部门增加女性任职人数外，结论还对女性担任决策职位予以支持。2006 年，妇女地位委员会充分认识到女性在议会、部委和厅局各级，以及公司部门和其他社会与经济机构最高层的任职人数仍然不足，于是敦请各相关实体采取行动。

一是拟定各种方案和政策，包括创新措施，并提供资金支持，使担任领导、高级主管和管理人员的女性人数达到关键水平，在各领域，特别是具有战略意义的经济、社会和政治决策职位方面，实现性别均衡的目标。

---

① 妇女地位委员会. 妇女与经济 [CSW41 商定结论（1997/3）] [EB/OL]. [2020-06-12]. https://www.un.org/womenwatch/daw/csw/41sess.htm#expert.
②③ 妇女地位委员会. 在不断变化的劳工世界中增强妇女经济权能的问题商定结论 [EB/OL]. [2020-06-12]. https://www.unwomen.org/-/media/headquarters/attachments/sections/csw/61/csw-conclusions-61-chweb.pdf?la=en&vs=5318.
④ 妇女地位委员会. 妇女与经济 [CSW41 商定结论（1997/3）] [EB/OL]. [2020-07-11]. https://www.un.org/womenwatch/daw/csw/41sess.htm#expert.

二是确保妇女和女孩有接受培训的机会,以发展行使领导职权所需的技能和知识,包括获得参政机会,特别是获得在最高层参政所必需的工具、培训和特别方案的机会。

三是对征聘和具有性别敏感意识的职业规划采取客观、透明的程序,使女性能够在所有领域担任各级决策职务,从而打破"玻璃天花板"。

四是促进女性在所有领域的各级领导权,消除直接或间接妨碍女性参与的障碍,以提高女性在决策进程中的能见度和影响力。[1]

第三,在发展领域,值得一提的是,妇女地位委员会还确认将性别问题纳入发展框架的所有目标当中。把增强女性权能与落实千年发展目标和可持续发展内容相联系,塑造女性的领袖角色成为各国未来发展行动中的优先事项。在落实千年发展目标的计划中,突出了女性在问责方面发挥的关键作用。通过监测目标的具体情况,提供相关信息以确保透明度,支持女性充分、有效地参与并领导监测工作。[2] 与可持续发展内容相联系,相关举措加强了女性在所有可持续发展领域的领导作用,确保其充分、平等地参与决策。这一点尤其体现在气候问题上,妇女地位委员会确认女性作为变革推动者和领导者,在应对气候变化方面发挥了重要作用。同时,在教育方面,确保女性享有职业发展、培训以及获得奖学金、研究经费的机会,并采取积极行动增强女性的领导技能和影响力。[3]

可以说,自 1996 年开始,妇女地位委员会提出的一系列针对女性的经济

---

[1] 联合国经济及社会理事会.妇女地位委员会第五十届会议报告(E/2006/27)[EB/OL]. [2020-07-11]. http://daccess-ods.un.org/access.nsf/Get? OpenAgent&DS=E/CN.6/2006/15(SUPP)&Lang=C.

[2] 妇女地位委员会.为妇女和女童落实千年发展目标的挑战和成就[EB/OL]. [2022-02-15]. https://www.unwomen.org/-/media/headquarters/attachments/sections/csw/58/csw58_agreed_conclusions_zh.pdf? la=en&vs=4923.

[3] 妇女地位委员会.增强妇女权能与可持续发展的联系[EB/OL]. [2022-02-15]. https://www.unwomen.org/-/media/headquarters/attachments/sections/csw/60/csw60%20agreed%20conclusions%20conclusions%20ch.pdf? la=en&vs=4349.

赋权、政治赋权以及在发展中全方位赋权的举措,有效推动了女性领导能力的培养。一旦女性的整体领导素养得到提高,担任领导职务的女性人数也会相应增加。由此产生的良好结果是,在谋求男女平等地位的基础上,形成了一批具备领导能力的精英女性队伍。她们在各大领域发挥先锋作用,成为普通女性效仿的榜样。正如 2004 年发布的《男性在实现两性平等方面的作用》中的结论所言,支持担任领导职务的男性和女性,包括政治领导人、传统领导人、企业领导人、社区和宗教领袖、音乐家、艺术家和运动员,他们为大家提供了两性平等的积极榜样。①

三、联合国教科文组织

(一)女性参与科学项目

长期以来,联合国教科文组织与商业公司合作,致力于吸引更多女性参与科学事务。1994 年,联合国教科文组织开始与欧莱雅企业基金会合作,共同制定了《促进妇女参与科学的先驱计划》。该计划以鼓励更多年轻女性投身科学事业为目标,为做出卓越贡献的女性代表设置奖项,并给予一定的经济支持与物质奖励。

然而,从当前世界女性科学家的发展状况来看,现实与未来目标仍存在一定差距。最明显的是,全球范围内女性科学家比例仅占世界研究人员的 28%。可以说,国际社会中仍存在诸多阻碍"女性参与科学"的不利因素。

因此,在这样的背景下,联合国教科文组织与欧莱雅建立的科学女性伙伴关系(FWIS②)推出了国际崛起人才计划(The International Rising Talents),

---

① Commission on the Status of Women. The role of men and boys in achieving gender equality [EB/OL]. [2022-02-15]. https://www.un.org/womenwatch/daw/csw/csw48/ac-men-auv.pdf.
② 联合国教科文组织—欧莱雅科学女性伙伴关系的英文名称为 For Women in Science partnership,简写为"FWIS"。

鼓励博士和博士后级别的科研人员开展跨国科学合作,推动跨文化网络的发展。为了在整个科学事业领域促进和鼓励女性发展,FWIS 还构建了一个涵盖国际、区域和国家奖学金计划的全球网络,旨在支持年轻女性未来从事科学研究。迄今为止,FWIS 已向超过 115 个国家的 3 100 多名女性颁发了奖学金,支持她们在国内或国外的机构进行研究。①

此外,FWIS 始终秉持"世界需要科学,科学需要女性"的信念,共同致力于提升女性在科学事业中的地位。

在最初的 20 年里,"女性参与科学项目"共支持了 102 名获奖的女性以及 3 000 多名有才华的青年女科学家,其中包括博士生和博士后研究人员,并为她们提供研究基金。目前,该项目已在 117 个国家落地实施。

由于定位人群不同,女性参与科学项目设置了两个奖项:杰出女科学家奖和国际新兴人才奖。杰出女科学家奖主要面向在科研领域已取得突出成就的女性科研人员;国际新兴人才奖则主要奖励那些刚刚踏上科研道路的新兴学术力量,主要以青年女科学家为主。

杰出女科学家奖由 FWIS 每年从世界各地优中选优,选出五名女性(分别从非洲和阿拉伯国家、亚洲、欧洲、拉丁美洲和北美洲各选一名获奖者),以表彰她们对社会做出的突出贡献。评选标准包括每位女科学家是否具备独特的职业经历、卓越的才能、对从事专业的投入程度,以及在男性主导的工作领域中是否展现出非凡的勇气。

2019 年,为了进一步提升女性在科学领域的地位,FWIS 决定将评选奖项的领域范围从之前的生物和化学领域进一步扩大,新增了数学和计算机科学

---

① United Nations Educational, Scientific and Culture Organization. For women in science programme [EB/OL].[2022-06-13]. http://www.unesco.org/new/en/natural-sciences/priority-areas/gender-and-science/for-women-in-science-programme/.

领域。① 在最新一次的评选结果中,评选出的五位杰出女科学家中有两名数学家获奖,她们是来自法国国家科学研究中心的克莱尔·沃伊津(Claire Voisin)和来自美国杜克大学的英格丽德·多贝西(Ingrid Daubechies)。值得一提的是,沃伊津不仅是第一个获得杰出女科学家奖的数学家,也是首位进入享有盛誉的法兰西学院的女数学家。② 自 2000 年以来,FWIS 着重强调青年女科学家在进入科研道路初始阶段所取得的成就。国际新兴人才奖每年从获得 FWIS 国家和地区研究基金资助的 275 名女科学家中筛选出 15 名杰出女性,对她们予以奖励,并举办专门的颁奖仪式,以此表示对其能力的认可,进一步挖掘她们的潜力。③ 从近些年获得奖励的科研人员分布情况来看,可发现这些女性大多拥有博士学位,研究领域也与生物、医疗、健康、物理等专业密切相关。

(二)加强全球女科学家网络

为解决科学、技术、工程和数学教育中存在的性别不平等问题,联合国教科文组织提出多项解决方案。例如,加强全球女科学家网络,设立"科学、技术、工程和数学教育与性别进步"项目,提出"科学、创新、技术和工程中的性别"倡议等。联合国教科文组织旨在支持和促进不同地区科学领域女科学家网络的发展,包括非洲妇女数学协会、非洲妇女协会(African Women's Association)、地球科学界妇女(Women in Earth Science)以及国际女工程师和科学家网络。

---

① 联合国教科文组织.女性参与科学项目[EB/OL].[2020-08-05].https://zh.unesco.org/science-sustainable-future/women-in-science/laureates.
② 联合国教科文组织.第 21 届联合国教科文组织—欧莱雅杰出女科学家奖获奖结果[EB/OL].[2020-08-05].https://zh.unesco.org/news/di-21jie-ou-lai-ya-lian-he-guo-jiao-ke-wen-zu-zhi-jie-chu-nu-ke-xue-jia-jiang-huo-jiang-jie-guo.
③ 联合国教科文组织.女性参与科学项目[EB/OL].[2020-08-05].https://zh.unesco.org/science-sustainable-future/women-in-science/rising-talents.

联合国教科文组织自然科学部门(UNESCO Natural Sciences Division)与发展中国家妇女科学组织(Organization for Women in Science for the Developing World,OWSD)合作,为不同阶段的女科学家提供培训、职业发展和交流机会。同时,姊妹大学／联合国教科文组织教席计划(UNITWIN/UNESCO Chairs Programmes)针对性别平等和女性赋权问题(The Gender Equality and Women's Empowerment)设立多位主席,将高等教育和研究机构召集在一起,鼓励国际与区域合作,通过知识共享和协作提升机构能力。其中,在处理性别平等和女性赋权相关问题的主席国中,巴西、科特迪瓦、摩洛哥、多哥和多米尼加共和国这五个国家侧重于促进女性参与可持续发展和水资源管理,而阿根廷、埃及、巴基斯坦等国则致力于赋予女性科学和技术方面的权利。①

2015年,"科学、技术、工程、数学与性别进步"项目(Science, Technology, Engineering, Mathematics, STEM & STEM and Gender Advancement, SAGA)正式启动,该项目主要有两个目标。总体目标是通过确定、测量和评估性别分类数据,以及编纂影响性别平等的政策工具,来缩小国际层面教育和研究领域的性别差距。另一个目标是从因果机制角度出发,分析政策对科学、技术、工程和数学教育中性别平等的影响,制定最新的最佳指标作为决策工具,并提升成员国的性别数据收集能力,以缩小科学、技术、工程和数学教育领域存在的性别不平等差距。② 为实现上述目标,项目提出了两种方法路径:一是对影响科学、技术、工程和数学(Science, Technology, Engineering, Mathematics, STEM)教育中性别平等的政策进行调查;二是确立和

---

① United Nations Educational, Scientific and Cultural Organization. Strengthening networks of women scientists worldwide [EB/OL]. [2020-08-05]. http://www.unesco.org/new/en/natural-sciences/priority-areas/gender-and-science/supporting-women-scientists/strengthening-networks-of-women-scientists/#topPage.
② United Nations Educational, Scientific and Cultural Organization. Gender indicators in science, engineering and technology [EB/OL]. [2020-05-23]. http://www.unesco.org/new/fileadmin/MULTIMEDIA/HQ/SC/pdf/SAGA_leaflet.pdf.

设计 STEM 教育领域的相关性别指标。项目侧重于从四个方面开展活动：第一，确定方法和工具，以支持全球决策者制定、实施和监测科技创新政策中的性别平等措施；第二，在试点国家开设培训讲习班，增强对性别问题的理解能力；第三，收集与性别有关的政策以及按性别分类的数据，这些数据和政策主要聚焦性传播感染等方面问题；第四，完善与性别相关的政策，提升收集按性别分列数据的意识。

截至 2019 年，性别进步项目(STEM and Gender Advancement, SAGA)已经对推动全球性别平等产生了积极影响。其中，有 300 名女性决策者和主要利益攸关方接受过方法学培训，目的是改进科学中性别平等的衡量标准和相关政策；一些国家已将性别平等纳入政府决策范畴；来自 90 多个国家机构的近 150 名专家参与了性别进步项目在各自国家的实施工作；有 19 个国际组织和机构愿意与性别进步项目开展合作；有关性别进步项目的知识和方法被下载超过 1 万次。

不仅如此，性别进步项目在试点国家也取得了初步成效。例如，一些试点国家已将性别平等纳入科技创新的战略计划，并正在积极制定新的政策、法律和方案，以改善女性在 STEM 教育中的地位。冈比亚重新审议了现有的国家科技创新政策，参考性别进步项目实施过程中的政策建议，打算在冈比亚高等教育、研究、科学和技术部内设立一个性别问题单位。[1]

四、科学、创新、技术和工程中的性别

"科学、创新、技术和工程中的性别"(Gender In SITE)是一项国际倡议，旨在促进女性在科学、创新、技术和工程(Science, Innovation, Technology and Engineering, SITE)中的作用，并展示如何将性别视角应用于科学、创新、

---

[1] United Nations Educational, Scientific and Cultural Organization. STEM and gender advancement (SAGA) [EB/OL]. [2020-05-23]. https://en.unesco.org/saga.

技术和工程领域,以取得更公平和可持续的发展成果。该项目共涵盖六项专题领域,分别是能源、气候变化、教育与劳动力、农业与粮食安全、水和卫生、运输。鉴于注意到女性在以上领域中的代表性不足,该倡议致力于推动女性参与制定科学议程和科学政策的高级别进程,从而确保将女科学家和女性知识持有者的独特视角融入各种挑战的解决方案中。为了推动该倡议尽快在各成员国落地实施,"科学、创新、技术和工程中的性别"倡议设立了两个区域联络点,分别位于非洲以及拉丁美洲和加勒比地区。①

近些年来,虽然女性逐渐打破了以往由男性主导的领域限制,但在海洋科学领域,女性仍处于相对被动地位。联合国教科文组织政府间海洋学委员会认识到这一问题后,全面致力于在海洋领域研究中促进两性平等和女性赋权。特别是国际奥林匹克委员会与联合国教科文组织基于共同合作的意愿,希望促进男女在海洋科学界得到平等对待。

因此,双方采取的初步举措是鼓励将女性纳入科学领域的活动,让女性科学家成为年轻女性的榜样。在这一思路下,联合国教科文组织鼓励从事海洋科学研究和保护海洋环境的女性主动分享自己的故事,以帮助外界了解国际奥林匹克委员会与联合国教科文组织是如何与她们共同促进性别平等的。同时,联合国教科文组织也希望借助这个项目,吸引更多年轻女性投身科学事业,尤其是与海洋有关的科学事业。②

五、国际劳工组织

同酬国际联盟(Equal Pay International Coalition,EPIC)是由国际劳工组

---

① United Nations Educational, Scientific and Cultural Organization.Gender in SITE: Who We Are [EB/OL].[2020-05-23].https://genderinsite.net/about/who-we-are.
② United Nations Educational, Scientific and Cultural Organization. Initiative for women marine scientists [EB/OL]. [2020-05-23].http://www.unesco.org/new/en/natural-sciences/ioc-oceans/focus-areas/gender-equality/.

织、联合国妇女署和经济合作与发展组织共同创建和领导的国际组织,其愿景是构建一个平等和包容的工作环境,让女性与男性一样,在所有国家和部门中实现同工同酬。在此,同工同酬指男女有权获得同等价值劳动的报酬,这意味着无论男性与女性从事相同或完全不同的工作,只要依据客观标准评估,工作内容具有同等价值,女性就可以获得与男性相同的报酬。这些客观标准涵盖技能、资格、工作条件、责任水平以及工作所需努力等因素。

同酬国际联盟的成立基于这样一种认识:没有任何一个行动者能够单独应对相关挑战,只有通过各利益相关者之间的合作才能实现加速进步。加入同酬国际联盟,有助于利益攸关方实现可持续发展目标——到 2030 年,实现所有男女(包括年轻人和残疾人)充分的生产性工作和就业,并实现同工同酬。[1] 除了助力实现可持续发展目标外,2017 年 3 月,在妇女地位委员会召开的第 61 届会议期间,还启动了平等薪酬冠军平台(The Equal Pay Platform of Champions)。该平台由具有影响力的个人组成,这些个人以自身身份倡导在其影响力范围内实现薪酬平等。平台成员在提升同工同酬理念认知,以及为同酬国际联盟的宣传活动提升知名度方面发挥了至关重要的作用。[2]

六、世界气象组织

世界气象组织鼓励女性在天气、水文和气候领域发挥领导作用。女性能够平等获得科学教育、知识与技术,是保证世界气象组织开发人员为全球提供全面气象、水文和气候服务的重要催化剂。从国际、国家和地方层面而言,增加女性获得技术、教育和培训的机会,强化女科学家在气象方面的专业地位,已成为当前各方的努力方向。

---

[1] Equal Pay International Coalition. EPIC and the 2030 agenda [EB/OL]. [2020-05-16]. https://www.equalpayinternationalcoalition.org/epic-and-the-2030-agenda/.
[2] Equal Pay International Coalition. Platform of champions [EB/OL]. [2020-05-16]. https://www.equalpayinternationalcoalition.org/platform-of-champions/.

世界气象组织积极鼓励更多女性成为气象学家、水文学家、气候科学家、海洋科学家,并通过专门的培训研讨会培养她们的领导才能,帮助女性突破职场"玻璃天花板"。

为庆祝国际科学女性节,世界气象组织采取了一系列行动:编发了一份名为"女性在行动"的专辑,开设了"倾听赋权女性声音"的专栏。该专栏采访了来自全球各地的女性科学家,展示她们在国家气象水文部门的出色工作,其中一些工作需要女性在偏远地区和艰苦的环境中开展。同时,世界气象组织还借助该专栏,对地方水文气象部门的女性领导者进行采访,通过分享她们的心路历程以及学习、工作经历,激励更多年轻女性从事科学事业。

七、联合国粮食及农业组织

(一)联合国粮食及农业组织迪米特拉项目

联合国粮食及农业组织迪米特拉项目(Food and Agriculture Organization of the United Nations-Dimitra)最初由欧盟委员会于1994年在博杜安国王基金会(King Baudouin Foundation)的支持下启动。四年后,作为联合国粮食及农业组织的一个项目,它得到了比利时发展合作组织(Belgian Development Cooperation)的经济支持。

联合国粮食及农业组织迪米特拉项目的目标主要围绕三个关键词展开:性别、沟通和农村发展。该项目通过信息传播和经验交流,有助于提升农村人口尤其是女性的能力,旨在帮助农村女性及其组织在国家和国际层面发声。通过强调女性对粮食安全和可持续发展的贡献价值,改善女性的生活条件和社会地位。

联合国粮食及农业组织迪米特拉项目的工作遵循三个主要原则:伙伴关系、参与和网络。伙伴关系指主动与地方伙伴组织密切合作,学习当地文化知识;参与指积极参与当地民间社会组织的活动;网络指支持良好实践、想法和经验的交流。考虑到发展较为落后地区通信水平也较为落后这一情况,项目采取社区广播的传播方式,加强女性与男性农民组织以及社区无线电之间的联系。

在这些原则的指导下,联合国粮食及农业组织迪米特拉项目在不同地区采取了一系列实际举措。迪米特拉社区听众俱乐部与非洲伙伴组织合作,提高了人们对性别和沟通促进发展的认识;将传统通信手段(广播、小册子等)与新兴技术(互联网)相结合,尽可能大范围地传播性别相关信息;支持组织关于基层,特别是女性组织确定的主题和问题的讲习班、会议和活动;加强民间社会组织和相关部委人员在信息、通信、性别、宣传和网络领域的能力建设;促进农村人口、基层组织、非政府组织、各部委、其他发展行动者之间以及女性与男性之间的相互交流。①

(二)加速农村女性经济赋权进程

"农村女性的经济赋权"是联合国粮食及农业组织携手国际农业发展基金、世界粮食计划署、联合国妇女署,于 2012 年 10 月正式启动的跨机构项目。该项目聚焦于埃塞俄比亚、危地马拉、吉尔吉斯斯坦、利比里亚、尼泊尔、尼日尔和卢旺达这七个国家,致力于增强农村女性权利,共吸引了 41 890 人参与(其中女性 30 454 名,男性 11 436 名)。此项目通过营造利于增强女性经济权能的政策环境,以及助力提升女性收入与决策能力,不仅成功改善了女性的粮食和营养安全状况,还优化了女性所在的家庭和社区环境。②

此外,项目的主要亮点在于:从事农村女性经济赋权工作的人员能够相互

---

① Food and Agriculture Organization of the United Nations. Rural women and development:what is dimitra? [EB/OL].[2020-05-21]. http://www.fao.org/dimitra/about-dimitra/en/.

② Food and Agriculture Organization of the United Nations. Accelerating progress towards the economic empowerment of rural women[EB/OL].[2020-05-21]. http://www.fao.org/gender/background/en/.

分享经验。与其他伙伴合作,调研全球农村女性的状况,制定新的农村发展议程,致力于为发展中国家制定具有性别平等视角的可行性方案。在可持续发展和后千年发展目标议程的背景下,通过保障农村女性的生计和权利,推动七个参与国实现农村女性经济赋权。

基于这个目标,项目围绕四个成果领域进行设计:

(1)改善粮食和营养安全状况,提升小农户女性的生产潜力。

(2)提高农村女性的收入。重点支持农村女性的生计战略,增加她们在食品价值链上的收入机会,扶持以女性为主导的创业活动,增强她们与高端市场的联系。

(3)加强农村女性对社区和农村机构的领导与参与,在制定法律、政策和方案时,强化她们在生产组织和地方治理中的作用。

(4)营造农村女性经济赋权的性别敏感政策环境,推动立法和政策改革,以有效落实农村女性的土地权利,促进她们获得体面工资、就业机会、社会保护和基础设施服务。①

八、国际电信联盟

(一)平等全球合作伙伴关系

2014年,在国际电信联盟和联合国妇女署的共同领导下,平等全球合作伙伴关系项目正式成立。最初,该项目以创业—技术(GEM-TECH)奖项的形式呈现,旨在通过创建平台,塑造女性在信息通信技术领域中决策者和生产者的形象。因此,项目致力于推动女性在数字空间中掌握新技术,并鼓励她们考虑在信息通信技术领域担任职务。

---

① Empowerwomen. Rural women's economic empowerment [EB/OL]. [2020-06-22]. https://www.empowerwomen.org/en/who-we-are/initiatives/rural-women-economic-empowerment.

随着联合国"可持续发展目标"计划的推进,创业—技术项目的推广者意识到性别平等需要一个长期的制度框架。在这样的背景下,联合国妇女署与国际电信联盟合作建立了平等全球合作伙伴关系,以提高女性获得数字技术的机会,并促进各部门实现女性领导。

2016 年,平等全球合作伙伴项目迎来了新的伙伴,全球移动通信系统协会、联合国教科文组织、国际贸易中心和联合国大学分别加入了国际电信联盟和联合国妇女署的合作阵营。第二年,项目指导委员会成立,为合作伙伴提供战略引领。2018 年,平等全球合作伙伴项目得到了二十国集团的认可,二十国集团强调了其对所有人实现可持续发展的重要性。

平等全球合作伙伴关系成立后,形成了一套系统的发展使命和未来愿景。就目标而言,项目注意到国际社会中普遍存在且日益严重的性别数字鸿沟问题,因此提出了以下三种解决方案:

(1)提供合作机会,最大限度地发挥影响并支持扩大成功项目的规模。

(2)为从业者创建一个网络平台,以加强目前为弥合性别数字鸿沟所做的努力。

(3)衡量实现伙伴关系愿景目标的进展情况,以此作为加速实施可持续发展目标的手段。

就未来愿景而言,内容侧重于从获取、技能、领导力和研究层面出发,具体表现为:到 2030 年实现数字技术的平等获取,赋予女性相关技能;帮助她们在 2030 年之前成为数字世界以及更广阔科学、技术、工程和数学(STEM)教育领域信息通信技术的创造者;到 2030 年,助力女性成为信息通信技术领域的领导者和企业家;[1]建立有关性别数字鸿沟的强有力的数据和证据。

---

① Equals Global Partnership. Mission & vision [EB/OL]. [2020-05-16]. https://www.e-quals.org/mission-and-vision.

(二)发起"妇女网络"倡议

2016年12月12日,为期四天的世界无线电通信研讨会(World Radio-communication Seminar 2016)在日内瓦举行,国际电信联盟无线电通信局主任弗朗索瓦·兰西在此次会议上首次发起了"妇女网络"(Network of Women,NOW)倡议。该倡议鼓励国际电信联盟无线电通信部门活动的决策机构、专家组、法定委员会和无线电通信研究小组,在2019年召开的下一届世界无线电通信会议(WRC-19)之前实现性别平衡。其目标是在世界无线电通信会议进程的早期阶段提升建设能力,鼓励更多女性担任关键角色,如代表、主席和副主席,努力达到实现任何真正变革所需的30%的比例门槛。此外,该倡议还旨在促进性别包容,为世界无线电通信会议及未来的无线电通信会议和活动中的关键角色储备女性代表,并提升电信联盟女性群体的能力和贡献度。① 事实上,作为2015年世界无线电通信研讨会上提出的"我们领导"(We Lead)内容的延伸,"妇女网络"倡议不仅延续了"我们领导"所强调的培养妇女在信息通信部门的领导能力,还将深化这一内容,采取行动加速女性学习新技能和新专业知识的进程,并成立知识分享和指导的论坛。

2019年2月13日,2019年妇女网络世界无线电通信研讨会(Network of Women for WRC-19)在日内瓦顺利召开。会议明确了2019年妇女网络世界无线电通信研讨会未来发展的目标,即保持代表之间的性别平衡,为在世界无线电通信会议中担任重要角色储备女性代表,提升国际电信联盟女性群体的能力和贡献度。同时,在过去几年里,会议相关方还开展了一些推广活动,包括世界无线电通信会议区域筹备小组会议。期间组织了介绍性会议;在2018年3月举办的信息社会世界峰会(World Summit on the Information So-

---

① International Telecommunication Union. International telecommunication unionlaunches network of women for WRC-19[EB/OL].[2020-07-21].https://www.itu.int/en/ITU-R/studygroups/rsg4/rwp4a/NOW4WRC19/Pages/default.aspx.

ciety,WSIS)论坛中组织了一次会议和小组讨论会,来自知名大学和国际组织的负责人围绕"信息通信技术的国际决策—女性在哪里"这一问题展开讨论。①

(三)建立数字性别鸿沟工作组

2010年5月,国际电信联盟和联合国教科文组织共同合作,成立了宽带数字发展委员会(the Broadband Commission for Digital Development)。双方通过各小组的工作设定面向性别的全球宽带目标,解决与性别和信息通信技术有关的各项问题。

鉴于数字包容性是开展行动的优先条件,2016年3月,宽带数字发展委员会同意召集建立数字性别鸿沟工作组,其主要职责是负责起草方案,解决数字世界中存在的性别不平等问题,降低女性平等参与宽带接入的使用门槛。

2018年,宽带数字发展委员会制定了一个题为"连接另一半"的2025目标框架(2025 Targets:"Connecting the Other Half"),要求到2025年,全球75%的女性能够使用互联网,其中发展中国家达到65%,最不发达国家达到35%。除此之外,该框架还要求,到2025年所有领域实现两性平等,在互联网用户、数字技能、数字金融服务以及中型企业等方面,使宽带和互联网连接能惠及每一个人、每个地方。②

九、世界知识产权组织

世界知识产权组织认识到性别平等和女性赋权对促进经济、社会、文化可

---

① International Telecommunication Union.Network of women for WRC-19(#NOW4WRC19)[EB/OL].[2020-07-21]. https://www.itu.int/en/ITU-R/conferences/wrc/2019/now/Pages/default.aspx.
② Broadband Commission for Sustainable Development. 2025 Targets:"Connecting the Other Half"[EB/OL]. https://broadbandcommission.org/Documents/publications/wef2018.pdf.

持续发展具有重要作用,于 2014 年 8 月 5 日通过了《性别平等政策》。该政策旨在为世界知识产权组织如何将性别观点纳入其政策、方案以及人力部门相关工作和程序提供一个总体框架。① 在该政策的指导下,从 2014 年至 2017 年,世界知识产权组织提出了一系列实际举措,重点挖掘女性的创造力和创新潜力。2014 年 12 月 3 日,世界知识产权组织在瑞士日内瓦首次举办了主题为"知识产权是否具有性别"的研讨会。会议邀请了来自美国加州大学欧文分校的法律教授丹·伯克(Dan Burk)作为主要发言人,他从历史角度对物品知识产权领域的性别情况进行分析,讨论了关于知识产权法中性别问题的最新实证研究成果,并提出了有助于确保建立促进创新和创造力的公平制度的潜在办法。② 2016 年 2 月,在世界知识产权组织、日本专利局(Japan Intellectual Property Organization, JPO)、日本国际协力机构(Japan International Cooperation Agency, JICA)、肯尼亚工业产权局等部门的共同合作下,举办了以"泰塔篮子"(Taita Basket)为主题的品牌项目培训班。"泰塔篮子"是肯尼亚泰塔塔维塔郡女性制作的剑麻篮子(sisal baskets)的总称,是一种传统民间艺术的表达形式。

培训班共汇集了来自泰塔塔维塔郡周围村庄的 30 多名女性篮子编织者,其主要目的是通过实践活动,让女性了解产品的商标体系、质量和标准等内容。作为一个需要多阶段宣传的知识产权品牌推广项目的第一步,此次培训班主要采用专家讲座和实地练习的方式,让本土女性了解产品质量的重要性等方面知识。通过将品牌理念植入女性观念,形成一个集体标志,用于产品推

---

① World Intellectual Property Organization. WIPO's policy on gender equality[EB/OL]. [2020-08-12]. https://www.wipo.int/export/sites/www/women-and-ip/docs/en/wipo_policy_gender_equality_en.pdf.
② World Intellectual Property Organization.WIPO special seminar: does intellectual property have gender? [EB/OL].[2020-08-19].https://www.wipo.int/meetings/en/details.jsp? meeting_id=33083.

广和保护。此举获得了所有女性参与者的广泛认可和欢迎。①

妇女发明博览会是一个集国际妇女论坛与研讨会于一体的活动,始于2008年。韩国妇女发明家协会(Korea Women Inventors Association, KWIA)每年都会举办韩国国际女性发明博览会和国际妇女发明论坛。2015年,在国际知识产权组织等部门的支持下,韩国知识产权办公室(Korean Intellectual Property Office, KIPO)和韩国妇女发明家协会重新界定了论坛和研讨会的主题与口号。韩国国际女性发明博览会(KIWIE)的主要任务是,通过提高消费者对品牌的认知度,促销较少为女性企业家发明的优秀产品,并为以女性为代表的发明家提供实际帮助。此外,一年一度的国际妇女发明论坛,旨在在韩国与海外女性发明者之间建立沟通网络,分享彼此的经验。论坛还为女性发明家介绍国家支持和援助措施的成功案例,并为女企业家进入海外市场提供经验分享。全球妇女知识产权领导学院通过举办讲习班的形式,提高国际女发明家和企业家对知识产权的认识,以此促进经济的可持续发展。同时,该学院还注重培养女性的创造、建立国际网络、实现信息交换等能力。②

十、联合国开发计划署

联合国开发计划署支持采取有针对性、注重消除性别不平等的计划方案,确保所有努力和发展都将女性的经验、需求和贡献考虑在内。联合国开发计划署认为,必须正视并消除社会中对女性不平等和歧视的现象。为此,联合国开发计划署与联合国妇女署、人口基金和儿童基金会等机构合作,在实际行动

---

① World Intellectual Property Organization. Bringing IP and branding to basket weaving in Kenya [EB/OL].[2020-11-15]. https://www.wipo.int/cooperation/en/funds_in_trust/japan_fitip/news/2016/news_0001.html.
② Korea Intellectual Property Service Center. International women's invention & exposition [EB/OL]. [2020-08-11]. http://www.inventor.or.kr/eng/contents/kiwie/info0701.asp.

中促进性别平等。

(一)"女性太阳能工程师"计划

太阳能作为一种清洁能源,对改善地区环境、推动地区能源建设发挥着重要作用。非洲地区经济发展较为落后,很多社区依赖传统煤油和木柴满足能源需求,这种模式导致当地环境压力攀升,也给全球环境带来负面影响。因此,如何淘汰传统能源、使用新型能源,给当地政府带来了新挑战。为尽快解决太阳能的安装应用问题,联合国开发计划署注意到当地女性在太阳能技术维护和修理方面发挥了重要作用。于是,2008年,全球环境基金小额贷款计划决定与赤脚学院(Barefoot College)签署合作协议,支持在非洲和亚洲最贫穷国家开展"女性太阳能工程师"试点项目。

该项目包含多个目标,如缓解环境压力、弥合性别差距,以及改善健康、教育状况和生活水平等。截至目前,项目已拓展至18个国家,有71名女性接受了太阳能工程师培训,为32个村庄的14 549名受益者带来了光明,为2 245户家庭提供了电力。总体而言,女性学员在掌握复杂技能后,会以合格太阳能工程师的身份回到社区服务。在多元背景下接受培训的女性不仅拥有更广阔的视野,其谋生活动也提高了自身生活水平。女性能力得到提升后,能够在获得社区认可后担任领导角色。[①]

(二)"性别平等印章"计划

为弥合工作场所长期存在的性别差距,联合国开发计划署支持在公共和私营组织中实施"性别平等印章"计划。通过实施该计划,联合国开发计划署向政府合作伙伴提供工具、指导和具体评估标准,以确保计划的实施和认证。对于参与的组织,"性别平等印章"计划助力打造更有效和公平的工作场所,

---

① Developing the Capacities of Rural Women to Operate Decentralized Solar Electrification. The GEF small grants programme[EB/OL].[2020-05-03]. https://sgp.undp.org/factsheets-190/265-sgp-barefoot-college/file.html.

这有助于促进两性平等和实现可持续发展目标。"性别平等印章"计划的关键领域包括：消除基于性别的薪酬差距；提高女性在决策中的作用；加强工作与生活的平衡；增加女性获得非传统工作的机会；消除工作中的性骚扰；使用包容性、非性别歧视的沟通方式。目前，该计划已在拉丁美洲试行，并在全球范围内扩展。为满足不断增长的需求，联合国开发计划署准备与其他区域的伙伴合作，调整并实施针对公共和私营企业的"性别平等印章"计划。自 2009 年以来，已有 10 个国家的 400 多家公司获得认证。①

(三)包容性公平地方发展方案

包容性公平地方发展方案(Inclusive Equitable Local Development)是由联合国资本发展基金、联合国开发计划署和联合国妇女署联合发起的一项倡议，旨在消除阻碍女性通过当地公共和私人投资进入劳动力市场的结构性障碍，特别强调女性的经济赋权和企业家精神的培养。

该方案提议与地方政府合作，制定对性别敏感的经济政策，并与当地利益相关者一同确定实用且有创新性的解决方案。同时，与私营部门合作，拓宽女性的经济机会。例如，针对一些以女性为主导且对性别敏感的企业，帮助它们调整风险、制定合规措施，并提升女企业家与商业银行建立合作的能力。2017 年，包容性公平地方发展方案选择孟加拉国、坦桑尼亚和乌干达作为试点，并在五年内扩展到 5—10 个国家。②

(四)提供女性在公共行政领域的领导力数据

2017 年 3 月 20 日，联合国开发计划署与威尔逊中心合作，为该中心的女

---

① United Nations Development Program.Gender equality seal for public and private organizations[EB/OL].[2020-05-03].https://www.undp.org/content/undp/en/home/2030-agenda-for-sustainable-development/people/gender-equality/transforming-workplaces-to-advance-gender-equality/gender-equality-seal-for-public-and-private-enterprises/.
② United Nations Capital Development Fund. About inclusive equitable local development [EB/OL].[2020-03-27].https://www.uncdf.org/ield//homepage.

性参与公共服务项目提供关于女性在公共行政方面领导能力的广泛数据。通过收集、分析和传播按性别分列的数据,联合国开发计划署和中心的女性参与公共服务项目(Women in Public Service Projects)将突出公共行政方面实现性别平等的情况,特别是在决策层面。

联合国开发计划署和中心的女性参与公共服务项目收集各国及各国政府中女性参与政治和政策领导方面的数据,汇集到一个公众可访问的在线平台上,并以年度索引和报告的形式发布。采用清晰的统计图表对女性参与政治决策进行量化这一做法不仅有助于推动体制改革,建立证据基础,加快女性参与公务员制度决策工作的进程,也能为确保更多女性担任领导职位提供支持。[1]

(五)女性平等的政治参与

为支持政治机构对性别问题做出回应,让女性更便利地获得机会与技能,从而行使政治权利、参与决策、发挥领导作用并对发展进程做出贡献,联合国开发计划署提出了以下举措:

第一,通过培训女性候选人、组织宣传运动和促进选举管理机构的性别平等,推动女性作为选民和候选人参与选举进程。第二,采用临时特别措施,包括实施性别配额制度。第三,促进女性、女性组织及网络参与制宪进程,并协助解决宪法中存在性别歧视条款的问题。第四,支持女性在政党和代表机构中建立联盟。第五,鼓励各政党从以下三个方面开展工作:消除对女性参与的一切障碍;培养从性别角度分析问题的能力;通过政策或配额,促进女性参与各级决策。第六,促进女性代表和决策者之间的联盟建设与网络构建。第七,

---

[1] United Nations Development Program.UNDP joins forces with wilson center to provide data on women's leadership in public administration[EB/OL].[2020-08-12]. https://www. undp. org/content/undp/en/home/presscenter/pressreleases/2017/03/20/undp-joins-forces-with-wilson-center-to-provide-data-on-women-s-leadership-in-public-administration-.html.

通过向议员提供有关性别问题的入职培训,将性别影响审查纳入议会委员会工作的主流,对拟议法律进行性别分析,编制性别敏感的预算,支持跨党派女性党团会议和女性指导方案,推动将性别问题纳入议会工作主流。

从这些鼓励女性参与政治议程的举措可以看出,女性在政治领域正逐渐成为不可或缺的力量,作为一支独立的参与力量,其正对政治进程的走向发挥着关键性作用。①

第三节 联合国系统对成员国工作的推进

一直以来,联合国始终支持成员国将性别平等列为优先事项。在国家一级,鉴于了解到不同区域的现实发展情况,联合国主动采取措施打破各地区女性的发展困境。通过区域协调机制努力维护性别平等规范,采取积极行动构建性别平等环境。毫无疑问,联合国各机构在帮助成员国解决男女不平等问题方面发挥了关键作用。

一、联合国妇女署

联合国妇女署作为联合国维护女性权利的核心机构,通过分区域搭建网络联络处的方式,在全球各国之间以及国家内部推进性别平等治理工作。在地方一级,联合国妇女署将全球区域分为五个部分:非洲地区、美洲和加勒比地区、阿拉伯国家及北非地区、亚洲和太平洋地区、欧洲和中亚地区。针对不同区域性别发展的不同情况,联合国妇女署提出了有针对性的治理计划和发展举措。考虑到非洲各地区发展不均衡的实际情况,联合国妇女署将非洲划

---

① United Nations Development Program. Women's equal political participation[EB/OL]. [2020-08-06]. https://www.undp.org/content/undp/en/home/2030-agenda-for-sustainable-development/peace/governance/women-s-equal-political-participation.html.

分为东部和南部非洲、西非和中非两个部分。

东部和南部非洲地区由22个国家构成。其中,联合国妇女署关注到13个国家①的女性发展情况,并针对这些国家存在的两性不平等问题提出了区域旗舰计划。

为了给身处东部和南部地区的非洲女性开辟 条发展路径,联合国妇女署非洲区域办事处提出了一套女性经济赋权旗舰计划(Women's Economic Empowerment,WEE)。该计划不仅鼓励非洲女性通过参与有收益的经济活动增强自身权利,还为她们提供创造财富和资产建设的机会。具体而言,女性经济赋权旗舰计划致力于培养女性作为商业和农业创新领导者的创业能力,将她们与创新商业模式和正规部门相联系,使她们能够充分融入特定价值链的农业转型和商业化过程。同时,方案设定了长期目标,即通过促进经济增长的方式,在三年内使至少200万女性实现经济赋权。当然,仅仅加速经济增长还远远不够,女性经济赋权旗舰计划还通过结合已被证实成功的性别包容性模式,解决体制机制瓶颈、改善服务体系等,最终推动女性在经济发展领域获得发展权利。

尽管该地区有关和平与安全以及人道主义的行动有女性参与领导并做出决定,但女性在和平建设方面的人数仍显不足,这直接导致在和平协定和恢复建设中女性的执行能力有限。在这样的背景下,联合国妇女署就维护和平与安全方案中的两性平等议题采取了行动,以一系列对女性权利的承诺为指导,要求国家采取行动,并报告女性在冲突发生前、冲突中和冲突后的情况。由于冲突对女性会产生巨大影响,这一方案旨在确保女性参与和平建设,保护女性免受人权侵害,最重要的是将她们纳入和平建设谈判进程,使女性能够诉诸司法并减少遭受歧视的现象。无论在区域领域还是全球范围,女性领导和政治

---

① 13个国家包括:布隆迪、刚果民主共和国(DRC)、埃塞俄比亚、肯尼亚、马拉维、莫桑比克、卢旺达、南苏丹、苏丹、坦桑尼亚、乌干达、南非多国办事处(MCO)和津巴布韦。

参与权力都受到一定程度的限制。尤其是在民选办公室、公务员部门、私营部门和学术界,选民和领导职位中的女性代表比例较低。尽管女性作为变革的领导者和代理人的能力已得到证实,但各行各业中存在的性别歧视现象仍较为普遍。以非洲南部国家津巴布韦为例,根据2013年7月举行的一次选举结果,女性在议会中的代表比例只有35%。其中该国92个城市和乡村委员会中的女性代表比例低于20%,在新成立的内阁中,26名代表中只有3名女性担任部长。这也就是说,津巴布韦女性政治代表的参与比例与实现性别平等的现实要求还存在一定差距。因此,津巴布韦提出的对策是实施领导力方案,促进政策与新宪法保持一致,从法律制度上确保、监督和执行宪法中性别平等和女性权利的规定。同时,提升包括女性领导人和两性平等倡导者在内的权利人能力,赋予包括议会成员、部委领导等责任承担者关于女性权利的知识,以便他们在政策推广、立法和政策改革中发挥作用。[1]

为加速非洲地区社会转型,提升男女决策者能力,推动制定包容、公平和可持续的政策,联合国组织与肯雅塔大学合作创设了非洲变革和包容性领导中心(Africa Centre for Transformative and Inclusive Leadership, ACTIL)。中心的主要工作是以转型领导为切入点,为非洲各地的领导人和政策制定者提供专门的培训课程,内容涵盖农业综合企业发展、女性政治领导、公共部门中的女性领导、女性企业领导、青年领导能力培训等。该课程设有一些独特的模块,并在肯尼亚和以色列两地分阶段开展培训。

(一)西非和中部非洲地区

作为非洲大陆较不发达的地区,西非有11个国家被列为最不发达国家。在这些国家,由于陈旧落后的观念和封建的宗教理念,女性被排除在恢复和平与安全的努力之外。同时,根据对议会政治代表情况的估计,受地区贫困、落

---

[1] United Nations Women. Women's political participation [EB/OL]. [2020-07-29]. https://africa.unwomen.org/en/where-we-are/eastern-and-southern-africa/zimbabwe.

后、文盲以及父权制影响,西非地区女性领导和参与率平均为11.6%,远远低于其他地区的平均水平。无独有偶,中非地区虽自然资源丰富,但因地区管理不善滋生了严重的腐败问题,导致女性仍遭受残酷对待。其中,暴力侵害女性行为成为中非地区推进性别平等的主要障碍。例如在喀麦隆、刚果民主共和国、加蓬等地区,针对女性的残忍暴力行为依然存在。不仅如此,地区落后导致战争频发,妇女和儿童也沦为战争的无辜牺牲品。[1] 鉴于此,本部分选取了该区域的部分典型国家,主要分析联合国妇女署为改善女性状况所采取的行动和举措。

刚果民主共和国(Democratic Republic of Congo)是当前世界上最贫困的国家之一,其女性发展情况不容乐观。受数十年来地区武装冲突的影响,该地区有200万平民死亡,预计有一半妇女遭到强奸。不仅如此,刚果民主共和国的妇女也难逃家庭暴力的迫害,受害女性幸存者的比例仅有52%。此外,四分之一的当地女性还可能沦为有害传统习俗的受害者。这意味着在刚果民主共和国女性安全受到严重威胁的情况下,单纯强调女性能力发展已不切实际。

在女性发展状况不容乐观的情形下,联合国妇女署在刚果民主共和国提出了"性别规划和预算""结束对女性的暴力行为""女性、和平与安全""女性的政治领导和参与""女性经济赋权与女性创业"等举措。

围绕女性能力的培养,联合国妇女署与联合国开发计划署合作,加强了刚果民主共和国在促进两性平等方面的制度合作。例如,提升刚果民主共和国政府部门在性别敏感预算编制方面的能力,支持国家和省级女性组织监测性别和女性赋权承诺以及开展性别敏感预算编制行动研究。

联合国妇女署支持刚果民主共和国培养女性领导人/性别倡导者参与正式和平进程和解决冲突进程的能力。在女性政治领导方面,联合国妇女署支

---

[1] United Nations Women. West and central Africa [EB/OL]. [2020-11-15]. https://africa.unwomen.org/en/where-we-are/west-and-central-africa.

持通过平等法案或特别措施,推动有利于女性进入决策职位的行动,促使议会和政党认识到女性领导和政治参与的重要性。为加强女议员、女学者和年轻女性领导人的领导能力,联合国妇女署开展公民和选民教育;支持招募女性进入政党高层;监测选举管理部门 30% 的最低配额,并向选举委员会提供性别主流化支持。

提高女性的经济能力有助于预防对女性的暴力行为。因此,联合国妇女署为刚果民主共和国政府各部门提供技术援助,协助其执行性别行动计划;推动女企业家进入刚果民主共和国东部的生产市场,并开展小型示范项目。联合国妇女署还与各部合作,促进获取对性别问题敏感的基础设施和服务,支持农村女性、非正规贸易商和女企业家获得准入培训和专业服务。①

加纳长期以来致力于推动两性平等。1960 年通过的一项平权行动法案,为加纳成为共和国后 10 名女性首次进入国民大会铺平了道路。同时,加纳还签署并批准了国际和区域条约框架,旨在提升女性在国家发展中的作用。

联合国妇女署在加纳地区主要围绕四个关键层面展开行动:合作、研究/分析、宣传、业务规划/监督,以便在性别平等的优先领域取得成果。在此背景下,联合国妇女署组织培训,助力西非妇女参加女性问题世界首脑会议,提升恩夸塔南北区年轻女性的领导能力。通过与女性小农户代表合作,采用有效的农业做法,减少收割后的损失,进而促进女性的经济赋权。②

在喀麦隆,联合国妇女署的工作主要围绕多个专题展开,包括领导和政治参与、经济赋权、国家规划和预算编制等方面。

在领导和政治参与方面,尽管喀麦隆国民议会中女性政治代表人数在过

---

① United Nations Women. Democratic Republic of Congo [EB/OL]. [2020-03-21]. https://africa.unwomen.org/en/where-we-are/west-and-central-africa/democratic-republic-of-congo.
② United Nations Women. Un women in Ghana [EB/OL]. [2020-08-15]. https://africa.unwomen.org/en/where-we-are/west-and-central-africa/ghana.

去 10 年有所增加(从 2007 年的 8.9% 增至 31.1%),但女性政治参与的总体比例仍然很低,国家和地方各级之间存在显著差异(只有 8% 的地方议员以及不到 2% 的政党领导人是女性)。联合国妇女署通过宣传运动,以及向全国公民投票和选举机构、政党和女性领袖提供技术支持,来促进喀麦隆女性的政治赋权。在此框架下,联合国妇女署将寻求与全国公民投票和选举机构、各政党、有政治抱负的女性以及民选领导人建立伙伴关系,以妥善应对女性参与各级决策所面临的结构性和社会文化挑战。

在数据、性别反应规划和预算编制方面,"让每个妇女和女孩都有价值"(Making Every Woman and Girl Count, MEWGC)旗舰项目将解决与生产和使用性别统计相关的挑战。该方案致力于将性别问题纳入统计过程主流原则的产生和使用;改进对性别问题有针对性的规划和预算统计,提升政府的问责制。项目还计划编制高质量的性别统计数据,用于规划并监测国家和地方各级的可持续发展目标。

在经济赋权方面,喀麦隆是中非最富有的农业生产国之一,作为占据中非农业市场 70% 份额的粮食供应国,联合国妇女署提出了一系列干预措施以提升女性农户团体的生产能力。通过组织和整合合作社中的女性团体,促进女性农民有机会参与绿色价值链并向产业链上游发展;改善储存、销售设施,提升生产能力;在生产商和购买者之间建立长期联系。喀麦隆国家办事处还将支持面向农村女性建立农村推广服务机制,推动构建女性合作社与农村设备库和金融机构之间的伙伴关系;特别关注"女性购买"(Buy from Women)数字化服务平台,通过利用数字平台增加女性收入。

联合国妇女署在喀麦隆成立了一个性别知识中心,主要任务是收集、生产、储存和向公众传播有关性别问题的知识产品,以进行知识管理(Knowledge Management)。2018—2020 年,联合国妇女署在喀麦隆投资生产了更多关于主题优先事项的性别知识产品。与此同时,联合国妇女署还举办了更多外联活动,如开放日等,以便推广这些产品。

利比里亚是目前联合国妇女署在西非地区最大的办事处驻地之一,自 2004 年开始成为联合国妇女署开展女性赋权工作的重要战略据点。联合国妇女署通过联合发展方案和"一体行动"联发援框架模式与利比里亚政府和联合国其他机构密切合作,实施了一些关键举措,包括建立利比里亚女性赋权网络、艾滋病毒携带者女性协会以及跨界贸易妇女协会。除此之外,联合国妇女署还牵头制定了符合当地实际情况的两性平等和女性赋权联合方案,并为本土的粮食安全、成年女孩安全与发展、预防和应对性暴力及基于性别的暴力(Sexual and Gender-Based Violence)联合方案开展经济赋权项目和培训。

联合国妇女署在利比里亚建立了一个由男性倡导者和社区领导人组成的网络,致力于实现对暴力侵害女性行为"零容忍"。联合国妇女署建立并推广了和平屋模式,使社区女性能够在警察的支持下独立采取打击暴力和解决争端的行动。同时,联合国妇女署还支持利比里亚政府制定一项以性别问题为导向的减贫战略,编制并提交了六次关于消除对妇女歧视委员会的报告,制定了第一个国家性别政策。①

塞内加尔为在制度上强化男女平等政策,自 2000 年以来通过了一系列法案,如 2002 年通过《消除对妇女一切形式歧视公约任择议定书》;2005 年批准《非洲人权和人民权利宪章》关于非洲妇女权利的议定书。

2005 年至 2015 年这 10 年间,在联合国妇女署的支持下,塞内加尔制定了一项促进性别平等和公平的国家战略(A National Strategy for Gender Equality and Equity)。该战略于 2016 年更新,旨在一方面助力塞内加尔发展成为新兴国家,营造无歧视的环境,构建一个团结的社会,使男女拥有同等机会参与发展,平等享受发展带来的收益;另一方面消除男女之间存在的不平

---

① United Nations Women. Un women in Liberia [EB/OL].[2020-08-15]. https://africa.unwomen.org/en/where-we-are/west-and-central-africa/liberia.

等,确保女性充分参与决策过程,公平获取发展资源和利益,进而维护女性的基本权利。

在一系列法律框架的指导下,2010 年,塞内加尔通过了《性别平等法》。该法案要求在选举名单中实行平等原则,直接导致女性在全国议会中所占席位的比例从 2001 年的 19.2% 大幅增加到 2017 年的 43%,这标志着该法律的通过在争取性别平等和促进女性权利的进程中向前迈出了一大步。2017 年塞内加尔举办的立法选举结果显示,165 名议员中有 70 名(约 42%)女性当选,女性在国家政府部长总数中占 21%。

虽然塞内加尔在推动女性政治参与方面取得了一定成绩,但当前仍面临诸多挑战。一方面,推动性别平等的法案受到部分男性议员的排斥;另一方面,由于议员之间对性别平等概念的理解存在差异,导致维护女性政治权利的成效大打折扣。女性不仅在政治赋权方面面临诸多困境,在经济方面也存在发展限制,例如不能公平获得土地使用权及相关保障,无法获取生产和推广服务要素,受气候变化影响较大等。

为缓解塞内加尔因气候变化而加剧的这些阻碍,"女性为适应气候变化的农业获得土地和生产资源"项目提出了一种全面的支持方法,以克服现有障碍,真正促进女性农民获得权力。[①]

(二)美洲和加勒比地区

自 2005 年以来,联合国妇女署一直在哥伦比亚开展维护女性地位的工作。在此期间,联合国妇女署在哥伦比亚设立机构间性别工作小组,推动将性别观点纳入政府间工作的主流。

2008 年,为对哥伦比亚女性人权进步做出贡献,不同国际合作机构成立了国际合作性别问题委员会。2014 年,11 个捐助合作机构代表共同成立合作

---

① United Nations Women. Senegal[EB/OL].[2020-08-17].https://africa.unwomen.org/en/where-we-are/west-and-central-africa/senegal.

小组性别问题分组，它们目标一致，都为挖掘、促进女性的影响力，提升女性的实际潜力而努力。

联合国妇女署在哥伦比亚的工作目标是通过发展与技术援助，支持规范和政策框架的实施，提升民间社会组织以及女性作为权利主体的能力，同时提升政府行为体作为女性权利担保人的能力。

在女性领导和政治参与方面，虽然女性占哥伦比亚总人口比例的52%，但在民选官员中，女性人数比例仅达12%。这表明在哥伦比亚政府人员构成中，两性人员构成比例严重失衡。因此，在这种背景下，联合国妇女署提出加强和协调哥伦比亚政府部门一级的女性网络，制定地方选举女候选人联合培养模式。在政党层面，联合国妇女署支持建立和启动两性平等问题机构间委员会。结合联合国2014至2017年女性参政和领导能力国家战略要点，联合国妇女署决定：为加强、执行和改革政策提供技术援助，以促进哥伦比亚女性的政治参与和政治领导；协调哥伦比亚国际合作性别问题委员会（Mesa de Género de la Cooperación Internacional en Colombia）的支持，以提升女性的包容性和政治代表性；支持当选女性提升促进女性领导和政治参与的能力；加强对话机制，以促进女性在制定和执行可能达成的和平协定措施方面发挥领导作用。①

在经济赋权方面，为扭转哥伦比亚女性落后的财政状况，联合国妇女署提出了一系列举措。例如，提供技术支持，促使立法朝着有利于维护女性经济权利的方向改革。与亚洲—太平洋经济合作组织、国际劳工组织和联合国开发计划署签订谅解备忘录，目的是"加强国家能力，制定促进性别平等和女性经济自治的具体政策，以此作为消除贫困和促进改善生活条件的手段"。与全球契约地方网络（Red Local de Pacto Global）结盟，促进实施赋予地方女性经济

---

① United Nations Women. Onu mujeres: Colombia [EB/OL]. [2020-05-09]. https://colombia.unwomen.org/es/como-trabajamos/liderazgo-y-participacion-politica.

权力的七项原则。①

在厄瓜多尔,人们认识到性别不平等是阻碍国家发展的关键因素,因此,厄瓜多尔制定了一套法律框架,提出采用强制性办法来保障女性权利的合法性。这一套法律框架包括厄瓜多尔宪法,其中第一章和第二章专门论述了性别平等的内容;另外,法律规定还来自国际约束性义书,包括在联合国框架下讨论通过的《消除对妇女一切形式歧视公约》《北京宣言》《行动纲要》等。

在政治领域,厄瓜多尔的女性政治领导人仍面临诸多挑战。例如,政党既不在个人投票中宣传女候选人,也不将她们列为领导集体投票的候选人。许多女性政治家甚至以一种中立或对性别平等漠视的态度来推动她们的议程。与此同时,职场中的不平等、政治暴力、性别分配不合理等持续存在的因素,导致女性在政治领导方面的参与度越来越低。因此,在这样的背景下,厄瓜多尔采取了以下举措:促进建立女性领导和政治代表学校;为加强民间社会组织的领导和代表技能提供技术援助;鼓励制定照顾女性参与选举进程的规定。

在经济领域,男性与女性之间的性别不平等状况更加明显。在厄瓜多尔,女性的工资普遍比男性低 13%—26%。不仅如此,在农村地区,女性平均每周的工作时间也比男性长 23 个小时。虽然女性能够获得全职工作,担任社会保障、公司决策等职位,但是与男性相比,女性的职业流动速度较慢,失业率相对较高。因此,面对这样的情况,厄瓜多尔提出:促进能力建设,以实施旨在提高女性生活质量的生产性举措;鼓励将性别因素纳入国家和地方的经济议程;将性别平等作为与劳动法和社会保护有关的政治、指导方针和立法的一部分

---

① 这七项原则的内容是:原则一,为性别平等建立高层次的企业领导;原则二,在工作中公平对待所有男女,尊重和支持人权与不歧视;原则三,不分性别,确保所有工人的健康、安全和福祉;原则四,促进女性的教育、培训和职业发展;原则五,实施赋予女性权力的企业发展、供应链和营销实践;原则六,通过社区倡议和宣传促进平等;原则七,衡量并公开报告实现性别平等的进展情况。United Nations Women. Onu mujeres: Colombia empoderamiento economico[EB/OL].[2020-02-19].https://colombia.unwomen.org/es/como-trabajamos/empoderamiento-economico.

进行辩论并纳入立法;促进统计数据的生成和无薪劳动的货币化,使女性得到承认和补偿。①

与厄瓜多尔一样,危地马拉在维护女性权利的问题上也出台了若干法律规定。1996年《和平协定》签署后,危地马拉专门为解决性别问题设立了相关机制(DEMI和SEPREM),颁布了关于女性全面发展、防止家庭暴力、性暴力、贩运和剥削、杀害女性问题的法律,拟定了国家层面鼓励女性发展的各项政策。虽然危地马拉不遗余力地通过多种方式推动女性发展进步,但从实际情况来看,各项指标仍不容乐观。

就政治领导而言,由女性担任领导的城市数量占比仅为2%。就安全保护而言,平均每年有4 000名10—14岁的女孩生育,仅2013年就有759名女性死于暴力。具体来说,危地马拉的女性在政治机制中仍处于被歧视的状态。在2011年的政治选举结果中,只有14.1%的女性在国会中获得席位。在行政部门,2012年14个部委中只有3个部门由女性担任领导。2009年至2014年这五年间,最高法院的13名法官中只有一名法官为女性。因此,从整个司法系统来看,女性担任领导的比例明显偏低。

面对这样的被动局面,联合国妇女署在危地马拉提出计划,参照联合国妇女署提出的《2014—2017年全球战略计划》以及当地的法律和公共政策框架,特别是促进和全面发展女性的国家政策(National Development Plan K'atun: Our Guatemala 2032, PNPDIM 2008-2013)等标准,旨在依据国际公约和标准,加强各国机构履行有关女性权利的义务的能力。

计划由五个主要部分组成:女性、和平、安全和人道主义响应;女性政治和公民参与;经济赋权;预防和应对暴力侵害女性;制定国际标准。

值得一提的是,在有关女性、和平、安全和人道主义响应的内容中,计划强

---

① United Nations Women. Americas and the Caribbean[EB/OL].[2020-09-11]. https://lac.unwomen.org/en/donde-estamos/ecuador.

调对包括检察官办公室、司法机构及国家人民警察在内的职位实行两性平等改革,增加女性参与决策职位的比例,培训工作人员了解女性权利,促进女性更好地为社会服务。

在女性政治和公民参与部分,计划提出:支持民间社会为促进女性作为公职候选人参加 2015 年和 2019 年两次选举所做的宣传努力;加强女性领导人特别是青年和土著女性的政治技能和谈判能力,以形成一个关键群体;通过国家发展理事会系统和市政女性事务处,支持女性参与地方决策进程,以增加地方投资并执行女性项目。

经济方面,计划提出:努力制定具有性别观点的社会保护方案,促进女性经济赋权,实施为女企业家设计的发展方案,采取整体办法提升女性的生产、贸易水平和个人能力,尤其是针对农村地区的女性。支持女性分享经济知识,分析宏观经济政策及其对正规和非正规劳动力市场的影响,并为国家政策建言献策。

除提出计划之外,联合国妇女署在危地马拉还与全球范围内若干国际组织进行合作,提升女性的领导能力。例如,联合国妇女署与蝴蝶之翼(Butterfly Wings)和公民政治联盟建立了伙伴关系,倡导更多妇女担任决策职位。在全球契约框架内,联合国妇女署与联合国开发计划署建立伙伴关系,促进私营部门践行妇女赋权原则,强调有组织的私营部门特别是商会,是加强农村女企业家能力的战略盟友。①

墨西哥在实现女性权利和性别平等方面做出了尝试性努力并取得了重大进展,例如加强国家法律以确保男女平等、完善性别制度建设、增加用于促进性别平等的公共资源投入等。2014 年,性别平等政策首先在政治领域取得突破性进展,墨西哥将性别平等问题提升到宪法层面,以法律形式确保性别平等

---

① United Nations Women. Guatemala[EB/OL].[2020-11-09].https://lac.unwomen.org/en/donde-estamos/guatemala.

在联邦和州议会一级得以实施。2015年3月,当平等原则成为登记候选人的法定义务时,上述有关性别平等的努力得到了进一步巩固。

虽然墨西哥在维护女性权利方面取得了一定成果,但实现真正的两性平等仍面临一些结构性挑战,具体表现为在所有发展领域的实质平等之间存在持续的差距,这意味着在女性问题的执行和解决方面,法律、计划、项目和预算之间存在执行差距。

为了加速性别平等政策在墨西哥的落实,联合国妇女署与本土相关机构和组织密切合作,将性别工作重点聚焦于三个优先问题:政治参与与决策、经济赋权和应对对女性的暴力行为。

在政治层面,联合国妇女署致力于确保墨西哥女性充分参与各级决策进程。尤其注重遵守特别临时措施(平权行动),实现当选公职的性别平等目标,并优先加强土著女性和青年女性的领导力;促进政党内部文化变革,对候选人进行专业培训与辅导,向公众宣传女性的政治权利,推动建立女性选举政治权利的问责制和后续制度。

在经济层面,联合国妇女署重点推动旨在促进墨西哥女性经济独立的创新项目,并将移民工人、农村和土著企业家列为重点关注对象。同时致力于发展公共系统以满足照护需求,使女性对经济的贡献得以显著体现。

在预防暴力问题上,联合国妇女署的工作重点是法律协调、保障女性获得司法公正、防止对女性的暴力行为。墨西哥当地还发起联合运动,以"让我们把墨西哥涂成橙色"("Let's Paint Mexico in Orange")为主题,致力于结束对妇女和女孩的暴力。

除此之外,在国际协调层面,联合国妇女署将性别观点纳入关键部门的工作主流:在联邦和市政机构,促进规划并制定具有性别视角的预算;推动落实人权委员会向墨西哥提出的建议;支持国家开展性别统计工作,为政府规划和项目提供支持,推动提高女性地位的问责制。①

在巴拉圭,联合国妇女署支持巴拉圭应对挑战,扩大女性权益,实现性别平等并赋予女性权利。它还支持民间社会倡议,主要目的是加强女性组织建设,以确保其在权利和机会平等方面拥有发声渠道。与此同时,根据《消除对妇女一切形式歧视公约》条款及其一般性建议,联合国妇女署在巴拉圭制定了合作推行两性平等的相关议程。合作议程依据巴拉圭需求,对四个主题领域进行了优先次序的确定。该议程也被视为实现进步和女性平等的战略。

在女性领导和政治参与方面,联合国妇女署的工作侧重于修订立法、开展宣传和进行政治对话,以提高女性在国家和市级各级选举产生的行政部门(如办公室等职位)中的政治参与度和代表比例。

在赋予女性经济权利方面,联合国妇女署通过支持国内就业立法的变革,促进女性物质生活条件的改善,赋予女性经济权利,特别关注那些最易受排斥的女性群体,如家政工作人员、土著女性和移民女性。

在消除对女性的暴力行为方面,联合国妇女署的工作重点是支持公共机构和民间社会采用综合性法律来反对暴力行为,并在青年团体中开展大规模的提高认识运动,以消除对女性的暴力。

此外,联合国妇女署还致力于促进关于性别平等和赋予女性权利的国际监管框架以及政府间政治承诺的落实,旨在传播相关理念并支持巴拉圭批准实施国际人权文书,其中包括女性政治参与、实现性别平等和赋予女性权力等方面。

为了将以上战略付诸实践,巴拉圭女性机构采取了以下措施:能力建设、政治宣传(竞选和沟通)、知识管理以及建立/加强网络。②

---

① United Nations Women. Mexico[EB/OL].[2020-09-22].https://lac.unwomen.org/en/donde-estamos/mexico.
② United Nations Women. Paraguay[EB/OL].[2020-04-16].https://lac.unwomen.org/en/donde-estamos/paraguay.

(三)亚洲和太平洋地区

亚洲是人口最多的区域,该区域的女性人口数量在全球也是最多的。为了推动女性事业的发展,尤其是在精英女性的培养方面,联合国做出了多方面的努力并取得了重要成果。

自 2002 年以来,联合国妇女署就一直在阿富汗开展工作。目前,阿富汗女性机构的方案与国家优先事项密切相关,特别侧重于以下方面:

(1)暴力侵害女性行为:包括保护和预防。联合国妇女署通过设立结束女性暴力的特别基金,为 9 个省的 11 个女性保护中心和 5 个家庭提供资金,不仅为她们提供安全的庇护空间,还通过后期社会心理和职业培训帮助受害女性重建生活。2015 年 6 月,联合国妇女署在阿富汗发起"他为她"(He For She)运动,旨在改变对女性实施暴力的态度和行径。

(2)领导和经济赋权:联合国妇女署提供财政和技术支持,帮助加强国家女性机构,并与当地伙伴合作,促进各级机构、态度和行为的持久性变革。在能力培养方面,联合国妇女署与高级公务员、毕业学生合作,通过培养他们的领导能力、管理能力、英语语言能力和信息通信技能,以及提供奖学金和实习机会,增强他们的能力。同时,还支持女性企业家更好地进入市场,支持农村女性开展生计发展活动。

(3)法律框架:联合国妇女署支持国家法律改革进程,包括结束暴力侵害女性法和家庭法。与高等教育部合作,和其他六个政府部门共同执行《反骚扰条例》。

(4)政治赋权:通过阿富汗议会的女性议员资源中心(Resource Centre for Women Parliamentarians, RCWP),联合国妇女署支持议员们(包括女性和男性)将性别观点纳入立法辩论和立法结果,并培养他们作为决策者的能力。联合国妇女署还支持阿富汗培训当选的女性政治领导人,包括省级议会的女性领导人,以帮助提高她们的领导和沟通技能,建立良好的选民关系。①

在孟加拉国,当前女性发展仍存在系统性障碍。从女性的经济发展情况来看,孟加拉国女企业家比例仅为8%,仅有25%的妇女在正规金融机构开通账户。虽然一部分女性拥有体面的工作,但这并不意味着她们已获得与男性同等的报酬。在正规部门,女性平均工资比男性低21%,相较于年龄、教育背景等其他差异,性别对工资的影响更大。

面对这种经济不平等状况,联合国妇女署在孟加拉国致力于通过改变政策和做法,保护并促进女性在各行各业享有公正、有利的权益。为使女性获得更多经济资源,联合国妇女署与私营部门合作,提出重点开展以下工作:分析女性经济赋权政策;保护移徙女工的权利;赋予服装行业女性工作者权利;为女性经济赋权,释放当地投资潜力。② 值得一提的是,为提升服装行业女性工作人员的能力,联合国妇女署在孟加拉国开设了面向社会的生活技能培训课程。该课程旨在帮助女性树立信心,鼓励她们追求更高层次的职位,同时勇敢地应对性骚扰等问题。③ 除了从经济层面赋予女性自主权之外,孟加拉国女性相关机构还从预防灾难危机的角度出发,认为女性能够在可持续和平复原力构建、自然灾害与冲突预防以及人道主义事务中做出贡献,进而为女性群体创造更多福利。但现实情况是,无论是在自然灾害还是人道危机发生期间,性别不平等致使女性在应对危机时面临诸多障碍。当前,孟加拉国不仅亟须应对国内因宗教极端主义引发的社会动荡,还需解决因罗兴亚难民涌入而产生的人道主义危机等国际问题。面对一系列国际、国内问题给性别平等带来

---

① United Nations Women. Programmme [EB/OL]. [2020-09-25]. https://asiapacific.unwomen.org/en/countries/afghanistan/programmes.
② United Nations Women. Income-security [EB/OL]. [2020-09-25]. https://asiapacific.unwomen.org/en/countries/bangladesh/income-security.
③ United Nations Women. Empowering female ready-made garments (RMG) workers [EB/OL]. [2020-08-25]. https://asiapacific.unwomen.org/en/countries/bangladesh/income-security/empowering-female.

的挑战,孟加拉国女性相关机构提出了三点策略:在减少灾害风险和适应气候变化方面,鼓励女性参与并发挥领导作用;在应对危机时,提升女性领导能力,同时对女性进行赋权、提供开放环境与保护;在和平与安全领域促进女性发展。① 需要说明的是,为了增强孟加拉国人力和经济发展的复原力,联合国妇女署与联合国开发计划署、女性和儿童事业部、地方政府、农村发展和合作部等一同重点提升将性别视角纳入减少灾害风险(Disaster Risk Reduction, DRR)社区和国家规划进程的能力,提高女性在参与减少灾害风险和气候变化活动中的领导能力。② 此外,自2014年以来,孟加拉国女性相关机构还与联合国难民署建立伙伴关系,在考克斯巴扎尔(Cox's Bazar)与罗兴亚难民中的女性合作,通过动员并组建女性支持团体,促进女性提升领导地位并实现自我赋权,进而参与难民营管理。联合国妇女署还为女性技能培训和创收活动提供技术支持,以增强她们的经济恢复能力。③

在印度,联合国妇女署与印度政府和民间社会密切合作,制定了实现两性平等的国家标准。联合国支持联合国妇女署推动女性平等参与生活的各个方面,重点集中在六个优先领域:结束对女性的暴力行为、促进女性参与和领导、国家规划和预算编制、赋予女性经济权力、和平与安全以及移民问题。

当前,印度在确保女性积极参与政治并自由发表意见方面已取得突出进步。尤其是在地方一级的治理行动中,联合国妇女署与印度政府共同努力,为

---

① United Nations Women. Women and girls contribute and benefit equally from sustainable peace and resilience, prevention of natural disasters and conflicts and humanitarian action[EB/OL].[2020-08-25]. https://asiapacific.unwomen.org/en/countries/bangladesh/contribute-and-benefit-equally.

② United Nations Women. Women's participation and leadership in gender-responsive disaster risk reduction and climate change adaptation[EB/OL].[2020-08-25].https://asiapacific.unwomen.org/en/countries/bangladesh/contribute-and-benefit-equally/participation-and-leadership.

③ United Nations Women. Women's leadership: empowerment, access and protection in crisis response (LEAP)[EB/OL].[2020-06-22].https://asiapacific.unwomen.org/en/countries/bangladesh/contribute-and-benefit-equally/leap.

加强村委会女性领导人的能力培养和信心塑造做出了贡献。迄今为止,在印度中央邦、奥里萨邦和拉贾斯坦邦的 635 个村务委员会中,已有 315 名民选女代表组成女性意识平台(Mahila Jagruk Manche)。其中,近 5 000 名女性当选为女性代表,17 000 多名女性公民参加了相关会议。① 针对和平与安全议题,联合国妇女署在印度遵循安理会第 1325(2000)号决议以及《妇女、和平与安全议程》,以促进女性平等且有意义地参与预防和解决冲突、建设和平与维持和平为框架,将性别问题纳入国际维和工作主流。通过旗舰项目女性军官课程(Female Military Officers Course, FMOC),将女性军官纳入维和行动行列。②

在缅甸,长期以来,战争一直是影响缅甸发展的关键因素。在恢复和平建设过程中充分考虑女性的领导作用,不仅是缅甸发展人权的当务之急,也是弥合人道主义与发展鸿沟、实现缅甸稳定的助推器。

在这样的背景下,联合国妇女署在缅甸重点关注和平进程建设中女性的经济赋权与司法公正问题。当前,在由女性参与和领导的人道主义行动中,联合国妇女署取得的成果如下:第一,在冲突中和冲突后的不同情况下,采用和实施 WPS 承诺/责任框架;第二,在谈判、恢复、解决冲突以及和平建设规划中,纳入女性参与,促进和保护女性人权。

从长期维护和平的角度来说,除在和平与安全议题中充分考量女性能力之外,女性,尤其是处于边缘化的女性,也应该得到赋权并在发展中受益。③ 联合国妇女署在缅甸克钦邦、若开邦和孟邦分别设有办事处,2019 年年初,新办事处又在缅甸首都内比都成立。目前,缅甸女性相关机构主要依托这些办

---

① United Nations Women. Women Power in Local Governance[EB/OL].[2020-06-22]. https://asiapacific.unwomen.org/en/countries/india/result-at-a-glance.
② United Nations Women. Peace and Security[EB/OL].[2020-06-22]. https://asiapacific.unwomen.org/en/countries/india/peace-and-security.
③ United Nations Women. About myanmar[EB/OL].[2021-05-12]. https://asiapacific.unwomen.org/en/countries/myanmar/about-myanmar.

事处开展活动。

在日本政府的资金支持下,若开邦开展了包容性发展和赋予女性权利方案。同样在日本政府资助下,克钦邦通过赋予女性权利,来防止和减轻人口贩卖的影响。

挪威王国大使馆资助了以缅甸和平进程为中心,聚焦女性及其优先事项的项目——执行联合国安理会第 1325 号决议(第二阶段)。①

在尼泊尔,联合国妇女署重点关注女性在尼泊尔的领导与参与治理情况,以及尼泊尔女性的经济赋权等问题。在尼泊尔,由于社会规范限制女性获取信息和表达意见,女性政治力量的发挥仍然有限。尤其是在地方一级,尽管有超过 14 000 名女性在联邦和省级选举中当选,但真正担任市长和主席的比例仅为 2%,其中 91% 的女性主要担任副职。

在这种情况下,联合国敦促尼泊尔在民主治理、和平与国家建设进程中努力实现两性平等;通过加强包括议员在内的相关利益攸关方的能力,致力于实现两性平等和赋予女性权利;推动女性更多地参与选举进程,并大力倡导具有性别敏感性的宪法。

事实上,在德国政府的支持下制定的"政治与女性合作"方案提升了尼泊尔女性领导人的领导能力,同时也增加了制宪议会成员在宪法制定过程中对性别平等和女性人权问题的关注。② 目前,尼泊尔女性的经济参与主要局限于农业和非正规部门。女性长期处于社会的边缘岗位,这导致她们不被看作是经济的积极贡献者。在非正规部门工作的女性由于无法得到当地法律制度的保护,社会保障情况也极度堪忧。面对这样的困境,联合国妇女署采取了一系列措施:通过政策改革和加强法律机制,维护女性的尊严、权利,增强她们的

---

① United Nations Women. Where we are[EB/OL].[2021-05-13].https://asiapacific.unwomen.org/en/countries/myanmar/where-we-are.
② United Nations Women. Results at a glance[EB/OL].[2021-05-16].https://asiapacific.unwomen.org/en/countries/nepal/results-at-a-glance.

自信;确保女性获得生产性资产,如土地、财产、信贷、现代知识和信息渠道;提供体面的工作环境和可持续的谋生机会,包括设立社会保护底线。

与此同时,联合国妇女署还提出多项倡议,包括要求政府实施有效法律保护移徙女工的权利;与政府和家庭工作网络合作制定政策,保护家庭工人的权利;支持地区建立移徙女工相关服务机制等。①

在泰国,联合国妇女署与政府和民间社会伙伴合作,助力实现关于性别平等和赋予女性权利的国家目标以及履行国际承诺。具体工作涉及以下领域:促进女性参与领导和决策;促进女性经济赋权;推动将性别视角纳入灾害准备和响应的主流;实现女性人权并保障其诉诸司法的权利;消除针对女性的暴力行为。

围绕提升女性领导力,联合国妇女署在泰国的主要工作集中在对女性的政治和经济赋权方面。政治上,联合国妇女署驻泰机构支持各项举措,特别是在地方一级,重点提高候选人、政党和选民对女性参与公共生活重要性的认识,其中包括培训竞选和领导技能,以此鼓励女性参加地方选举,并支持在全国范围内努力落实消除对妇女歧视委员会关于使用临时特别措施的建议。② 经济上,联合国妇女署依据联合国妇女全球契约妇女赋权指南(WEPs),提升泰国私营部门中女性的领导地位并增加其发展机会。目前,泰国已有两家公司,即泰国航空国际公司(THAI Airways International)和中央零售公司(Central Retail Corporation)正式签署了全球契约妇女赋权指南协议。联合国妇女署还推动泰国非正规部门和移民女工获取社会保护、生产资源和业务发展技

---

① United Nations Women. Programme [EB/OL]. [2021-05-18]. https://asiapacific.unwomen.org/en/countries/nepal/programme.
② United Nations Women. Promoting women's leadership and participation in decision making [EB/OL]. [2021-05-21]. https://asiapacific.unwomen.org/en/countries/thailand/promoting-womens-leadership-and-participation-in-decision-making.

能,同时促进将性别观点纳入社会保护和经济发展政策的主流。①

在太平洋地区,人们越来越意识到,赋予女性权力能够推动经济蓬勃发展、刺激生产力增长。在这样的背景下,联合国妇女署驻斐济多国办事处②与14个太平洋岛国和地区的政府及民间社会组织合作,致力于解决性别不平等问题、赋予女性权利,构建更具包容性的社会。

从目前该区域女性的发展状况来看,太平洋国家的女性虽在商业领域较为活跃,但太平洋国家尽管在2008至2014年间陆续通过反暴力法律,为女性的家庭安全提供了更多保护,然而实际上女性在工作岗位中仍无法获得平等保障,女性在全球担任领导角色的比例依旧最低。再加上该地区日益频发的自然灾害,女性成为最大的受害者。

为解决上述问题,斐济的女性机构在支持政府间和规范进程的基础上,确立了四个相互关联的计划领域:女性的政治赋权与领导能力提升、女性的经济赋权、消除对妇女和女孩的暴力行为、性别与人道主义行动中的保护及减少灾害风险。

在女性的政治领导力培养方面,联合国妇女署提出了两个重点项目,分别是提升萨摩亚女性的领导力,以及巩固所罗门群岛的和平、稳定与社会凝聚力。

第一个项目旨在建立并强化萨摩亚在性别平等和女性领导方面的工作,期望在这些方面取得进展。目标是让女性成为团体带头人,努力解决女性面临的不平等问题,提升她们的领导能力。该项目力求达成四项成果,包括拓宽女性参与领导途径的机会;通过注重发展,促进政治包容性,支持女性的政治

---

① United Nations Women. Promoting women's economic empowerment[EB/OL].[2021-06-04].https://asiapacific.unwomen.org/en/countries/thailand/promoting-womens-economic-empowerment.

② 斐济多国办事处成员国包括斐济、所罗门群岛、马绍尔群岛共和国、帕劳、基里巴斯、萨摩亚、图瓦卢、汤加、瓦努阿图、密克罗尼西亚联邦、瑙鲁、托克劳、纽埃、库克群岛。

参与;提高公众对包容性和有效政治参与的认知;分享萨摩亚在促进女性担任领导方面的经验。

第二个项目是基于实现所罗门群岛的可持续和平与稳定而提出的。项目内容围绕将女性和青年置于决策进程的核心,支持女性在省级和社区一级发挥倡导者作用。目前,项目正着力推进以女性为核心的和平与安全议程,该议程通过省级核心小组和对话,促进女性参与决策进程,强化凝聚力网络。① 太平洋地区以农村人口居多,女性从事的职业大多是种植业和捕捞业等传统行业。虽然女性在正规经济中的代表性较低,但在小规模的市场运作中却占据主导地位。为进一步提升女性的经济能力,联合国妇女署提出了主题为"变革市场"的项目。项目目标是确保斐济、所罗门群岛和瓦努阿图的市场具备安全性、包容性且不存在歧视现象,促进性别平等并赋予女性权力。项目支持创建和加强具有代表性的市场群体,进而增强女性市场供应商的作用和影响力。②

自1998年以来,联合国妇女署就在中国开展工作,为性别平等和女性赋权的创新方案与战略提供技术和财政援助。联合国妇女署在中国工作的核心是增进女性人权保障,重点聚焦于以下几个方面:消除对女性的暴力行为;加强女性经济权利;关注气候变化和环境影响中的性别差异;推动性别敏感治理与女性政治赋权;探讨性别与艾滋病问题;以及借助媒体促进性别平等。目前,联合国妇女署在中国成立了联合国社会性别主题工作组(United Nations Theme Group on Gender),其主要任务是推动社会性别主流化。同时,2004年成立的中国社会性别基金(China Gender Fund)由联合国妇女署管理,目标

---

① United Nations Women. Women's political empowerment and leadership [EB/OL]. [2021-05-08]. https://asiapacific.unwomen.org/en/countries/fiji/womens-political-empowerment-and-leadership.
② United Nations Women. Women's economic empowerment programme[EB/OL].[2021-05-08]. https://asiapacific.unwomen.org/en/countries/fiji/womens-economic-empowerment.

是促进中国的性别平等并赋予女性权利。在政治行动方面,促进女性参与国家和地方各级决策,不仅是联合国妇女署的工作重点,也是中国政府关注的重点领域。联合国妇女署通过性别平等基金(或在性别平等基金赠款程序框架内)与中华全国妇女联合会合作开展活动,提升中国女性对政治活动的参与度、监督力度和影响力。① 在经济保障方面,中国的私营企业是提升女性经济权利、推动包容与可持续发展的新兴力量。联合国妇女署致力于寻求与中国的私营企业合作,共同营造一个更有利于实现女性经济和社会赋权的新环境。此外,联合国妇女署致力于为女性提供更多经济机会,促进男女平等就业,消除经济领域的性别歧视,提升女性在财产和遗产继承方面的权益。同时,借助政府力量,在国家层面通过提供技术专业知识和财政支持,保障女性的经济安全。② 在应对气候变化方面,女性不仅是气候变化的受害者,更是变革的强大推动者。因此,联合国妇女署主张让各级女性参与气候变化相关决策,赋予女性权利,使女性成为变革的重要推动者。联合国妇女署与中国灌溉排水发展中心合作设计了一个项目,旨在加强宁夏青铜峡市水管理中的性别平等,凸显女性在其中的重要作用。"赋权女性水管理 改善青铜峡两性平等"项目为青铜峡政府官员提供了培训和宣传活动,帮助他们提升集体能力,采取措施提高女性参与地方水管理的程度。项目还开展了其他形式的活动,以加深当地村民对性别平等的理解,令其认识到女性在水资源管理中的重要作用,从而使女性能够在当地水资源管理方面发挥主导作用。③ 在中国,媒体作为倡导促进

---

① United Nations Women. Gender responsive governance & women's political empowerment [EB/OL]. https://asiapacific.unwomen.org/en/countries/china/gender-responsive-governance-and-womens-political-empowerment.
② United Nations Women. Strengthening women's economic rights[EB/OL]. [2021-05-18]. https://asiapacific.unwomen.org/en/countries/china/chinese/strengthening-womens-economic-rights-chinese.
③ United Nations Women. Gendered face of climate change and environmental effects[EB/OL]. [2021-05-18]. https://asiapacific.unwomen.org/en/countries/china/gendered-face-of-climate-change-and-environmental-effects.

两性平等的有力工具,已被联合国妇女署充分运用。联合国妇女署曾与中国互联网公司网易合作,共同举办年度"中国女性传媒大奖"。2010年,该奖项颁发给了十个最具性别敏感度的电视广告,因为这些广告打破了社会传统观念中对女性和男性的刻板印象认知。2011年,该奖项被授予了10位杰出女性,她们为社会做出了突出贡献,也为中国年轻女性和女童树立了积极榜样。①

联合国妇女署对埃及女性问题的主要关注点围绕消除对女性的暴力行为、女性的政治赋权和女性的经济赋权三个方面。

在预防女性遭受暴力方面,联合国妇女署提出了"安全城市"(Safe Cities)举措。开罗安全城市计划作为联合国妇女署安全城市全球倡议的一部分,旨在预防和减少公共场所对女性的性骚扰及其他形式的性暴力。

赋予女性政治权利方案旨在协助埃及政府履行各项国际宣言中关于性别观点主流化和两性平等的义务,应对埃及向民主过渡所面临的挑战。在民主进程中,女性有权作为平等公民,相应地参与私人和公共领域的各级决策。

在经济赋权方面,鉴于埃及女性在世界劳动力市场中的参与率极低,联合国妇女署一直大力倡导确保女性在正规和非正规经济部门拥有平等就业权利。联合国妇女署正在研究与就业相关的干预措施以及一系列金融和非金融服务,这些服务将为女性提供机会,使其能够对自身参与农业部门的情况进行适当的财务评估。目前,这些服务主要聚焦在三个方面:首先,促进女性因工作获得经济回报;其次,提升女性的经济安全感;最后,促进女性获得经营企业的技能和诀窍。

需要说明的是,为了强化女性赋权,联合国妇女署在埃及专门提出了一个名为萨列亚(Salheya)的倡议。该倡议被视为一个综合战略,可为加强女性经

---

① United Nations Women. Using media to promote gender equality[EB/OL]. https://asiapacific.unwomen.org/en/countries/china/using-media-to-promote-gender-equality.

济参与的综合战略提供示范模式。此外,该项目还与人力部和非洲联盟委员会(African Union Commission)社会研究中心合作,旨在增强中高等教育背景下年轻失业女性对经济的参与度,改善她们的安全保障与权利状况。①

在黎巴嫩,联合国妇女署关注以下重点领域:女性的经济赋权、女性的政治参与、女性的和平与安全、让男女参与性别平等问题。在上述所有这些工作中,黎巴嫩要求将解决暴力侵害女性问题的工作纳入主流。自2015年以来,联合国妇女署在黎巴嫩开展女性经济赋权的工作,旨在促进女性参与劳动力市场和经济。2018年,为了打造一个具有性别敏感度的商业环境,联合国妇女署与黎巴嫩全球契约共同推出了女性赋权原则。迄今为止,黎巴嫩已经有20多家公司签署WEP。此外,联合国妇女署与联合国开发计划署等合作伙伴一道,支持黎巴嫩政府制定了关于赋予女性经济权力的国家行动计划。② 为确保在各级决策中实现女性充分有效的领导,联合国妇女署制定了一项全面的多方位战略。第一,从法律和制度层面出发对女性参与政治议程进行政策改革。例如,通过暂行特别措施为担任领导职务的女性设定数量目标,以及改革党章。第二,扩大合格和有能力参加选举的女性的人数,包括启动提高女性领导信心和能力的方案,加强她们的竞选战略和技术,促进与支持性民间组织的联系。第三,改变性别规范,使女性成为合法和有效的领导人,包括开展宣传运动,使媒体和选民认识到女性在各级公共生活中的作用。第四,支持议会、政党和经济管理局等对性别问题敏感的政治机构的女性领导人,吸引、提

---

① United Nations Women. Egypt[EB/OL].[2021-06-01]. https://arabstates.unwomen.org/en/countries/egypt.
② United Nations Women. Women's economic empowerment in lebanon—building resilience for lebanese nationals and refugees residing in Lebanon[EB/OL].[2021-04-15]. https://www2.unwomen.org/-/media/field%20office%20arab%20states/attachments/publications/2019/04/lebanon%20briefs/brief-wee-v5.pdf? la=en&vs=1516.

拔和留住女性领导人,并强调她们对决策做出的建设性贡献。① 黎巴嫩的《执行联合国安全理事会第 1325 号决议:参与、预防、保护、救济和恢复》方案(2019—2021 年)建立在联合国在女性、和平与安全问题上的全球专门知识和领导能力基础上。该方案强调增加女性在安全和国防部门的参与,增加参与地方调解的努力,减少紧张局势等。2018 年,联合国妇女署与联合国驻黎巴嫩临时部队开展了一个试点项目,培训黎巴嫩南部女性掌握调解和谈判的技能。②

在伊拉克,联合国妇女署的主要任务是加强伊拉克女性的政治参与和领导能力,支持赋予女性经济权利,制止一切形式的暴力侵害女性的行为,以保障伊拉克的女性权利和促进可持续和平。在政治参与上,联合国妇女署设立了提高新当选女性技术能力的项目,并启动了"新兴女青年领袖项目",旨在培养年轻女性在领导和政治参与方面的兴趣,并将这一努力扩大到选举后时期。在经济权利上,为了提高库尔德斯坦地区农村女性的能力,联合国妇女署与联合国姐妹机构(UN Sister Agencies)和省政府合作,制定了题为"赋予库尔德斯坦地区农村女性社会经济权力"的方案。除此之外,联合国妇女署充分认识到女性力量对维护地区和平的重要作用,与伊拉克政府、联合国伊拉克援助团和民间社会组织密切合作,鼓励女性更多地参与和平领域的工作。③

在约旦,联合国妇女署主要开展三项工作:女性的政策制定和全球规范、

---

① United Nations Women. Women leadership & political participation[EB/OL].[2021-04-15]. https://www2. unwomen. org/-/media/field% 20office% 20arab% 20states/attachments/publications/2019/04/lebanon% 20briefs/un% 20women% 20lebanon% 20brief-wppintervention.pdf? la=en&vs=649.
② United Nations Women. Peace and security[EB/OL].[2021-06-05]. https://www2.unwomen. org/-/media/field% 20office% 20arab% 20states/attachments/publications/2019/04/lebanon% 20briefs/un% 20women% 20lebanon-wps.pdf? la=en&vs=650.
③ United Nations Women. Iraq[EB/OL].[2021-06-05].https://arabstates.unwomen.org/en/countries/iraq.

促进女性的经济赋权以及增强女性在和平、安全和人道主义行动中的声音。在政策规范上,在女性领导和参与方面,工作包括赋予约旦女性组织和网络权利;支持女性参与决策进程,并提高公众对女性领导和政策制定的积极看法。① 在经济赋权框架下,联合国妇女署提出四个关键实施领域,即开展关于投资对女性就业及经济增长障碍影响的循证政策对话;支持社会动员工作,宣传女性劳动力参与面临的主要挑战;就改善女性获得体面工作的条件,保障其收入的立法、政策和战略,向政府提供综合政策咨询和技术援助;支持与私营部门、民间社会和政府建立创新的伙伴关系和平台,为女性提供非传统技术和职业领域的培训,并培养她们的创业技能。②

在巴勒斯坦,几十年被占领的经历和政治冲突对巴勒斯坦国的社会经济状况产生了重大影响。就性别问题而言,虽然女性在政治领域中扮演了一定的角色,但是她们在决策方面的参与率和代表性仍然受到限制。这其中较突出的问题有:女性在和平谈判和内部和解委员会中的代表性不足;女性在领导、政治参与及和平进程中的代表性不足。面对上述问题,欧洲联盟与联合国妇女署共同合作提出了一项"女性的春天"(Spring Forward for Women)政治赋权计划。该计划以联合国妇女署提供的机制为基础,着力促进生活在地中海南部地区,包括被占领的巴勒斯坦领土的女性政治和经济赋权,并协助女性在政治、经济和决策空间重新定位,以便她们可以在保持先前收益的同时,在正在进行的民主过渡中对塑造其国家的未来产生更大的影响力。③ "妇女体面工作方案"(Decent Work for Women Programme)作为联合国妇女署在巴基斯坦开展的女性经济赋权计划,目的是通过面向市场的技能培训增加妇女

---

① United Nations Women. Normative and policy frameworks[EB/OL].[2021-06-05]. https://jordan.unwomen.org/en/what-we-do/normative-and-policy-frameworks.
② United Nations Women. Women's economic empowerment[EB/OL].[2021-06-16]. https://jordan.unwomen.org/en/what-we-do/womens-economic-empowerment-2018.
③ United Nations Women. Spring forward for women[EB/OL].[2021-06-16].https://palestine.unwomen.org/en/what-we-do/leadership-and-political-participation/programmes.

的就业机会。培训课程包括商业发展、市场联系、销售等方面,并向妇女企业家提供赠款。①

也门作为阿拉伯地区最贫穷的国家之一,其女性不仅正面临前所未有的人道主义危机,同时在政治、经济、人权发展方面也面临多重阻碍。2014 年,联合国妇女署在也门设立办事处后,与联合国系统密切合作,目的是在也门开展人道主义行动,将性别观点纳入人道主义方案的主流,实现保障女性的和平与安全目标。联合国妇女署关注提高也门女性在政治参与方面的领导地位,因此提出"政治中的也门女性"(Yemeni Women in Politics)项目。该项目通过强化六个政党的力量,支持也门女性在政治中的领导地位和两性平等。由于开展了相关活动,政党中的男性与女性领导人之间建立了一个关系网。通过会议和讲习班,女性领导人能够吸纳男性领导人的观点并将其内容推广到女性群体中,以发挥女性在政党领导层中的作用。由于项目取得了一定的成绩,2018 年,项目赞助方联合国促进性别平等和增强妇女权能信托基金决定扩大规模,委托联合国妇女署建立了也门女性参政网络。②

(四)欧洲和中亚地区

在女性的能力培养方面,土耳其侧重于关注女性的政治赋权。当前,女性代表在土耳其的大国民议会中的占比只有 17.45%——低于世界平均水平 24.1 个百分点。女性在地方政治中的代表性更低,2014 年土耳其选举结束后,女性担任市长的比例少于 3%,担任市议会成员的比例为 11%,省议会议员中的女性更是不足 5%。为了改变女性在政治领域的被动局面,2011 年至 2014 年,联合国妇女署与联合国开发计划署合作,实施了有利于两性平等环

---

① United Nations Women. Decent work for women programme[EB/OL].[2021-06-16].https://palestine.unwomen.org/en/what-we-do/economic-empowerment/programmes.
② United Nations Women. Yemeni women in politics[EB/OL].[2021-06-16].https://arabstates.unwomen.org/en/countries/yemen/areas-of-work-and-programmes.

境的联合计划(UN Joint Programme on Fostering an Enabling Environment for Gender Equality in Turkey, UNJP)。为了提高女性在土耳其政治和决策中的领导力和参与度,联合国妇女署与各国议会联盟启动了由瑞典国际开发合作署资助的土耳其性别平等政治领导和参与项目。2014 年至 2018 年,该项目与土耳其的大国民议会密切合作,取得了从性别平等的角度审查并改进 31 项法律条款等成果。下一步,土耳其在推动两性平等政策上将继续进行改革,以维护女性参与决策的权利,促进两性平等的预算编制,促进女性领导以及确保性别平等倡导者影响框架和政策,以提高女性的领导能力和政治参与。①

摩尔多瓦是欧洲最贫穷的国家之一,虽然它在国际上和国家内部做出了促进两性平等和赋予女性权利的承诺,但是执行力度较弱。女性在社会、经济和政治生活中仍然面临歧视和不平等的问题,她们在摩尔多瓦政治和决策中的代表性仍然低于国际基准。为了改善这样的不利局面,联合国提出了女性政治和经济赋权的倡议,以期消除限制女性发展的各方障碍。在政治赋权方面,联合国妇女署与联合国开发计划署通过"女性参政"(Women in Politics)联合倡议,提出在国家和地方选举的各个阶段支持女性成为候选人和参与投票,并在当选后提供支持,倡导促进女性参与立法决策,与政党和社区合作,提名女候选人,加强女公民与议员之间的对话等。目前,项目已经取得了初步成果。例如,培训了近 1 000 名女候选人,并选出 98 位女性政治参与者(包括 8 名市长和 90 名当地议员)。② 在经济赋权方面,摩尔多瓦女企业家在获得银行贷款、参与国家资助企业发展和创业发展计划方面面临障碍。在全国范围

---

① United Nations Women. Leadership and political participation[EB/OL]. [2021-06-19]. https://eca. unwomen. org/en/where-we-are/turkey/leadership-and-political-participation.
② United Nations Women. Leadership and political participation[EB/OL]. [2021-06-19]. https://eca. unwomen. org/en/where-we-are/moldova/leadership-and-political-participation.

内,女企业家的比例仅占 27.5%。为了给予女企业家更多支持,联合国妇女署致力于改善女企业家边缘化的不利情况,主要是提高农村地区的女企业家获得信息和服务的机会,倡导国家女性创业计划,与私营部门一起促进女性赋权原则等。从 2009 年开始,联合国妇女署还专门引入了创新的性别敏感联合信息和服务局,立足于帮助 1 万名女性获得各种公共服务,包括就业与创业服务等。[1]

在阿尔巴尼亚,联合国妇女署重点关注女性的领导与政治参与、经济赋权等议题。联合国制定的阿尔巴尼亚女性领导和政治参与方案支持维护女性权利的选举进程,支持加强公共选举监督。该方案主要通过以下方式帮助中央选举委员会维护女性权利,即收集按性别分列的登记和选民投票率数据;为边缘化群体开展宣传运动;加强投票改革,打击家庭和代理投票行为的机制。为加强选举监督机制,计划支持建立一个议会委员会负责监督两性平等立法,修订议会规则和程序,以增加女性参与;建立议会女性核心小组;实施问责机制;简化数据收集流程,以便保护专员免受歧视;制定有效战略,保护女性免受歧视,并保障她们的法律权利和人权。[2] 阿尔巴尼亚很少有女性能够拥有或管理公司。当前,只有 28.5% 的女性能够在大企业高层中任职,这意味着绝大多数女性仍活跃在低附加值的中小企业中。为了给当地女性提供更多的经济机会,联合国妇女署与政府联合制定了实现国家性别平等的指导战略。例如,在联合国妇女署的技术援助下制定了具有开创性的《妇女创业国家行动计划(2014—2020)》。除实施以女性为导向的经济政策外,联合国妇女署还推进了

---

[1] United Nations Women. Economic empowerment[EB/OL].[2021-06-19]. https://eca.unwomen.org/en/where-we-are/moldova/economic-empowerment.
[2] United Nations Women. Leadership and political participation[EB/OL].[2021-06-21]. https://eca. unwomen. org/en/where-we-are/albania/leadership-and-political-participation.

改善阿尔巴尼亚女性教育和职业培训工作①的战略,提高农村女性的知识和技能,为以女性为主导的企业创造有利环境,为中小企业的女企业家提供辅导计划和商业网络等。

塞尔维亚与其他国家一样,也倾向于关注国内女性的经济赋权问题。一系列指标显示,塞尔维亚女性在劳动力市场中处于不利地位,在招聘、晋升、薪酬、福利等方面仍存在歧视。因此,在塞尔维亚的联合国妇女署提出了以下政策:提高女性的经济权利,打击劳动力市场中基于性别的歧视,支持女性的创新精神,支持将性别观点纳入劳动监察局的工作之中等。在上述原则的指导下,联合国妇女署在塞尔维亚采取了一系列行动,包括推出"女性赋权原则"全球倡议,促使塞尔维亚77家公司签署并实施;与塞尔维亚经济和区域发展部合作,对女性创业的障碍进行性别分析,最终确立一个专门用于支持女企业家的政府信贷额度等。②

二、联合国教科文组织

(一)肯尼亚科学、技术、工程和数学项目

自2014年以来,联合国教科文组织驻内罗毕办事处与肯尼亚政府、肯尼亚国家科学技术和创新委员会以及肯尼亚大学合作,共同为科学、技术、工程和数学领域的杰出女性组织了科学夏令营。为期一周的夏令营包括职业选择讨论、生活技能指导、科学实验和行业访问。在此背景下,20名来自肯尼亚的研究科学、技术、工程和数学学科的教师还接受了性别敏感教学方面的培训,并在国家层面与相关部委、政府机构、私营部门和以科学为重点的行业建立了

---

① United Nations Women. Economic empowerment[EB/OL].[2021-06-21]. https://eca.unwomen.org/en/where-we-are/albania/economic-empowerment.
② United Nations Women. Economic empowerment[EB/OL].[2021-06-21]. https://eca.unwomen.org/en/where-we-are/serbia/economic-empowerment.

新的伙伴关系,以促进女性参与科学、技术、工程和数学研究。该项目使联合国教科文组织更加关注应对女孩入读科学和工程专业(或学科)的挑战。①

(二)缅甸教育恢复计划

自2008年缅甸遭受飓风后,联合国教科文组织就制定了缅甸教育恢复方案(MERP),通过将灾难恢复和应急准备纳入教育系统,提高缅甸教育部门的复原能力。由于大多数培训参与者都是女教师,因此该方案成功将性别问题纳入其所有活动的主流层面。此外,该方案还向儿童和当地社区分发了关于减少灾害风险且具有性别敏感度的宣传材料,突出了妇女和女孩在自然灾害时期的具体需求和作用。②

(三)法国工程女性讨论会

2013年12月10日,联合国教科文组织与国际天然气联盟(International Gas Union,IGU)合作,在法国巴黎的联合国教科文组织总部举办了工程女性讨论会。该研讨会共分为两个圆桌会议,重点探讨非洲和阿拉伯国家的女性与工程。第一次圆桌会议讨论突出了非洲青年女性在接受科学、技术、工程和数学学科教育中所面临的挑战。会议主题为"非洲工程中的女性:诱导年轻女性进入科学、技术、工程和数学教育",会议审查了科学、技术、工程和数学项目的教育政策、课程、教育培训和女性参与情况,并确定了鼓励更多非洲年轻女性学习科学、技术、工程和数学课程的方法。第二次圆桌会议以阿拉伯国家的工程领域女性为主题,会议确定了吸引女性从事工程职业的最佳做法,并分

---

① United Nations Women. Kenya empowering girls through mentoring in stem[EB/OL]. [2021-06-21]. http://www.unesco.org/new/en/natural-sciences/priority-areas/gender-and-science/supporting-women-scientists/kenya-empowering-girls-through-mentoring-in-stem/.

② United Nations Educational, Scientific and Cultural Organization. Gender equality and disaster risk reduction [EB/OL]. [2021-05-25]. http://www.unesco.org/new/en/natural-sciences/priority-areas/gender-and-science/cross-cutting-issues/gender-equality-and-disaster-risk-reduction/.

析了阻碍女性加入工程劳动力的社会和文化因素。①

(四)尼日利亚工程科学活动

2013年6月,联合国教科文组织首次在尼日利亚开展工程外展活动,其中约有1500名女孩参加了此次活动。活动为学生提供通过检查水、住所、交通等基础设施来学习工程的机会。各种实践活动有助于女孩解决当代发展问题并创新解决方案,提高女孩在工程项目中的创造能力。②

三、国际劳工组织

为了将性别问题纳入国际劳工组织所有发展合作项目的主流,国际劳工组织在不同国家开展了多个有针对性的项目。2012年4月至2015年4月,国际劳工组织在埃及和突尼斯开展了名为"革命后的前进道路——埃及和突尼斯妇女的体面工作"的项目,主要目标是强化女性参与劳动力市场的能力,并改善劳动力市场机构,以便更好地帮助革命后的突尼斯和埃及女性发展。在肯尼亚,2012年至2014年期间,国际劳工组织提出了"联合国性别平等和妇女经济赋权联合计划",该联合计划将14个联合国组织汇集在一个方案框架下,提供一个强有力的平台,以便更好地满足肯尼亚在两性平等和赋予女性权利方面的需求。在尼泊尔,国际劳工组织、联合国粮食及农业组织和联合国妇女署合作,提出联合项目,该项目旨在通过社区主导的女性赋权倡议解决受冲突影响的女性及其家庭的经济、社会和心理困难等问题。国际劳工组织还

---

① United Nations Educational, Scientific and Cultural Organization. IGU/UNESCO workshop on women in engineering[EB/OL].[2021-05-25]. http://www.unesco.org/new/en/natural-sciences/science-technology/engineering/women-in-engineering/workshop-on-women-in-engineering/.

② United Nations Educational, Scientific and Cultural Organization. Engineering outreach event in Nigeria [EB/OL]. [2021-05-25]. http://www.unesco.org/new/en/natural-sciences/science-technology/engineering/engineering-education/secondary-education/engineering-outreach-event-in-nigeria/.

在被占领的巴勒斯坦地区倡议实现性别平等和女性赋权,通过体面工作、市场驱动的技能、更强大的合作社、改善工作条件以及法律、经济和社会赋权等途径,改善巴勒斯坦被占领土的女性获得平等就业机会的状况。在土耳其,劳工组织在 2013 年至 2016 年间致力于解决土耳其妇女的工作问题,提出的"为妇女提供更多更好的工作:通过体面劳动赋予妇女权力"项目,旨在制定劳动力市场政策,并确定为女性提供更多体面职业就业机会的方法。①

四、国际农业发展基金

(一)巴基斯坦南部联邦直辖部落地区开发项目

于 2000 年批准、2010 年结束的"南部联邦直辖部落地区开发项目"主要致力于改善巴基斯坦 32 万农村贫困家庭的生活情况和创收能力。项目为该地提供技术和财政支持,引入创收活动以改善女性的生活条件。项目还促进建立女性团体,让女性参与决策,并确定社区内有关需求的优先事项。②

(二)巴西农村地区开展扶贫项目

国际农业发展基金在巴西的马拉尼昂州开展扶贫项目,旨在通过促进可持续和包容性发展,减少农村基于性别及种族的贫困和不平等现象。该项目关注地区女性的能力,目标之一是提高农村人口有效参与当地发展进程和更好地管理其组织的能力。③

---

① International Labor Organization.Development cooperation projects[EB/OL].[2021-05-10].https://www.ilo.org/gender/Projects/lang-en/index.htm.
② International Fund for Agricultural Development.Southern federally administered tribal areas development project [EB/OL].[2021-04-19].https://www.ifad.org/en/web/operations/project/id/1100001078/country/pakistan.
③ International Fund for Agricultural Development. Maranhão rural poverty alleviation project[EB/OL].[2021-04-19]. https://www.ifad.org/en/web/operations/project/id/2000001264/country/brazil.

(三)波斯尼亚和黑塞哥维那农村竞争力发展计划

该计划于2015年批准、2020年结束的农村竞争力发展计划,旨在促进波斯尼亚和黑塞哥维那的可持续农村减贫。该项目直接覆盖了16 000名贫困小农,包括妇女和青年。项目预计创造3 150个工作岗位,致力于在国家层面实施价值链集群,强调将妇女和青年纳入其中。①

(四)几内亚提高女性在农业价值链中的生产力

在国际农业发展基金于2018年建立的萨莉亚村社区花园(Community Garden)的支持下,当地女性的农业生产技能得到了显著提高。在那里,她们不仅获得了更好的条件培植作物,还拥有了跟农业专家学习的机会。该项目拒绝食物浪费,因此为了防止浪费食物的情况发生,项目专门向204名农民(其中173名是女性)提供食物保存的培训课程。同时,为了将保存的食物转化成可推销售卖的产品,国际农业发展基金向几内亚各地的农民协会提供营销指导,培养女性创造更高价值的能力。国际农业发展基金在几内亚的投资也有利于零售业的发展,并能帮助身在农村的女企业家获得建立企业的财政支持。在国际农业发展基金的经济、技术和培训支持下,几内亚的女性在经济生产中既扩大了自己的活动范围,又促进了本土商业市场的繁荣发展。②

五、世界气象组织

(一)加拿大吸引更多女孩学习科学、技术和气象学等学科知识

2013年6月,在世界气象组织的支持下,加拿大气象局(Meteorological

---

① International Fund for Agricultural Development. Rural competitiveness development programme[EB/OL].[2021-04-19]. https://www.ifad.org/en/web/operations/project/id/1100001728/country/bosnia_and_herzegovina.

② International Fund for Agricultural Development. From farm to market: improving the food value chain through women empowerment in Guinea[EB/OL].[2021-04-13]. https://www.ifad.org/en/web/latest/story/asset/41204877.

Service of Canada, MSC)在不列颠哥伦比亚省奥肯那根大学召开了科学会议。在这次会议上的女性学习了关于科学气象和天气预报的相关知识。会议还鼓励组织女性参观营地,让女性聚合在一起,共同体验新事物。同时会议还为 200 多名女性开通了问询通道,令其可以向会务组提出有关科学和服务的相关问题。

(二)美国鼓励女性加入美国国家气象局

由于认识到女性在美国国家气象局(National Weather Service, NWS)各部门中任职人数不足的情况,1973 年,尼克松总统发起倡议,向正在攻读大学学位的女大学生提供外展服务,培养这些优秀女性的综合素质与担任水文学家或气象员所需的知识、技能和能力。美国国家气象局的领导认为,为激励年轻女性参与科学事业,有必要积极执行政策和程序,鼓励外联工作,创造平等就业机会,制定一系列吸引女性申请气象服务的福利举措。在上述原则的指导下,美国国家气象局已经指派来自多元化部门的全职员工与来自美国 122 个地区的教师和学生进行了合作。[1]

(三)泰国女性发展战略计划

泰国气象部门发起了 2017—2020 年以女性发展计划为主题的促进性别平等和赋予女性权利的运动,重点是增加参加国际会议和培训的女气象学家的数量,并将提升女气象学家的行政级别作为另一个主要目标。该运动以实现性别平等作为最终目标,认为应该为女性创造平等的培训计划,使她们能够进入管理级别的劳动队伍并保持其职位。过去几年,泰国实现了更多女性能够参加会议和研讨会的目标。例如,气象部门的名单上有 426 名女性,其中有超过 300 名女性参加了国内外的讲习班、培训和活动。在气象部门,17 位高

---

[1] World Meteorological Organisation. Attracting girls and women into scientific careers [EB/OL]. [2021-04-13]. https://public.wmo.int/en/resources/gender-equality/attracting-girls-and-women-stem.

管中有 5 位为女性,她们分别担任局长和气象中心主任的职务。

(四)利比亚挖掘女性气象学家的角色

与泰国一样,利比亚也重视女性在气象领域发挥的关键作用。自 2002 年起,利比亚气象部门重点关注性别平等和赋予利比亚女性气象学家权利,以及将性别观点纳入组织政策和实践的主流中。在过去,利比亚的女气象学家发挥的作用仅限于日常工作表现。她们未能有机会积极参与世界气象组织和其他相关组织的科学和技术计划或国际活动。原因在于她们缺乏工作经验,或存在语言沟通障碍。然而从 2000 年开始,利比亚的国家气象中心认为有必要让女性与男性一样,发挥同等作用以应对气象领域科学和技术进步带来的挑战。在这个背景下,利比亚的女性气象学家开始有机会参与到国际气象工作中来。该做法取得了良好效果。当前,利比亚的女性科学家已经摆脱了日常工作的局限。作为世界气象组织科学和技术计划协调中心协调员以及技术委员会的成员,她们不仅能够积极参加若干国际活动和培训课程,而且在国际工作中还发挥了积极的作用。①

(五)巴拉圭女性担任管理职位

目前正在应用的"鼓励巴拉圭女性担任管理职位"的做法旨在证明女性拥有与男性相同的领导能力,并为女性发展提供平等机会。该做法正在提高人们对女性参与机构管理权利的认识。到 2016 年,该政策已经取得初步效果。在巴拉圭的国家气象中心(DINAC)各部门中,除 5 名女性担任经理和部门主管外,还有 7 名女性担任高级职务。②

---

① World Meteorological Organisation. Activating the role of libyan female meteorologists internationally[EB/OL].[2021-06-15]. https://public.wmo.int/en/resources/gender-equality/mainstreaming-gender-organizational-policies-and-practices1.
② World Meteorological Organisation. Women taking up management positions[EB/OL]. [2021-06-18]. https://public.wmo.int/en/resources/gender-equality/mainstreaming-gender-organizational-policies-and-practices1.

(六)摩洛哥确保更多女性参与工作人员委员会

为执行 2011 年 11 月颁布的第 2-11-681 号法令关于任命公共行政部门负责人的有关程序,摩洛哥要求至少有一名女性在候选人遴选委员会中担任职务。2012 年,该法令在整个公共行政部门实施后,女性参与决策得到了强制性的保证。在得到法律政策的支持后,摩洛哥政府实现了在国家指导委员会中首次任命 2 名女性担任司长,16 名女性担任部门负责人,还有一名女性担任省级气象中心的主管。值得一提的是,除摩洛哥外,瑞士于 2012 年起也开始增加女性在领导地位中的份额。截至 2016 年,女性在瑞士气象部门的领导比例增加了 2.6%,占部门整体劳动力的 30.2%;同时,高薪女性的比例也达到了 20%。[1]

(七)肯尼亚女性参与农业和自然资源管理

2014 年 6 月,肯尼亚的环境与水管理研究所通过改善女性在管理和利用自然资源方面的地位,采用适当的方法和技术进行粮食生产,维护粮食安全。这项举措旨在通过引进技术减少女性的劳动时间,增加女性收入,促进和加强县级决策中的女性领导力。计划主要为女性农民提供了一个与决策者进行互动并解决她们问题的交流平台。在以女性为主的农民群体的带领下,女性在该领域的发展得到了一些便利。例如,通过参与式情景规划(Participatory Scenario Planning, PSP)促进县气象局局长和气候变化专家与女性农民之间实现信息共享;通过培训和能力建设,让已在农业领域取得成绩的女性代表向其他女性成员分享成功经验和专业实践技巧。[2]

---

[1] World Meteorological Organisation. Ensuring the presence of women on staff committees [EB/OL]. [2021-06-18]. https://public.wmo.int/en/resources/gender-equality/mainstreaming-gender-organizational-policies-and-practices1.

[2] World Meteorological Organisation. Women leadership circles for agriculture and natural resource management [EB/OL]. [2021-05-25]. https://public.wmo.int/en/resources/gender-equality/making-weather-and-climate-services-more-gender-sensitive.

(八)斐济妇女从事气象监测工作

2004年,在斐济北部发生毁灭性洪灾之后,一个名为femLINKpacific的社区媒体网络采访了亲历事件的受害女性,并发现她们讲述事件的方式就如同事件刚发生一样。2009年,在femLINKpacific注意到其他灾害发生后,女性并没有被纳入救灾工作的规划和协调工作中来,于是该组织就发起了一项名为"女性气象监测信息战略"的倡议。2017年,该组织建立了批量信息系统,这意味着针对女性服务的网络媒体平台逐步开始使用。借助收集短信提醒和利用在线社交软件等方式,该组织将女性领导者和通讯员网络与实时信息联系起来。经过一段时间实践后,女性气象监测信息战略已取得了部分成果,具体包括:提供关于灾害管理的两性平等和女性在人权方面的信息,使斐济全国的女性领导干部,包括残疾女性都参与进来。此外,通过社区广播不断宣传女性在气候变化和环境治理方面的声音,向女性领导人发送短信(向150名女领导人发送的一条简洁的短信至少可覆盖750个家庭)等操作,此举可有效弥合在灾难情况中两性信息交流的差距。当前,femLINKpacific聚集了49名农村女性领导人,她们通过一个活跃的应用软件——Viber接收和分享信息。女性还可以对外报告自己社区天气的最新状况。[1]

六、联合国粮食及农业组织

(一)卢旺达女性从农民发展为农商企业家

长期以来,联合国粮食及农业组织广泛开展社会保障项目。该项目以贷款的形式为参与者提供资金支持,旨在为女性提供关于农业生产、营养、性别平等和金融知识等方面的培训。参与者将这些新的技能投入实践工作中,不

---

[1] World Meteorological Organisation. Women's weather watch[EB/OL].[2021-05-25]. [2021-04-28]. https://public.wmo.int/en/resources/gender-equality/making-weather-and-climate-services-more-gender-sensitive.

仅可以解决当地的饥饿问题,还能提高农业产量,增加日常收入。联合国粮食及农业组织开展的社会保护农业方案,从性别着手培养女性的领导能力,以改善当地女性贫困饥饿的落后状态,使女性有机会从事更多经济和生产活动,为创造卢旺达零饥饿的未来做出贡献。①

(二)索马里因地制宜,培养女性学习新技能

2018年2月,联合国粮食及农业组织不仅为当地女性开展了相关培训业务,还提供了培训所需要的一切工具和设备,包括刀具、防护服以及包装材料等。联合国粮食及农业组织注意到本土人做小生意难以维持生计的情况,于是因地制宜,鼓励女性开发新的食物来代替昂贵的大米。联合国粮食及农业组织发现,鱼干作为当地的副产品,不仅可以补充日常营养,还易储存、成本较低,可开发为长期可靠的食物来源。在这样的情况下,联合国粮食及农业组织为女性安排培训,使其学习新技能以改善饥饿和社区的落后状态。截至目前,已经有220多名女性接受了专业培训。

(三)乍得女性引领农业发展

在乍得西部卡内姆地区,来自贫困地区的大部分男性迁移到了经济发展较好的地方谋求发展,以确保家庭能够生存。男子被迫离开意味着女性成为一家之主,成为耕种土地的关键劳动力量。自2010年以来,联合国粮食及农业组织开始与该地区的贫困人口合作,帮助其改善粮食安全状况,缓解营养不良的情况。该计划帮助了该区域女性群体使用可灌溉的肥沃土地,并以自己的名义耕种,而过去她们很难获得农用土地。女性拥有可耕地的同时接受了良好的农业规范培训,这能确保卡内姆地区的可持续农业发展。当地农民在河谷土地上开展园艺生产活动大大增加了粮食产量,使卡内姆地区的家庭粮

---

① 联合国粮食及农业组织.卢旺达妇女农民到农商企业家:社会保护措施提高小农的技能和信心[EB/OL].[2021-04-26].http://www.fao.org/fao-stories/article/zh/c/1182091/.

食消费状况得到了改善。目前,女性能够全年在经济上开展可行的活动,创造更多、更稳定的收入。① 可以认为,女性作为该地区改善营养膳食的领头人物,对提升粮食产量、解决温饱问题发挥了至关重要的作用。在引领该区域农业发展的过程中,女性已经变得不可或缺。

(四)肯尼亚女性在知识社区中发挥榜样作用

为了提高信息通信技术的普及率,改善非洲东部农村地区的不平等和贫困现象,联合国粮食及农业组织在该地区建立了社区知识中心,这些社区被民众称为"Maarifa"中心(Maarifa 在斯瓦希里语中意为"知识")。该项目主要采用参与式沟通的方式提高农村民众特别是女性的影响力。成员可以获取和交流有关如何通过农业和畜牧新技术改善生计以及应对环境变化等信息。中心还在社区招收志愿者,负责对各项活动进行管理,并对以开发为导向的当地知识和经验收集工作进行协调等。在招聘的志愿者中,女性占有绝大比例,人数比例高达 70%。这些女性志愿者既能作为当地社区女性成员的榜样和表率,又向男子宣扬了教育和赋权女性的重要性。当前,联合国粮食及农业组织已经在肯尼亚(8 个)、坦桑尼亚(1 个)和乌干达(1 个)建立了多个中心,所有中心均可通过"开放知识网络"平台进行相互链接。②

(五)孟加拉国女性发展成为家禽医生

对许多身处孟加拉国农村地区的女性来说,饲养家禽成了她们独立赚钱的唯一机会。但是禽类易受到疾病影响,如何防止它们死亡、减少经济损失成为孟加拉国女性关心的重要议题。注意到这一发展困境后,2019 年 3 月,联

---

① Food and Agriculture Organization of the United States. Women of kanem taking the lead in agricultural development[EB/OL].[2021-04-26].http://www.fao.org/in-action/women-of-kanem-taking-the-lead-in-agricultural-development/en/.
② Food and Agriculture Organization of the United Nations.Maarifa centres share community knowledge[EB/OL].[2021-05-20].http://www.fao.org/gender/projects/detail/en/c/36771/.

合国粮食及农业组织专门派出相关专业人士进入社区分享家禽健康知识,女性习得了接种疫苗预防家禽生病的专业知识,为当地社区提供服务并适度收取费用,填补了日常生活的开支。不仅如此,具备专业技能的女性代表还会在当地开展培训工作,培养其他女性成为专业的疫苗接种员。未来,这些拥有技能的独立女性还将利用这些资金建立属于自己的商业农场,带动其他女性自力更生,培养出更多具备专业能力的女性为社区服务。①

七、联合国工业发展组织

(一)中东和北非地区提高女性包容度,促进女性赋权

当前,中东和北非地区仍是世界上失业率最高的地区。其中,青年失业率约为25%,女性失业率高达40%。相比之下,该区域的女性创业率也相对较低——只有12%的正规中小企业归女性所有。女性参与经济活动的程度低,很大程度上是因为难以获得商业服务的支持。在这样的背景下,促进女性经济赋权成了联合国工业发展组织在该地区培养女性领导力的重要举措。项目的目标是利用中东和北非地区女性创业的巨大潜力,从而为可持续和包容性增长创造条件。项目共包含三个层面的干预:第一,促进企业主之间的政策对话,为促进女性创业的政策改革提供建议。第二,加强国家商业女性协会的能力,向女企业家提供更高质量和需求驱动的服务,以便其创建自己的企业。第三,通过培训、促进商业伙伴关系和拓宽融资渠道,直接在目标国家推动约200项有前景的由女性主导的投资。②

---

① Food and Agriculture Organization of the United Nations. Women vaccinators challenge perceptions and change lives in bangladesh[EB/OL].[2021-05-20]. http://www.fao.org/fao-stories/article/en/c/1191762/.
② United Nations Industrial Development Organization. Promoting women economic empowerment for inclusive and sustainable industrial development in the MENA region [EB/OL]. [2021-05-21]. https://www.unido.org/sites/default/files/files/2019-03/UNIDO_Women_Empowerment_MENA_Factsheet_EN.pdf.

(二) 摩洛哥培养女企业家

受低效的生产机制、缺乏管理技能以及文化制约等因素影响,摩洛哥的女企业家丧失了生产能力和发展机会,产生的直接后果是不仅女性在收入分配上受到影响,也会阻碍国家的经济增长。为了对上述不利情况做出回应,2011年联合国工业发展组织与西班牙国际合作署(Agencia Española de Cooperación Internacional para el Desarrollo, AECID)合作制定了一项创业方案,目的是为改进生产过程,通过提供新设备使女性主导企业更快、更高效地生产出质量更好、更安全的产品。联合国工业发展组织还对400多名女性进行了培训,确保女性管理的企业能够生产出更有竞争力的产品。同时,提升女企业家的商业技能、财务和营销能力也成为联合国工业发展组织培训课程的重点。当前,方案已在摩洛哥取得显著效果,400多名女性接受培训后,生产率较之前提高了40%,收入也实现了翻番,产品的质量不仅得到了显著提升,还得到了有关机构的认证。可以认为,摩洛哥地区女性企业家的领导力成了促进经济发展的重要元素。①

(三) 巴基斯坦女性进入创意工业领域,创造谋生机会

该计划的重点在于使所有经济部门更具包容性,采取的办法是将女性纳入传统意义上由男性主导的经济部门。这意味着女性可以被纳入具有高潜力的增值分部门,并能够加入传统上以男性为主的生产链。该计划的实施令当地女性在创意部门中充分发挥了创造力,生产出了更多的畅销产品。在传统的经济领域中,例如珠宝和纺织品等行业,女性利用与男性不同的独特优势和独到眼光,在创造性技能方面发挥了关键的作用。根据该计划对效果的估计,在不久的将来,项目将惠及6 000名直接受益者,特别是女企业家。目前,项

---

① United Nations Industrial Development Organization. Morocco: women entrepreneurs [EB/OL]. [2021-05-21]. https://www.unido.org/sites/default/files/2014-02/Factsheet_2011MORwomenEntrepreneurs_0.pdf.

目已为 2 000 多人提供了企业发展培训,更有 20 000 人将得益于展览和持续营销方案。另有 60 人将参加国际学习/交流访问,进行高级培训。①

(四)莫桑比克通过创业教育赋予女性权利

为了让更多年轻人为创业做好准备,2007 年,在联合国工业发展组织和挪威政府的支持下,莫桑比克在全国启动了一项自下而上的教育计划,以减少贫困。计划具体的做法是在全国中等和职业学校推行创业课程方案,旨在鼓励培养企业家的态度和技能。联合国工业发展组织协助莫桑比克政府制定了一个创业课程,包括教学大纲、教师指南、教科书,以及评估原则等。学生们还需要从理论和实践方面学习如何建立和管理一个企业。与此同时,联合国工业发展组织还对职前和在职教师进行了培训,以促进该课程在全国推广。对企业家的培训在培养态度、技能和知识方面发挥了重要作用,使男性和女性在成长过程中得以最大化地发挥创造力,为国家的经济增长做出贡献。由于欧洲经济委员会的积极影响,莫桑比克教育和文化部已将该方案纳入正规国家教育战略,并将执行该方案。就实施效果而言,目前莫桑比克已经有 255 所学校正在实施该方案,有 24 万名学生参加了该课程,其中 47% 为女性。85% 的学生获得了创业技能,女性同男性一样在开办小企业活动中获得了平等的代表权。②

八、世界卫生组织

作为对乌克兰卫生部发起的公共卫生改革技术支持的一部分,2017 年 5

---

① United Nations Industrial Development Organization. Pakistan: towards gender parity: women in creative industries[EB/OL].[2021-04-22].https://www.unido.org/sites/default/files/2014-02/Factsheet_PAK_PR_CreativeIndustries_2013_0.pdf.
② United Nations Industrial Development Organization. Mozambique: investing in a new generation[EB/OL].[2021-05-18].https://www.unido.org/sites/default/files/2014-02/Factsheet_MOZ_PR_ECP_2012_0.pdf.

月 17 日至 19 日,世界卫生组织欧洲区域办事处举办了关于女性在公共卫生领域的领导作用的研讨会。研讨会将开发和提高女性在卫生部门的领导技能列为优先事项,以促进健康和性别平等为可持续发展目标,重点关注乌克兰卫生部门的改革情况。这次研讨会以现代领导理论为基础,特别适合培养女性领导者,反映女性领导者和女性榜样的真实经历。研讨会以小组讨论和一对一辅导课程的形式进行,具体讨论女性对领导能力的自我评估、阻碍公共卫生领导的因素、女性领导能力发展的障碍、赋予女性权利和领导变革的特殊工具,以及女性如何注重媒体沟通等。[①]

九、联合国开发计划署

(一)摩尔多瓦荣获"性别平等"金章

一直以来,在践行联合国开发计划署性别平等政策的基础上,摩尔多瓦于 2017 年 6 月荣获"黄金性别平等"印章,以赞赏摩尔多瓦过去几年在推动性别平等方面做出的重要贡献。2016 年 4 月,摩尔多瓦国家办事处与发展伙伴合作通过了性别配额立法,并规定议会、内阁和地方选举的政党名单中必须有 40% 的女性配额。联合国开发计划署摩尔多瓦办事处向各级担任领导职务的女性提供了关键援助,使她们能够成为两性平等议程的有效推动者。办事处还为女性创造就业机会,支持女性领导的企业,为全国处于弱势和被边缘化的女性提供支持服务。[②]

---

① World Health Organization.Women's leadership for public health in Ukraine[EB/OL].[2021-05-18]. http://www. euro. who. int/en/media-centre/events/events/2017/05/womens-leadership-for-public-health-in-ukraine.
② United Nations Development Program. Moldova was awarded the golden gender equality seal[EB/OL].[2021-03-18]. https://www. md. undp. org/content/moldova/en/home/presscenter/articles/2017/06/08/pnud-moldova-a-fost-distins-cu-sigiliul-de-aur-pentru-egalitatea-de-gen-.html.

(二)阿拉伯地区启动摩萨拉卡项目

多年来,阿拉伯地区一直动荡不安。该区域的一些国家意识到在公共事务中听取女性的声音有助于恢复和重建家园,在这个背景下,新的区域项目——摩萨拉卡(Mosharaka)项目应运而生。该项目于2014年开始实施,持续四年后结束。项目将鼓励在减少两性不平等和促进赋予女性权利方面取得更快进展作为总体目标,致力于从以下方面着手推动阿拉伯地区性别平等,并取得了良好效果:加快性别平等进程,提高女性在政治、经济和社会领域中的参与度;通过建立女性、和平与安全框架,加强人类安全和平等地诉诸司法的机会;加强女性对国家机构、专业协会、媒体、民间社会和私营部门的参与;确保女性可以从冲突后迅速回归可持续发展的努力中受益。不仅如此,项目还得到了阿拉伯私营部门的支持。在他们的支持下,阿拉伯女性可以通过培训,提高使用信息和通信技术的能力,以增加就业和创业机会。[1]

第四节 联合国系统在民间社会的推动

民间社团作为生活中最基层的单元团体,对宣传、传播和资助实施各项政策具有重要意义。就推进性别平等议题而言,民间社团不仅对议题的执行操作发挥了助推器的作用,而且鼓励在实践中践行该原则,这也极大地改善了基层成员对女性存在歧视的氛围。因此,针对这种情况,有必要在联合国系统背景下,考察民间社团对提升女性领导力的具体做法和现实意义。

---

[1] United Nations Development Program. Launches its regional project "mosharaka" focusing for the first time on supporting Arab women's participation in the public sphere [EB/OL]. [2021-03-18]. https://www.undp.org/content/undp/en/home/presscenter/pressreleases/2014/04/06/undp-launches-its-regional-project-mosharaka-focusing-for-the-first-time-on-supporting-arab-women-s-participation-in-the-public-sphere-.html.

一、联合国妇女署

(一) 比尔及梅琳达·盖茨基金会项目

由于女性群体在全球发展中受到的不平等对待,在整体上有关女性基本情况的数据显得过于匮乏。这些数据包括女性的出生日期、工作时长、收入、是否遭受过暴力以及死亡等。数据缺失导致的直接后果是女性的社会价值被低估,潜力不能得到充分挖掘。注意到这样的情况后,比尔及梅琳达·盖茨基金会主要采取经济资助的形式给予女性支持。基金会宣布投入资金8 000万美元,旨在缩小性别方面存在的数据差距。同时,基金会还拿出一部分资金用于援助联合国女性旗舰计划"让每个女性都有价值"。目前,该方案正在12个国家实施,为期5年。基金会表示,希望通过更好地编制和使用性别统计数据,支持监测可持续发展目标的执行情况。

(二) 伊丽莎白·雅顿 (Elizabeth Arden) 项目

为进一步推动由伊丽莎白·雅顿女士倡导的女性赋权事业,由她本人创立的标志性的美容品牌于2018年3月发起了"支持联合国女性运动"(March On Campaign)的活动。该品牌的首席故事讲述者里斯·威瑟斯彭(Reese Witherspoon)身兼多重身份,她不仅一直是女性权益的热情倡导者,还是一名演员、制片人、企业家和一家非营利环境组织(Time's Up)的联合创始人。为宣传美容品牌,该品牌开始在全球销售限量版的红色唇膏,并将获得的全部收益捐赠给了联合国妇女署。根据多年来的承诺,该品牌已向联合国妇女署资助100万美元。这些基金将支持解决世界各地的女性问题,维持全球方案的编制工作,同时直接提高实地活动的响应能力和可持续性,并帮助女性实现平等参与。

(三) 福特基金会项目

联合国妇女署与福特基金会(Ford Foundation)的合作跨越多个国家和项

目,将重点放在性别平等和女性赋权等关键领域。过去,在基金会的支持下,印度实现了将性别敏感预算纳入主流,伙伴关系发展也取得了良好的效果。例如,基金会在印度的工作导致对农业和城市发展部门进行了对性别问题有敏感认识的分析,从而产生了关于性别敏感预算、计划和方案的证据。当前,基金会继续发挥作用;在巴西,支持联合国妇女署应对 Zika 病毒的爆发;在印度和斯里兰卡,加强促进两性平等的预算编制;在中国,开展反家庭暴力工作和青年女性领袖培训;在拉丁美洲和加勒比,加速变革以结束童婚和早婚。

(四)开放社会基金会项目

开放社会基金会(Open Society Foundation, OSF)从农业方面入手,关注农业领域女性的赋权问题。农业作为全球女性工作最重要的领域之一,超过三分之一的就业女性都在农业部门工作。然而,遗憾的是,农业政策和投资并没有更多向女性倾斜。虽然女性农民处在应对气候变化和自然灾害影响的最前沿,但是她们通常不能获得完整和有效的信息。联合国妇女署的旗舰项目"通过抗御气候变化的农业赋予女性权利"的倡议基于联合国妇女署的经验,即加强赋予能力需要采取综合办法的权限,同时解决女性农民在气候变化背景下面临的结构性障碍。基金会提供资金用于"全球政策支持项目",该项目通过制定评估性别差距和改进数据收集的方法为支持对象提供技术援助,建立全球和区域伙伴关系,召集实践社区。基金会还支持联合国妇女署的另一个期间计划,即"2018—2019 年世界女性的进步:不断变化的世界中的家庭",旨在回答法律、政策和公共行动如何支持家庭等问题,使女性享有获取资源、保障身体完整和自由发言的权利。

(五)宝洁公司项目

联合国妇女署与宝洁公司(Procter & Gamble, P & G)的伙伴关系横跨多个国家,并提出了多项计划和举措。当前,宝洁公司正在支持联合国妇女署的旗舰项目"鼓励女企业家获得平等机会"。利用公司作为行业领导者,实施促进性别平等的采购政策及其遍布全球网络的合作,联合国妇女署与宝洁正在全球范围内开展合作,为宝洁公司的主要供应商提供促进两性平等在采购方面的最佳实践。该伙伴关系特别注重为女性营造一个高包容度的商业环境,并支持女企业家尤其是小规模供应商融入企业价值链。目前该计划已经在埃及、尼日利亚、巴基斯坦和南非得以实施。与此同时,宝洁公司还是联合国妇女署"反刻板印象联盟"(Unstereotype Alliance)的创始成员。该联盟的主要任务是激发集体行动,积极主动地消除和打破全球广告中存在的性别陈规和定型观念。宝洁公司在广告活动中始终努力塑造女性的进步形象,并展示男性在促进性别平等方面的重要性。同时,公司还支持联合国妇女署的"性别平等态度跟踪研究",该研究主要提供关于性别平等态度的紧急数据,并通过政策和教育帮助指导和纠正行动。除此之外,在 2016 年奥运会之前,宝洁公司旗下领先的女性护理品牌 Always 在里约热内卢支持了联合国妇女署的创新试点计划"一次胜利导致另一次胜利"(One Win Leads To Another)。宝洁公司以社区为基础的体育计划覆盖了青年女性,包括一些处境较为艰难的成年女性,计划为她们树立了信心,培养了她们的领导技能,并提高了她们的决策能力。

(六)可口可乐公司和可口可乐基金会项目

联合国妇女署与可口可乐公司(The Coca-Cola Company,TCCC)的全球"5×20"倡议合作旨在增强女企业家的能力。可口可乐为联合国在埃及、巴西和南非的女性方案提供资金,以便更好地获得商业技能培训和金融服务,并支持同龄人和导师网络。截至目前,该计划已在三个国家接触并授权了 42 000 多名女性参与。在可口可乐基金会(The Coca-Cola Foundation,TCCF)的支持下,联合国妇女署在摩洛哥开展工作,主要任务是通过推广能够抵御气候变化的农业生态产品,实现产品商业化,从经济上增强农村女性的能力,尤其是那些被社会边缘化的女性。

(七)联合利华项目

与宝洁公司类似,联合利华(Unilever)也注重与联合国妇女署合作,将重点放在多个领域为女性赋权,为提高女性的权利地位做出贡献。当前,联合国妇女署与联合利华之间多管齐下的伙伴关系包括:第一,制定和推进以人权为基础的方案,确保女性在茶叶行业获得社会、经济和政治上的权利。这将有助于联合利华同包括政府当局、联合国机构、女性组织、供应商和其他伙伴在内的多部门合作,制定一项具有催化作用的"女性安全全球框架"。"女性安全全球框架"将在联合利华的供应链中得到调整,并将随着时间的推移扩展到更广泛的茶叶行业和其他大宗商品领域。第二,联合发起"反刻板印象联盟",主要任务是消除全球广告中对女性存在的刻板印象。第三,支持联合国妇女署的"性别平等态度跟踪研究",该研究将提供关于性别平等态度的紧急数据,以便通过政策,为纠正行动提供信息,并在广告中逐步描绘女性的形象。

二、联合国教科文组织

(一)欧莱雅公司基金会促进科学领域女性发展的先驱计划

联合国教科文组织与欧莱雅公司基金会致力于长期合作,表彰在工作范围内对克服当前全球挑战做出贡献的女性研究人员。在双方的共同努力下,"科学领域女性发展的先驱计划"得以实施,计划通过以下方式突出科学卓越性并鼓励人才:第一,联合国教科文组织与欧莱雅联合设立"科学界女性奖",该奖项每年颁发给5位杰出的女科学家(每个大洲一位),以表彰她们的研究贡献及其对社会的影响。第二,联合国教科文组织与欧莱雅联合设立"国际新兴人才奖",该奖项每年授予15名博士和博士后级别的有前途的年轻女科学家,鼓励国际范围开展的科学合作并发展跨文化网络。第三,欧莱雅国家研究金在联合国教科文组织国家委员会的支持下,在尊重各国女性特殊性和特定需求的同时,将女性问题纳入世界各国的科学领域。"促进科学领域女性发展的先驱计划"推动了女性在科学研究领域的发展。同时,该计划已经成为国际范围内卓越科学的基准,它提高了杰出女科学家的知名度和影响力,为考虑从事科学领域的年轻女性树立了强有力的榜样。

(二)爱思唯尔(Elsevier)基金会为职业女科学家颁奖

2012年,在爱思唯尔基金会、促进发展中国家科学进步的世界科学院(The World Academy of Sciences, TWAS)和联合国教科文组织下属的女性科学发展组织的共同发起下,启动了授予职业女性科学家奖项的仪式。为女性科学事业设立奖项,主要目的是肯定和庆祝女性科学家在其职业生涯早期阶段取得的成就,并寄希望于这些杰出女性能够为下一代女性的发展树立榜样,其经验能被借鉴。奖项每年在生命科学、化学、物理、数学学科中轮流颁发,共在拉美、亚洲、撒哈拉以南非洲地区、东南亚等地选出5名获奖者。①

(三)宝洁公司提高青年女性的识字能力

2011年,联合国教科文组织和宝洁公司护舒宝品牌结为伙伴关系,致力于提高青年女性的识字能力,增强女性权能。为了最大限度地发挥教育的作用,改善女性的社会地位,两者提出了一个共同目标,即到2016年,在非洲和世界上其他最需要的地方提供2亿多教育课时,包括青春期教育。②

三、联合国工业发展组织

在2018年圣彼得堡国际经济论坛开幕当天,联合国工业发展组织与俄罗斯支持女性创业发展委员会合作,举办了"增加女性对经济增长和繁荣的贡

---

① United Nations Educational, Scientific and Cultural Organization. Elsevier awards for early career women scientists in the developing world[EB/OL].[2021-06-16]. http://www.unesco.org/new/en/natural-sciences/priority-areas/gender-and-science/supporting-women-scientists/elsevier-awards-for-early-career-women-scientists-in-the-developing-world/.
② United Nations Educational, Scientific and Cultural Organization. Leave your mark: engage with UNESCO[EB/OL].[2021-06-16]. https://unesdoc.unesco.org/ark:/48223/pf0000228855.

献:创造有利环境"国际论坛。与会期间,来自世界各地的 200 多名业界人士齐聚一堂,分享了他们在扩大女性经济赋权、应对创业成功模式的挑战以及最佳实践解决方案方面的经验。论坛的三次主要会议为富有成果的讨论提供了一个平台,对包括决策者、私营部门、女性网络代表在内的各方提出了面向未来行动的展望。论坛还建立了一个全球女性领袖人才库,用以促进来自各商业部门的女性专家之间建立联系,为商界女性创建一个电子学习平台,提供参加学习和技能发展课程的机会,以提高管理和创业技能;并与私营部门合作,为女企业家和不同工业部门的领导人提供能力建设倡议。①

---

① United Nations Industrial Development Organization. Increasing the contribution of women to economic growth and prosperity was the focus of UNIDO event at St. Petersburg international economic forum [EB/OL]. [2021-06-16]. https://www.unido.org/news/increasing-contribution-women-economic-growth-and-prosperity-was-focus-unido-event-st-petersburg-international-economic-forum-2018.

第五章 联合国精英女性培养及其领导力提升的成就及问题

联合国作为全球最具影响力的国际组织,在精英女性培养和领导力提升方面取得了显著的成就。这些成就包括:联合国推进性别平等成为可持续发展议题的重要内容;促进女性在科学领域发挥关键作用;增强女性在政治领域的领导地位;扭转女性在经济领域发展中的不利局面;推动女性群体成为维护世界和平不可或缺的重要力量。然而,就现实情况而言,无论是在政治权利提升还是精英女性培养上,女性的发展情况仍不容乐观。不仅如此,联合国在精英女性的培养过程中也面临诸多困境。在联合国系统内,女性在政治领域的代表比例不足,尤其是精英女性被排除在最高级别之外。联合国妇女署根据常驻联合国代表团提供的信息进行过计算,截至 2019 年,世界范围内仅有 11 名女性担任国家元首、12 名担任政府首脑,所有国家议员中只有 24.3% 为女性。① 同时,行政部门的职位选举制度对精英女性也产生了不利影响。例如,女性候选人可能会在能力或资源方面存在不足,从而无法有效地参与竞争。

---

① United Nations Women. Facts and figures: leadership and political participation [EB/OL]. [2021-06-21]. https://www.unwomen.org/en/what-we-do/leadership-and-political-participation/facts-and-figures.

有时,选举管理机构没有意识到妨碍女性参与的因素,因为它们不具备分析这些知识、技能或数据以及纠正相关问题的能力。性别规范和期望也大大降低了女性候选人被选为选举代表的概率,造成女性在政治行动中面临结构性阻碍。在实现女性精英化培养道路上,联合国经常受困于经济上的制约,以至于无法满足女性发展的基本需求。可以说,女性在寻求政治赋权和能力培养方面正面临着双重束缚,而这给联合国推动的性别平等议题带来了巨大的挑战。基于此,本章主要从成就和挑战两个部分出发,对联合国精英女性的培养所取得的成果和存在的问题进行分析。

第一节 联合国精英女性培养及其领导力提升的成就

一、推进性别平等成为可持续发展议题的重要内容

在 2015 年 9 月 25 日召开的联合国可持续发展峰会上,与会的 193 个成员国通过了《2030 年可持续发展议程》,该议程涵盖 17 个可持续发展目标,已于 2016 年 1 月 1 日正式生效。新目标适用于所有国家,并承诺在接下来的 15 年内,各国将致力于消除一切形式的贫穷,实现平等,应对气候变化,同时确保没有一个国家掉队。① 议程中第五个可持续发展目标是性别平等(以下简称目标 5),目标 5 的具体内容包括以下九项:

(1)在全球消除对女性一切形式的歧视。

(2)消除公共和私营部门针对女性一切形式的暴力行为,包括贩卖、性剥削及其他形式的剥削。

(3)消除童婚、早婚、逼婚及割礼等一切伤害行为。

---

① 联合国.可持续发展议程[Z/OL].[2021-06-21].https://www.un.org/sustainabledevelopment/zh/development-agenda/.

(4)认可和尊重无偿护理和家务,各国可视本国情况提供公共服务、基础设施和社会保护政策,在家庭内部提倡责任共担。

(5)确保女性全面有效参与各级政治、经济和公共生活的决策,并享有进入以上各级决策领导层的平等机会。

(6)根据《国际人口与发展会议行动纲要》《北京宣言》和《行动纲要》以及历次审查会议的成果文件,确保女性普遍享有性和生殖健康以及生殖权利。

(7)根据各国法律进行改革,给予女性平等获取经济资源的权利,以及享有对土地和其他形式财产的所有权和控制权,依法获取金融服务、遗产和自然资源。

(8)加强技术特别是对信息和通信技术的应用,以增强女性权能。

(9)采用和加强合理的政策和有执行力的立法,促进性别平等,在各级增强妇女和女童权能。①

上述具体措施指出,性别平等不仅是一项基本人权,也是世界和平、繁荣和可持续发展的必要基础。其中,目标5的重点是让女性获得教育、保健、体面工作并参与政治经济决策,有利于促进经济可持续发展,造福整个社会和人类。同时,实施关于工作场所性别平等、根除针对女性的有害做法的新法律框架,对于消除世界上许多国家普遍存在的性别歧视至关重要。截至目前,目标5已经取得一系列成就,具体包括:100多个国家已经采取行动,跟踪用于性别平等的预算拨款;从事非农业部门有偿工作的女性比例从1990年的35%上升至2015年的41%;当前在46个国家中,女性在至少一个议院中占据了30%以上的席位;在盛行切割女性生殖器习俗的30个国家中,生殖器官被切除的

---

① 联合国.可持续发展目标5:实现性别平等,增强所有妇女和女童的权能[Z/OL].[2021-05-22].https://www.un.org/sustainabledevelopment/zh/gender-equality/.

15 至 19 岁女童的比例从 2000 年的二分之一下降至 2017 年的三分之一。[①] 可见,性别平等被越来越多的国家所重视,其中联合国发挥的作用不容忽视。

二、促进女性在科学领域发挥关键作用

近年来,全球从事科学的女性人数显著增加。与此同时,联合国教科文组织作为联合国促进教育发展与普及的重要部门,对促进女性在科学领域的作用提供了许多建议和措施。联合国教科文组织在有关自然科学方面优先的发展领域围绕性别和科学推进其工作。内容主要包含四个方面:支持女性科学家;改进科学、技术、工程和数学领域性别平等的衡量标准;女性参与决策的过程;跨领域议题(Cross-cutting Issues)。

在支持女性科学家方面,首先,联合国教科文组织致力于减少科学、技术、工程和数学领域的性别差距,强调科学、技术、工程和数学领域的性别平等不仅仅是公平问题,还是一项基本人权问题,应让对科学、技术、工程和数学领域感兴趣且才华横溢的女性能充分投入科学事业中,减少可能面临的各种障碍。同时,为加强全球女性科学家之间的联系,联合国教科文组织所属的自然科学部门为此还与发展中国家妇女参与科学组织(Organization for Women in Science for the Developing World,OWSD)合作,旨在为处于不同阶段的女科学家提供研究培训、职业发展和建立联系的机会,并为科学领域的女性提供与导师见面的机会,通过这些方法来支持女性科学家的发展,并为其在科学领域中的贡献做铺垫。其次,联合国教科文组织在 2015 年启动了全球性项目——科学、技术、工程、数学与性别进步项目(STEM and Gender Advancement,SAGA),该项目旨在加强联合国教科文组织在科学、技术和创新(Science, Tech-

---

[①] 联合国.可持续发展目标 5:实现性别平等,增强所有妇女和女童的权能:事实与数据[EB/OL].[2021-05-22]. https://www.un.org/sustainabledevelopment/zh/gender-equality/.

nology and Innovation,STI)领域支持性别平等的工作,科学、技术、工程、数学与性别进步项目的主要目标是为政府和政策制定者提供各种工具,以缩小目前在各级教育和研究领域存在的性别差距。通过实现这一目标,科学、技术、工程、数学与性别进步项目将有助于提高女性在科学、技术、工程和数学领域中贡献的知名度、参与度和认可度。同时,科学、技术、工程、数学与性别进步项目已经在参加国内部产生了积极影响,也督促了科学、技术、工程和数学领域性别平等的衡量标准的改进。① 再次,联合国教科文组织自然科学部门致力于促进女性参与制定科学议程和科学决策,参与技术创新政策的高层决议,从而确保将女性科学家和女性知识持有者(包括土著和传统知识持有者)的独特观点纳入解决方案,更好地发挥女性科学家和在科学领域中的关键作用。最后,联合国教科文组织政府间海洋学委员会确保将性别观点纳入各级行动的主流,该委员会尤其致力于在整个海洋科学界中促进男女平等。为此,海洋学委员会通过了"女性海洋科学家倡议"。该倡议致力于让海洋科学和保护海洋环境的杰出女性分享她们的故事,帮助我们了解联合国教科文组织国际海事委员会如何与她们一起促进性别平等。通过这一项目,委员会希望鼓励年轻女性从事科学事业,特别是与海洋有关的科学,支持和庆祝女性科学家的成就,其目的是为其他女性树立榜样,以供女性提高对自然科学的认同和探索欲望。②

三、增强女性在政治领域的赋权和领导

为了确立女性在政治领域中的赋权和领导,联合国妇女署确定了四个优

---

① United Nations Educational, Scientific and Cultural Organization. STEM and gender advancement (SAGA)[EB/OL].[2021-06-03].https://en.unesco.org/saga.
② Gender and Science.Gender mainstreaming in marine science[EB/OL].[2021-05-22].http://www. unesco. org/new/en/natural-sciences/priority-areas/gender-and-science/cross-cutting-issues/gender-mainstreaming-in-marine-science/.

先成果领域：

(1)支持和实施强有力的法律框架和行政措施,包括对宪法、法律、条例、章程以及政策行动的相关改革,如通过暂行特别措施为担任领导职务的女性设定数量目标和改革章程。

(2)扩大和丰富优秀人才库,让有能力的女性参加竞选,包括启动增强女性信心和领导能力的方案,同时加强与支持女性的民间社会组织的联系。

(3)改变性别规范,女性成为合法且具备权能的领导人,通过开展宣传活动,使媒体和选民认识到女性在各级公共生活中的重要性,并与男性倡导者展开合作。

(4)在对性别问题敏感的政治机构中支持女性领导人,包括议会、政党和选举管理机构,为女性在不同级别的政府工作创造机会。吸引、鼓励和留住女性领导人,突出她们对决策做出的建设性成就,联合国妇女署的上述一系列做法有助于为其他女性树立榜样。这四项成果领域对女性在政治领域的领导力提升以及赋权意义重大,同时也让更多女性愿意且积极地参与到政治活动中,确立了女性在政治领域发挥的重要作用。在宪法和法律层面,联合国妇女署工作的重点是支持国家整合性别平等原则。在摩洛哥,在联合国妇女署的协助下,性别平等运动在宪法重新起草时成为女性的有力声音。在新宪法中规定了维护性别平等的原则,并在实践中得到了具体实施。在摩洛哥最近的全国选举中,所有政党纲领都承诺实现性别平等,议会中的女性人数从10%激增至17%。① 在女性参与选举中,联合国妇女署致力于采取措施,支持女性在整个选举周期中的政治参与,包括通过与联合国系统合作的协调努力。其中一个重点是通过执行临时特别措施或配额制度来保护女性参选权利。例如,

---

① United Nations Women.Constitutions and legal reform[EB/OL].[2021-05-22].https://www.unwomen.org/en/what-we-do/leadership-and-political-participation/constitutions-and-legal-reform.

在埃及政治过渡的关键时刻,联合国妇女署帮助埃及建立了第一个女权联盟,该联盟由 500 个女性团队倡导组织、埃及公民教育组织和女性参与联盟组成,后者是选举的监督者。来自 27 个省的 50 多万人签署的《国家宪章》着重强调女性对国家未来的希望。埃及政府正在与联合国妇女署合作,实施"女性公民权"倡议,向 200 万需要投票和获得公共服务的女性发放身份证。① 可见,联合国妇女署在确立女性政治领域的赋权和领导力方面做出了许多贡献,让更多的女性参与到了政治生活,同时也确立了女性在政治领域中的重要地位。

四、扭转女性在经济领域发展中的不利局面

2017 年 3 月,妇女地位委员会第 61 届会议商定的结论显示,不断变化的劳动世界赋予女性经济权利。② 结论阐述了为克服女性在当前职业领域长期面临的不平等现象、歧视和阻碍而采取的必要步骤和措施,以及为确保女性能够充分利用随职业领域不断变化而出现的机会和需要采取的行动。此次会议为在不断变化的职业领域内增强女性经济权能制定了明确的路线。会议内容的导言部分叙述了在不断变化的劳工世界中增强女性经济权能的问题。妇女地位委员会提出了一些问题和措施:世界各地的劳动力市场依然存在妨碍两性平等和基于性别歧视的结构障碍,与男性相比,女性兼顾工作和家庭责任更为艰难,必须消除这些结构性障碍,女性才能够充分参与社会活动并平等地工作。认识到在实现在不断变化的职业领域内增强女性经济权能是不够的,现实问题阻碍着实现女性的全部潜力并使他们未必能够充分享有人权和基本自由。委员会承认区域公约、文书和倡议在各自区域和国家实现性别平等与增

---

① United Nations Women. Elections[EB/OL].[2021-05-22].https://www.unwomen.org/en/what-we-do/leadership-and-political-participation/elections.

② United Nations Women. Women's economic empowerment in the changing world of work[EB/OL].[2021-06-12]. https://www.unwomen.org/-/media/headquarters/attachments/sections/csw/unw_csw61_brochure_en.pdf? la=en&vs=2057.

强女性权能，包括增强女性经济权能及其工作权，推动人人得到充分的和生产性的就业，拥有体面的工作；委员会承认在促进女性的经济赋权，和提供充分的、生产性方面就业及体面工作的重要作用。同时委员会还认识到：第一，全球化给增强女性经济权能带来了挑战，也带来了机会；第二，需要在我们共同人性的基础上，为创造共同的未来做出广泛和持续的努力，以确保全球化对于包括妇女和女童的所有人具有充分的包容性和公平性，并越来越多地成为增强女性经济权能的一种积极力量；第三，为协助各国推动赋予女性经济权力的努力，需要有一个有利的外部环境，其中包括调动充足的财政资源进行能力建设和在相互商定条件下转让技术，而这些又将反过来加强对赋能技术的利用，以促进女性的创业精神和经济赋权。

基于上述问题，妇女地位委员会采取了一系列措施。首先，妇女地位委员会敦促各级政府，并酌情与联合国系统相关实体及国际和区域组织一同，酌情制定规范和法律框架。制定、加强并执行法律和监管框架以确保平等，禁止特别是在工作场所对女性的歧视，包括其参与和进入的劳动市场；禁止基于怀孕、生育、婚姻状况或年龄，以及其他多重或交叉形式的歧视；采取适当措施，确保女性在整个生命周期享有在公共和私营部门获得平等体面工作的机会，旨在加速实现男女事实上平等的暂行特别措施不应被视为歧视；消除性别不平等、性别陈规定型观念和男女间不平等权利关系的根源；在违约和追究侵犯、践踏人权行为的情况下，酌情提供有效的补救和诉诸司法的机会。其次，消除职业隔离，解决结构障碍、性别陈规定型观念及消极的社会规范，促进女性平等进入并参与劳动力市场，有机会参与教育及培训，支持女性在新兴领域和日益增长的经济部门获得相关的教育，支持女性的职业选择多样化，如科学、技术、工程和数学及信息和通信技术，同时认识到拥有大量女性员工的部门的价值。再次，实施经济和社会政策以增强女性经济权能，采取具体步骤支持和建立促进性别平等的公共财政管理办法，包括在所有公共开支部门推行促进性别平等的预算编制和跟踪办法,以弥合性别平等并增强女性权能的资源差距,确保充分计算促进性别平等和增强女性权能的所有国家和部门计划与政策所需的费用,并提供充分资源,确保其有效实施。努力建立或加强包容性和对性别问题有敏感认识的社会保护制度,包括最低标准,以确保所有人不受任何形式的歧视,全面地获得社会保护,并采取措施逐步实现更高水平的保护,包括促进从非正规向正规的过渡。最后,管理技术和数字变化以增强女性经济权能:推行科学和技术教育政策及课程,以使与女性的需要和收益切实相关,鼓励对可持续技术的投资和研究,特别是加强发展中国家的能力,使女性能够利用科学和技术在不断变化的工作领域进行创业和经济赋权。① 可见,女性在经济领域的各项权能正在逐渐得到增强,同时相关宪法、法律措施的出台也将保障女性在经济中获权并发挥能力。

第二节　联合国精英女性培养及其领导力提升的困境

一、联合国未能打破"女性被歧视"的传统格局

就历史根源而言,联合国在精英女性的培养过程中所面临的发展困境源于长期以来各国广泛存在的两性不平等现象。在教育方面,由于女性长期无法享受到与男性同等的教育资源,造成了女性受教育率普遍较低的现实情况,导致联合国系统内精英女性的比例无法得到显著提升。在政治方面,女性依然未能摆脱"被歧视"的困境,女性政治领导力的发展道路艰难坎坷,直接造成精英女性的政治能力发挥不足。在社会环境方面,由于女性长期遭到来自周

---

① 妇女地位委员会商定结论.不断变化的劳工世界中增强妇女经济权能的问题[EB/OL]. [2021-06-04].https://www.unwomen.org/-/media/headquarters/attachments/sections/csw/61/csw-conclusions-61-chweb.pdf? la=en&vs=5318.

边环境施加的巨大压力,年轻女性在成长过程中往往会形成自卑、依附等不健康心理,这一情况也给联合国的女性培养道路带来了诸多隐形障碍。具体而言,上述领域存在的问题可具体表现为:

在教育方面,根据联合国教科文组织统计的数据显示,全球15岁及15岁以上的人中预估有7.81亿人为文盲,其中女性占近三分之二,这一比例在过去的20年中一直未曾发生变动。1990年撒哈拉以南非洲地区没有受过小学教育的性别比例差距为4.2%,南亚为14.8%,全球其他地区比例差为6.6%;发展到2012年,世界各地未接受过小学基础教育的女性仍高达8%。截止到2014年,世界范围内研究人员的性别差高达39.7%。[1] 总体而言,女性的受教育比例仍旧低于男性。同时,从受教育层次来看,教育层次越高,男女之间的性别比例的差距就越大。这也意味着,与男性相比,女性在接受门槛较高的教育水平时仍无法获得平等权利。教育领域存在的性别歧视现象表明,联合国在消除性别歧视方面仍然任重道远。

在政治方面,女性在国家立法机关中的百分比已成为衡量一个国家在女性参政方面成就的标准指标。在全球范围内,这一指标的平均水平虽有所上升,但仍未能反映出女性在政治社会中的份额。《2019年可持续发展目标报告》相关数据显示,在103个国家和地区中,部分国家的女性在民选议事机构中的代表比例不到1%,各国女性代表比例的平均数为26%。[2] 不仅如此,地方政府机构之间的差距也很大。鉴于国家立法机关和地方机构在制定、实施和监督法律及预算方面的核心作用,这种政治方面的差异直接侵犯了女性的政治权利,并可能限制女性在其他领域的权利。

---

[1] United Nations Educational, Scientific and Cultural Organization. Education and gender equality[EB/OL].[2021-06-04].https://en.unesco.org/themes/education-and-gender-equality.
[2] 联合国.可持续发展目标5:实现性别平等,增强所有妇女和女童的权能[EB/OL].[2021-07-08].https://www.un.org/sustainabledevelopment/zh/gender-equality/.

在社会环境中,根据亚洲及太平洋经济社会委员会的统计,生活艰苦并且每天仅靠1.25美元至2美元生存的女性的绝对人数在不断增加,而且有越来越多的女性,尤其是在农村及偏远、偏僻、贫困及交通不便的地区,以及各种妇女和女童群体尤其是弱势群体,包括移徙女性、土著女性、残疾妇女和女童、丧偶女性和女性户主、单身女性、离婚女性、境内流离失所妇女和女童以及老年女性,在土地和其他资产所有权、平等和共同控制权、管理权以及获得经济资源的机会方面面临歧视和排斥。① 法律上的性别差异会影响发展中和发达经济体以及所有地区的女性。世界银行《2018年妇女、商业与法律》的数据显示,在全球范围内,超过27亿的女性被法律限制与男性进行相同的工作。在2018年评估的189个经济体中,有104个经济体仍然有禁止女性从事特定工作的法律存在,有59个经济体没有关于保护女性在工作场所远离性骚扰的法律,在18个经济体中,丈夫可以合法地阻碍妻子工作。②

另外,在低收入职业中,女性往往占较高比例。换言之,女性大多从事社会地位较低或报酬较低的工作。这些就业构成中的性别差异被称为"性别职业隔离"。虽然这种隔离因发展水平和国家不同而有所不同,但相对于女性在就业总人数中的占比而言,女性在薪酬较低部门的人数占比普遍偏高。在发展中国家和发达国家,男性在高级官员和管理层中占据主导地位,平均收入在全国平均收入水平的两倍以上。具体而言,发达国家的女性在医疗、家务、社会工作、教育、批发零售贸易和通信服务等低收入部门中的人数占比偏高,且这种占比结构随时间推移变化越来越小。在美国,超过90%的学前/幼儿园

---

① 联合国经济及社会理事会.亚洲及太平洋性别平等和妇女赋权:"北京+20"审评会议(E/ESCAP/GEWE/2)[EB/OL].[2021-07-08]. https://www.unescap.org/sites/default/files/E_ESCAP_GEWE_2C_0.pdf.
② The World Bank. Women, business and the law 2018[EB/OL].[2021-07-08]. http://documents.worldbank.org/curated/en/926401524803880673/pdf/125804-PUB-RE-PLACEMENT-PUBLIC.pdf.

教师、理发师和牙科保健师是女性。① 此外,发达国家的女性占服务业工作者总数的64%,这一职业的平均工资约为全国平均水平的70%。在发展中国家,中国提供了一个说明性例子:1990年,10名经理中有9名是男性;2010年,4名经理中仍有3名是男性。

可以看出,社会生活中仍然存在一些性别不平等的法律规范,造成女性无论在工作方面还是生活方面都无法实现长足发展。与此同时,这也给联合国在精英女性培养的道路上设置了阻碍。联合国妇女署根据常驻联合国代表团提供的信息得出结论,世界范围内有近50个国家没有制定与防止女性遭受暴力相关的法律;在各国的议会中女性议员所占的比例还不到四分之一。② 因此,就上述情况而言,在消除性别不平等问题上,联合国仍面临来自多方的层层阻碍。

二、联合国系统内女性领导力仍存在不足

根据各国议会联盟统计的数据,截至2019年10月,各国议员中只有24.5%是女性,较1995年的11.3%有缓慢增长。截至2019年6月,有11名女性担任国家元首,12名担任政府首脑。截至2019年2月,全球有27个国家的国会议员中女性比例低于10%,其中3个国家的国会议员中没有女性。在各地区中,不同区域之间女议员的平均百分比存在很大差异。截至2019年10月,美洲为30.6%,北欧为29.6%,欧洲(不包括北欧国家)为28.1%,撒哈

---

① United Nations High Level Panel.Leave no one behinda call tto action for gender equality and women's economic empowerment [EB/OL]. [2021-07-08]. https://www2. unwomen. org/-/media/hlp% 20wee/attachments/reports-toolkits/hlp-wee-report-2016-09-call-to-action-en.pdf? la=en&vs=1028.

② United Nations Women. Facts and figures: leadership and political participation [EB/OL]. [2021-07-18]. https://www.unwomen.org/en/what-we-do/leadership-and-political-particlpation/facts-and-figures

拉以南非洲地区是24.1%,亚洲是20.1%。① 由此可见,女性在政治层面的领导力仍有不足,尽管联合国一直致力于提升精英女性的政治地位,但情况并没有得到实质性的改变。

在拉丁美洲,女性担任地方议员的比例虽然在全球处于领先地位,但就女性个体而言,这一结果的实现需要她们付出巨大代价。歧视、暴力、恐吓甚至死亡,成了她们参政过程中面临的主要障碍。2018年3月,曾在巴西担任里约市议员、非洲裔人权捍卫者的马里耶勒·佛朗哥(Marielle Franco)遇害。这一消息发布后,引起了全球公众的广泛关注。在玻利维亚,列昂尼达·祖里塔(Leonida Zurita)作为该国多民族女性部门代表协会(AMADBOL)的主席,曾表示宪法虽提高了女性的代表权利,但性骚扰和政治暴力活动仍较为猖獗。除此之外,中美洲地区洪都拉斯的女性议员也未能幸免。在洪都拉斯,圣佩德罗苏拉市女议员法蒂玛·梅纳·拜德(Fátima Mena Baide)曾在2017年竞选市长时遭到网络攻击,网民要求她回家照顾孩子而不是竞选公职,还对她和她家人的人身安全发出威胁。在竞选期间,法蒂玛还遭到其他竞选议员的人身攻击,他们拉扯她的头发并禁止她在某些地区参加竞选。②

三、联合国系统内女性职业发展空间有限

就目前女性在联合国各机构的任职情况来看,虽然在联合国的不同部门都有女性任职,但总体而言,这一分配比例并不均衡。根据最新的调查数据,在一些与"社会事务"有关的职能部门中,女性占有较大比例;而在一些与国家安全、金融、能源、外交、司法等相关的部门中,女性力量几乎被排斥在外。

---

① Inter-Parliament Union. Women in national parliaments[EB/OL].[2021-07-18]. http://archive.ipu.org/wmn-e/arc/world011019.htm.
② United Nations Women. Across Latin America, women fight back against violence in politics[EB/OL].[2021-08-05]. https://www.unwomen.org/en/news/stories/2018/11/feature-across-latin-america-women-fight-back-against-violence-in-politics.

很显然,女性在部分职位被边缘化的这一情况说明了女性领导者仍未能突破传统"玻璃天花板"这一观念的限制,而这一观念表达的隐含思想是,男性应该在长期占统治地位的领域发挥核心力量。

根据 2015 年联合国秘书长关于改善女性地位的报告数据,在与社会事务相关的部门中女性代表比率较高。截至 2015 年 12 月,联合国妇女署 2015 年的女性职员比例为 79.1%,联合国教科文组织为 50.6%,联合国道德操守办公室(United Nations Ethics Office)为 57.1%,新闻部(The Department of Public Information)为 52.0%。反观一些与国家安全、军事、工业等相关的部门,女性代表比例则明显偏低。同样截至 2015 年 12 月,联合国近东巴勒斯坦难民救济和工程处的女性代表比例为 42.4%;联合国维持和平行动部比例为 33.3%;安全与安保部(The Department of Safety and Security)为 36.4%;联合国工业发展组织为 32.7%。① 由此可见,在精英女性培养的过程中,虽然女性领导力得到了相应的提升,但也仅仅局限于个别部门且远离政治中心,对于一些具有权力性的岗位,女性领导力的发展并没有得到实质改善。同时,在比例分布方面,女性代表人数超过一半的部门较少,这也就是说女性的政治参与率仍然不足。女性在表面层次的领导力虽得到了提升,但职务仅限于某些边缘职业。就这一点而言,联合国在精英女性培养的过程中仍需要付出诸多努力。

分析《2015 年女性参政地图》的数据可以发现,与 2014 年相比,全球女性政府部长的人数变化呈缓慢增长态势,从 670 人增加到 715 人,但增长后也仅占所有政府部长比例的 17.7%。从女性担任国家元首和政府首脑的情况来看,全球共有 19 位女性领导人,其中欧洲有 9 位,美洲有 6 位,非洲和亚洲分别有 2 位,而阿拉伯和太平洋地区为 0 位。《2017 年女性参政地图》的数据显示,各国议会中女性比例从 22.6%增长到了 23.3%,占比平均值增长缓慢,部

---

① United Nations Women.Women in parliaments [EB/OL]. [2021-08-05].https://www.unwomen.org/en/what-we-do/leadership-and-political-participation/facts-and-figures.

长级女性的参与率为18.3%,女性国家元首和政府首脑数量从19位减少到了17位。除此之外,《2019年女性参政地图》的数据显示,全球范围内女性议员比率为24.3%,高级别领导层中的女性数量出现下降,女性国家元首的比例从2017年的7.2%下降到6.6%(153人中有10人为女性),女性政府首脑的比例从2017年的5.7%下降到了5.2%(193人中有10人为女性)。①

从各国议会联盟最新发布的全球议员中女性任职比例的平均水平数据来看,女性在全球总议员中的占比仅有24.5%,与男性议员的占比相比低了10个百分点。具体到各地区,美洲地区女性议员的比例相对较高,达到了30%以上。其次是欧盟地区,女性议员占比达到28%以上。女性议员在中东和北非地区任职的比例最低,仅有16.8%。截至2019年2月的结果显示,仅有几个国家众议院中的女性议员比例超过50%,这些国家分别是卢旺达、古巴和玻利维亚。在剩余190个国家的众议院中,女性议员的数量仍维持在较低水平,甚至有少许国家仍未有女性担任议员职位。与众议院相比,参议院中女性任职比例更低,193个国家中女性任职比例均未达到50%。

以上数据表明,虽然近年来精英女性参政议政的比例有了一定程度的提高,但是她们只限于参政议政,并没有完全进入高层管理层次,精英女性出任国家元首或者政府首脑的概率仍然较低。同时,精英女性参政比例增长较为缓慢,与实现性别平衡还有很大的距离。精英女性在政治方面的职位很难得到晋升,这需要联合国积极应对,但是并无明显成效,"玻璃天花板"效应依然是当前精英女性成长中面临的突出障碍。

---

① 联合国新闻. 2019年女性参政地图:全球每五名政府部长中就有一名是女性[EB/OL].[2021-08-05]. https://news.un.org/zh/story/2019/03/1030121.

表 5-1 全球议员中女性任职比例的平均水平[1]

两院合并	
总议员人数	46.218
男性	34.878
女性	11.340
女性占比	24.5%
众议院	
总议员人数	39.013
男性	29.423
女性	9.590
女性占比	24.6%
参议院	
总议员人数	7.205
男性	5.455
女性	1.750
女性占比	24.3%

表 5-2 各地区议员中女性任职比例的平均水平[2]

	众议院	参议院	两院合并
北欧国家	44.0%	—	—
美国	30.6%	31.5%	30.8%
欧盟(包括北欧)	29.6%	28.5%	29.4%
欧盟(不包括北欧)	28.1%	28.5%	28.2%
撒哈拉以南非洲地区	24.1%	23.9%	24.0%
亚洲	20.1%	16.7%	19.7%
中东和北非	17.7%	10.7%	16.8%
太平洋地区	16.6%	43.8%	19.4%

---

[1] Inter-Parliamentary Union. Percentage of women in national parliaments [EB/OL]. [2021-08-05]. http://archive.ipu.org/wmn-e/world.htm.
[2] Inter-Parliamentary Union. Percentage of women in national parliaments [EB/OL]. [2021-08-05]. http://archive.ipu.org/wmn-e/world.htm.

表 5-3 全球各国议会中女性所占比例①

	国家	世界分类							
		众议院				参议院			
		大选时间	座位	女性	百分比	大选时间	座位	女性	百分比
1	卢旺达	03.09.2018	80	49	61.3%	26.09.2011	26	10	38.5%
2	古巴	11.03.2018	605	322	53.2%	—	—	—	—
3	玻利维亚	12.10.2014	130	69	53.1%	12.10.2014	36	17	47.2%
4	墨西哥	01.07.2018	500	241	48.2%	01.07.2018	128	63	49.2%
5	瑞典	09.09.2018	349	165	47.3%	—	—	—	—
6	格林纳达	13.03.2018	15	7	46.7%	27.04.2018	13	4	30.8%
7	纳米比亚	29.11.2014	104	48	46.2%	08.12.2015	42	10	23.8%
8	哥斯达黎加	04.02.2018	57	26	45.6%	—	—	—	—
9	尼加拉瓜	06.11.2016	92	41	44.6%	—	—	—	—
10	南非②	07.05.2014	393	168	42.7%	21.05.2014	54	19	35.2%
11	塞内加尔	30.07.2017	165	69	41.8%	—	—	—	—
12	芬兰	19.04.2015	200	83	41.5%	—	—	—	—
13	西班牙	26.06.2016	350	144	41.1%	26.06.2016	266	98	36.8%
14	挪威	11.09.2017	169	69	40.8%	—	—	—	—
15	新西兰	23.09.2017	120	48	40.0%	—	—	—	—
16	东帝汶	12.05.2018	65	26	40.0%	—	—	—	—
17	法国	11.06.2017	577	229	39.7%	24.09.2017	348	112	32.2%
18	莫桑比克	15.10.2014	250	99	39.6%	—	—	—	—
19	阿根廷	22.10.2017	255	99	38.8%	22.10.2017	72	30	41.7%
20	埃塞俄比亚	24.05.2015	547	212	38.8%	05.10.2015	153	49	32.0%
21	北马其顿	11.12.2016	120	46	38.3%	—	—	—	—

① Inter-Parliamentary Union Parline. Women in parliament: global and regional averages [EB/OL].[2021-08-15].https://data.ipu.org/women-averages.
② Inter-Parliamentary Union Parline. Women in parliament: global and regional averages [EB/OL].[2021-08-15].https://data.ipu.org/women-averages.

续表

	世界分类							
	国家	众议院				参议院		
		大选时间	座位	女性	百分比	大选时间	座位	女性	百分比

	国家	大选时间	座位	女性	百分比	大选时间	座位	女性	百分比
22	冰岛	28.10.2017	63	24	38.1%	—	—	—	—
23	比利时	25.05.2014	150	57	38.0%	03.07.2014	60	26	43.3%
24	厄瓜多尔	19.02.2017	137	52	38.0%	—	—	—	—
25	塞尔维亚	24.04.2016	247	93	37.7%	—	—	—	—
26	丹麦	18.06.2015	179	67	37.4%	—	—	—	—
27	奥地利	15.10.2017	183	68	37.2%	不适用	61	22	36.1%
28	坦桑尼亚联合共和国	25.10.2015	393	145	36.9%	—	—	—	—
29	布隆迪	29.06.2015	121	44	36.4%	24.07.2015	39	18	46.2%
30	突尼斯	26.10.2014	217	78	35.9%	—	—	—	—
31	意大利	04.03.2018	630	225	35.7%	04.03.2018	320	110	34.4%
32	葡萄牙	04.10.2015	230	82	35.7%	—	—	—	—
33	乌干达	18.02.2016	459	160	34.9%	—	—	—	—
34	白俄罗斯	11.09.2016	110	38	34.5%	30.08.2012	56	17	30.4%
35	摩纳哥	14.02.2018	24	8	33.3%	—	—	—	—
36	尼泊尔	26.11.2017	275	90	32.7%	07.02.2018	59	22	37.3%
37	瑞士	18.10.2015	200	65	32.5%	23.10.2011	46	7	15.2%
38	安道尔	01.03.2015	28	9	32.1%	—	—	—	—
39	英国	08.06.2017	650	208	32.0%	不适用	789	208	26.4%
40	圭亚那	11.05.2015	69	22	31.9%	—	—	—	—
41	津巴布韦	30.07.2018	270	86	31.9%	30.07.2018	80	35	43.8%
42	荷兰	15.03.2017	150	47	31.3%	26.05.2015	75	27	36.0%
43	喀麦隆	30.09.2013	180	56	31.1%	25.03.2018	100	26	26.0%
44	萨尔瓦多	04.03.2018	84	26	31.0%	—	—	—	—
45	拉脱维亚	06.10.2018	100	31	31.0%	—	—	—	—

续表

	国家	世界分类							
		众议院				参议院			
		大选时间	座位	女性	百分比	大选时间	座位	女性	百分比
46	特立尼达和多巴哥	07.09.2015	42	13	31.0%	23.09.2015	31	11	35.5%
47	德国	24.09.2017	709	219	30.9%	不适用	69	27	39.1%
48	安哥拉	23.08.2017	220	66	30.0%	—	—	—	—
49	澳大利亚	02.07.2016	150	45	30.0%	02.07.2016	76	30	39.5%
50	秘鲁	10.04.2016	130	39	30.0%				
51	菲律宾	09.05.2016	292	86	29.5%	09.05.2016	24	6	25.0%
52	苏里南	24.05.2015	51	15	29.4%	—	—	—	—
53	阿尔巴尼亚	25.06.2017	140	41	29.3%	—	—	—	—
54	以色列	17.03.2015	120	35	29.2%				
55	波兰	25.10.2015	460	134	29.1%	25.10.2015	100	14	14.0%
56	爱沙尼亚	01.03.2015	101	29	28.7%	—	—	—	—
57	南苏丹	04.08.2016	383	109	28.5%	05.08.2011	50	6	12.0%
58	苏丹	13.04.2015	481	133	27.7%	01.06.2015	71	19	26.8%
59	老挝人民民主共和国	20.03.2016	149	41	27.5%				
60	哈萨克斯坦	20.03.2016	107	29	27.1%	28.06.2017	47	5	10.6%
61	加拿大	19.10.2015	334	90	26.9%	不适用	105	49	46.7%
62	多米尼加共和国	15.05.2016	190	51	26.8%	15.05.2016	32	3	9.4%
63	越南	22.05.2016	494	132	26.7%	—	—	—	—
64	吉布地	23.02.2018	65	17	26.2%	—	—	—	—
65	阿尔及利亚	04.05.2017	462	119	25.8%	29.12.2018	132	9	6.8%
66	保加利亚	26.03.2017	240	62	25.8%				
67	伊拉克	12.05.2018	329	83	25.2%				

续表

		世界分类							
	国家	众议院				参议院			
		大选时间	座位	女性	百分比	大选时间	座位	女性	百分比
68	多米尼加	08.12.2014	32	8	25.0%	—	—	—	—
69	卢森堡	14.10.2018	60	15	25.0%	—	—	—	—
70	圣马力诺	20.11.2016	60	15	25.0%	—	—	—	—
71	土库曼斯坦	25.03.2018	124	31	25.0%	—	—	—	—
72	中国	05.03.2018	2975	742	24.9%	—	—	—	—
73	斯洛文尼亚	03.06.2018	90	22	24.4%	22.11.2017	40	4	10.0%
74	索马里	23.10.2016	275	67	24.4%	23.10.2016	54	13	24.1%
75	亚美尼亚	02.04.2017	132	32	24.2%	—	—	—	—
76	阿富汗	20.10.2018	250	59	23.6%	10.01.2015	68	16	23.5%
77	佛得角	20.03.2016	72	17	23.6%	—	—	—	—
78	美国	06.11.2018	433	102	23.6%	06.11.2018	100	25	25.0%
79	黑山共和国	16.10.2016	81	19	23.5%	—	—	—	—
80	莱索托王国	03.06.2017	120	28	23.3%	11.07.2017	32	7	21.9%
81	新加坡	11.09.2015	100	23	23.0%	—	—	—	—
82	几内亚	28.09.2013	114	26	22.8%	—	—	—	—
83	摩尔多瓦共和国	30.11.2014	101	23	22.8%	—	—	—	—
84	智利	19.11.2017	155	35	22.6%	19.11.2017	43	10	23.3%
85	捷克共和国	20.10.2017	200	45	22.5%	05.10.2018	81	13	16.0%
86	阿拉伯联合酋长国	03.10.2015	40	9	22.5%	—	—	—	—
87	爱尔兰	26.02.2016	158	35	22.2%	25.04.2016	60	18	30.0%
88	乌拉圭	26.10.2014	99	22	22.2%	26.10.2014	31	8	25.8%
89	委内瑞拉（玻利瓦尔共和国）	06.12.2015	167	37	22.2%	—	—	—	—

续表

世界分类									
	国家	众议院				参议院			
		大选时间	座位	女性	百分比	大选时间	座位	女性	百分比
90	厄立特里亚	01.02.1994	150	33	22.0%	—	—	—	—
91	肯尼亚	08.07.2017	349	76	21.8%	08.07.2017	68	21	30.9%
92	波斯尼亚和黑塞哥维那（简称波黑）	07.10.2018	42	9	21.4%	29.01.2015	15	2	13.3%
93	立陶宛	09.10.2016	141	30	21.3%	—	—	—	—
94	塞舌尔	08.09.2016	33	7	21.2%	—	—	—	—
95	洪都拉斯	26.11.2017	128	27	21.1%	—	—	—	—
96	孟加拉国	30.12.2018	348	72	20.7%	—	—	—	—
97	罗马尼亚	11.12.2016	329	68	20.7%	11.12.2016	136	19	14.0%
98	克罗地亚	11.09.2016	151	31	20.5%	—	—	—	—
99	摩洛哥	07.10.2016	395	81	20.5%	02.10.2015	120	14	11.7%
100	毛里塔尼亚	01.09.2018	153	31	20.3%	—	—	—	—
101	巴基斯坦	25.08.2018	341	69	20.2%	03.03.2018	104	20	19.2%
102	巴巴多斯	24.05.2018	30	6	20.0%	05.06.2018	21	8	38.1%
103	柬埔寨	29.07.2018	125	25	20.0%	25.02.2018	62	11	17.7%
104	赤道几内亚	12.11.2017	100	20	20.0%	12.11.2017	72	11	15.3%
105	斯洛伐克	05.03.2016	150	30	20.0%	—	—	—	—
106	沙特阿拉伯	02.12.2016	151	30	19.9%	—	—	—	—
107	斐济	14.11.2018	51	10	19.6%	—	—	—	—
108	吉尔吉斯斯坦	04.10.2015	120	23	19.2%	—	—	—	—
109	马达加斯加	20.12.2013	151	29	19.2%	29.12.2015	63	13	20.6%
110	危地马拉	06.09.2015	158	30	19.0%	—	—	—	—
111	塔吉克斯坦	01.03.2015	63	12	19.0%	27.03.2015	32	7	21.9%
112	哥哥伦比亚	11.03.2018	171	32	18.7%	11.03.2018	105	22	21.0%

续表

	世界分类							
	国家	众议院				参议院		
		大选时间	座位	女性	百分比	大选时间	座位	女性	百分比
113	希腊	20.09.2015	300	56	18.7%	—	—	—
114	巴拿马	04.05.2014	71	13	18.3%	—	—	—
115	印尼	09.04.2014	560	102	18.2%	—	—	—
116	赞比亚	11.08.2016	167	30	18.0%	—	—	—
117	塞浦路斯	22.05.2016	56	10	17.9%	—	—	—
118	加蓬	06.10.2018	134	24	17.9%	13.12.2014	102	18	17.6%
119	牙买加	22.02.2016	63	11	17.5%	10.03.2016	21	5	23.8%
120	斐济	24.06.2018	596	104	17.4%	—	—	—
121	蒙古	29.06.2016	76	13	17.1%	—	—	—
122	大韩民国	13.04.2016	298	51	17.1%	—	—	—
123	尼日尔	21.02.2016	171	29	17.0%	—	—	—
124	阿塞拜疆	01.11.2015	119	20	16.8%	—	—	—
125	马拉维	20.05.2014	192	32	16.7%	—	—	—
126	圣卢西亚	06.06.2016	18	3	16.7%	05.01.2012	11	3	27.3%
127	多哥	20.12.2018	91	15	16.5%	—	—	—
128	朝鲜民主主义人民共和国	09.03.2014	687	112	16.3%	—	—	—
129	利比亚	25.06.2014	188	30	16.0%	—	—	—
130	乌兹别克斯坦	21.12.2014	150	24	16.0%	13.01.2015	100	17	17.0%
131	俄罗斯联邦	18.09.2016	450	71	15.8%	不适用	170	31	18.2%
132	约旦	20.09.2016	130	20	15.4%	27.09.2016	65	10	15.4%
133	巴林	01.12.2018	40	6	15.0%	09.12.2018	40	9	22.5%
134	巴西	07.10.2018	513	77	15.0%	07.10.2018	81	12	14.8%
135	巴拉圭	22.04.2018	80	12	15.0%	22.04.2018	45	9	20.0%
136	不丹	18.10.2018	47	7	14.9%	20.04.2018	25	4	16.0%

续表

国家		世界分类							
		众议院				参议院			
		大选时间	座位	女性	百分比	大选时间	座位	女性	百分比
137	乍得	13.02.2011	168	25	14.9%	—	—	—	—
138	埃及	17.10.2015	596	89	14.9%	—	—	—	—
139	佐治亚州	08.10.2016	149	22	14.8%	—	—	—	—
140	圣多美和普林西比	07.10.2018	55	8	14.5%	—	—	—	—
141	马来西亚	09.05.2018	222	32	14.4%	不适用	67	13	19.4%
142	几内亚比绍	13.04.2014	102	14	13.7%	—	—	—	—
143	布基纳法索	29.11.2015	127	17	13.4%	—	—	—	—
144	圣基茨和尼维斯	16.02.2015	15	2	13.3%	—	—	—	—
145	阿拉伯叙利亚共和国	13.04.2016	250	33	13.2%	—	—	—	—
146	加纳	07.12.2016	275	36	13.1%	—	—	—	—
147	圣文森特和格林纳丁斯	09.12.2015	23	3	13.0%	—	—	—	—
148	巴哈马	24.05.2017	39	5	12.8%	24.05.2017	16	7	43.8%
149	匈牙利	08.04.2018	199	25	12.6%	—	—	—	—
150	印度	07.04.2014	524	66	12.6%	16.01.2018	244	28	11.5%
151	帕劳	01.11.2016	16	2	12.5%	01.11.2016	13	2	15.4%
152	利比里亚	10.10.2017	73	9	12.3%	20.12.2014	30	3	10.0%
153	塞拉利昂	07.03.2018	146	18	12.3%	—	—	—	—
154	列支敦士登	05.02.2017	25	3	12.0%	—	—	—	—
155	马耳他	03.06.2017	67	8	11.9%	—	—	—	—
156	毛里求斯	10.12.2014	69	8	11.6%	—	—	—	—
157	乌克兰	26.10.2014	423	49	11.6%	—	—	—	—

续表

		世界分类							
	国家	众议院				参议院			
		大选时间	座位	女性	百分比	大选时间	座位	女性	百分比
158	刚果	16.07.2017	151	17	11.3%	31.08.2017	69	13	18.8%
159	缅甸	08.11.2015	433	49	11.3%	08.11.2015	224	27	12.1%
160	安提瓜和巴布达	21.03.2018	18	2	11.1%	26.03.2018	17	9	52.9%
161	象牙海岸	18.12.2016	255	28	11.0%	25.03.2018	66	8	12.1%
162	瑙鲁	09.07.2016	19	2	10.5%	—	—	—	—
163	刚果民主共和国	30.12.2018	485	50	10.3%	19.01.2007	108	5	4.6%
164	冈比亚	06.04.2017	58	6	10.3%	—	—	—	—
165	日本	22.10.2017	463	47	10.2%	10.07.2016	241	50	20.7%
166	萨摩亚	04.03.2016	50	5	10.0%	—	—	—	—
167	卡塔尔	01.07.2013	41	4	9.8%	—	—	—	—
168	博茨瓦纳	24.10.2014	63	6	9.5%	—	—	—	—
169	伯利兹	04.11.2015	32	3	9.4%	13.11.2015	13	2	15.4%
170	文莱达鲁萨兰国	13.01.2017	33	3	9.1%	—	—	—	—
171	马绍尔群岛	16.11.2015	33	3	9.1%	—	—	—	—
172	马里	24.11.2013	147	13	8.8%	—	—	—	—
173	中非共和国	14.02.2016	140	12	8.6%	—	—	—	—
174	汤加	16.11.2017	27	2	7.4%	—	—	—	—
175	贝宁	26.04.2015	83	6	7.2%	—	—	—	—
176	斯威士兰	21.09.2018	69	5	7.2%	23.10.2018	30	7	23.3%
177	图瓦卢	31.03.2015	15	1	6.7%	—	—	—	—
178	基里巴斯	30.12.2015	46	3	6.5%	—	—	—	—
179	科摩罗	25.01.2015	33	2	6.1%	—	—	—	—

续表

	国家	众议院				参议院			
		大选时间	座位	女性	百分比	大选时间	座位	女性	百分比
180	伊朗（伊斯兰共和国）	26.02.2016	289	17	5.9%	—	—	—	—
181	奈及利亚	28.03.2015	359	20	5.6%	28.03.2015	109	7	6.4%
182	泰国	07.08.2014	240	13	5.4%	—	—	—	—
183	斯里兰卡	17.08.2015	225	12	5.3%	—	—	—	—
184	黎巴嫩	06.05.2018	128	6	4.7%	—	—	—	—
185	马尔代夫	22.03.2014	85	4	4.7%	—	—	—	—
186	科威特	26.11.2016	65	3	4.6%	—	—	—	—
187	海地	09.08.2015	118	3	2.5%	20.11.2016	28	1	3.6%
188	所罗门群岛	19.11.2014	49	1	2.0%	—	—	—	—
189	阿曼	25.10.2015	85	1	1.2%	07.11.2015	85	14	16.5%
190	也门	27.04.2003	301	1	0.3%	28.04.2001	111	3	2.7%
191	密克罗尼西亚（联邦国）	07.03.2017	14	0	0.0%	—	—	—	—
192	巴布亚新几内亚	24.06.2017	106	0	0.0%	—	—	—	—
193	瓦努阿图	22.01.2016	52	0	0.0%	—	—	—	—

（数据截至2019年2月1日）

四、联合国妇女署的资金支持受限

自联合国成立以来，联合国妇女署几乎完全依靠政府合作伙伴提供资金来维持其促进性别平等和增强女性权能的工作，这些伙伴包括澳大利亚、加拿大、丹麦、芬兰、日本、挪威、瑞典、瑞士、英国、美国。正是由于受到各成员国自主资助的影响，资金的波动会导致联合国对精英女性的培养受到一定的限制，使其陷入被动的局面。

根据联合国妇女署的数据统计,2018 年共有 115 个合作伙伴提供了 1.49 亿美元的常规(核心)资源。资金总数目虽然较为可观,但是与世界女性总数相比,1.49 亿美元仍旧略显不足。分析各成员国在 2009—2018 年对联合国妇女署核心资源的捐助情况可以发现,大部分国家的捐助情况并非呈现上升趋势。土耳其在 2016 年的捐助资金为 1 192 672 美元,与 2018 年的 154 400 美元相比有所下降;西班牙在 2011 年捐款数额达到顶峰,资金高达 26 667 000 美元,但是在 2018 年却降至 568 828 美元;2012 年澳大利亚也增加了对联合国妇女署的捐款数额,资金达到 10 019 868 美元,但在 2018 年却降至 6 063 720 美元。除此之外,由于国家之间本身经济实力存在差距,因此在联合国妇女署的资金捐助上的差距也过于悬殊。比如,阿尔巴尼亚在 2018 年对联合国妇女署的资金捐助总额仅为 500 美元,中非共和国资助金额为 250 美元,尼日尔资助金额为 150 美元;而反观发达国家,澳大利亚在 2018 年的资助金额为 16 722 687 美元,德国为 11 304 960 美元,日本为 24 397 108 美元。[①]

由以上数据可以发现,受资助国影响,联合国资金来源呈单一和不稳定趋势。从资金资助的变动趋势和资助意愿也可以看出,各国对于女性培养问题的态度和关注度也大不相同。部分国家并不重视女性的发展前景,对联合国妇女署的资金资助也极为有限。不仅如此,就全球 195 个主权国家而言,联合国妇女署提出的相关计划仅仅在 90 个国家得到实施,由此可见,联合国妇女署的工作覆盖率仍明显不足,受各成员国资助不稳定等情况影响,资金受限仍是目前联合国开展精英女性培养的现实问题。

---

① United Nations Women.Core resource [EB/OL].[2021-06-23].https://www.unwomen.org/en/partnerships/donor-countries/core-resources.

第六章 联合国精英女性培养及其领导力提高的对策

自联合国成立以来,虽然经常遭到来自社会各界的批评和质疑,但它在许多方面做出的贡献和努力却得到了广泛的认同,尤其是在推进性别平等和女性赋权方面,联合国作为全球最大、最具代表性的国际组织,发挥的作用不可或缺。同样不可否认的是,女性在联合国以及国际社会上发挥的作用越来越重要,这说明女性的角色正在从被边缘化、被歧视、被忽略的状态向积极参与、主动争取、正面应对的形象转变。在联合国框架的引领下,女性尤其是精英女性,正在对国际社会做出巨大贡献。

第一节 联合国精英女性培养及其领导力提升的优势

一、系统性

联合国系统性指的是联合国作为一个国际组织,在组织内部各部门采取不同行动,并在此过程中各部门相互配合、相互协调,形成了一个有规制的有机整体。联合国系统由联合国自身以及被称为方案、基金和专门机构的多个附属机构组成的国际机构构成。为解决人类面临的一系列问题,包括和平与安全、气候变化、可持续发展、人权、裁军、恐怖主义、人道主义、卫生健康、性别平等、粮食生产等,联合国及其相关机构发挥了重要作用。例如,在教育方面,联合国教科文组织负责包括师资培训、提高全球教育水平以及保护世界重要历史文化遗产在内的一切事务。在农业方面,联合国粮食及农业组织领导国际社会为战胜饥饿而努力,农业发展基金专注于消除贫困和农村减贫工作。在气候变化方面,气象组织着力促进气象数据和信息的全球自由交换,同时进一步提高数据在航空、航运以及农业等一系列事务中的应用。

纵观联合国在推动性别平等行动方面的实践,除了联合国的主要机关发布了与性别有关的项目和文件外,其他有关的国际组织、专门机构、各类计划、基金也将推动性别平等作为解决各项事务的优先内容。自成立以来,联合国教科文组织一直站在支持女性权利、增强女性权能和为性别平等努力的最前沿。虽然联合国教科文组织的具体工作围绕教育、文化、自然科学、社会科学以及通信展开,但其所实施的各种计划却为创造有利于两性平等的环境做出了全面的原创性贡献。联合国教科文组织在教育层面促进整个教育系统平等参与教育;在自然科学层面致力于为女性提供强有力的榜样形象,培养女性能力;在社科层面,处境不利的女性的需求成为其重点关注对象;在文化层面,确保男女平等享有获取、参与和促进文化生活的权利成为其开展文化工作的指导原则;在信息传播层面,其率先采取了有力举措增强妇女和女童的权能。为响应联合国总部推动的可持续发展目标,联合国教科文组织还从多维度对推动性别平等采取行动,如建立性别平等司、培养女性科学家、海洋科学家,力求发挥女性在促进权利和社会参与中的作用,确保了在支持两性平等和增强女性权能方面的相关政策、战略以及行动得到全面协调。开展性别平等培训,设立与性别有关的联合国教科文组织教席和网络,制定性别中立语言准则,表彰为促进女性教育的个人、组织和机构等举动都说明,联合国教科文组织为寻求解决教育和文化领域中存在的性别不平等所采取的举措正在日趋完善。

除了联合国教科文组织对性别问题做出了较为系统的举措外,联合国粮食及农业组织、联合国工业发展组织、国际电信联盟、国际劳工组织等也从不同层面对性别问题予以关注。例如,联合国工业发展组织将赋权女性特别是增强女性经济权能的重要性置于任务授权的核心。通过举办国际论坛、颁发奖励、举办培训等形式对女性企业家进行培养、表彰和赋权。国际劳工组织认为性别平等是所有政策成果跨领域政策的驱动力,因此重新定义了促进男女在自由、平等、安全和人格尊严的条件下获得体面工作机会这一目标。联合国粮食及农业组织重点关注农村女性的经济赋权问题,采取开展培训、创新数字服务、知识交流等形式,使女性在可持续农业发展中发挥重要作用。国际电信联盟致力于成为性别平等的典范组织,并借助信息通信技术促进女性赋权和性别平等。为此,国际电信联盟专门建立了一个性别仪表盘,提供关于国际电信联盟工作人员、国际电信联盟会议和信息通信技术部门的女性参与情况的具体统计数据,同时还采用机器学习的方法分析女性参加联合国会议的情况。可以看出,联合国下属的各专门机构虽然在总体上以各自的事务安排为主,但是这些安排并没有完全脱离对推进性别平等的具体讨论。联合国提供了一个可以广泛讨论的平台,在这个平台的支持下,负责各项事务的部门机构可以就性别与农业、工业、教育、气候、安全、信息、知识、就业等多维度内容进行广泛交流,从而在多元发展背景下促进女性赋权,提高女性的领导能力。就这一点而言,目前来看,只有联合国可以提供这样一种机制安排。

作为规模最大、最具代表性的全球性组织,联合国具备了动员、协调不同部门参与女性赋权事务的条件。2014年,在联合国的推动下,世界气象组织、联合国教科文组织和其他合作伙伴组织共同举办了一次围绕天气和气候服务的性别层面的国际论坛,讨论"如何通过提供和使用对性别敏感的天气和气候服务,使女性和男子能够平等地建立更安全、更强大和更有复原力的社会"。

会议得到了多个国家的关注和参与,制定了将性别观点纳入天气和气候服务主流的方法,以便女性能够在粮食安全、减少灾害风险和水资源管理方面做出明智决定。会议确定了增强女性在气候科学领域的能力,并提高她们在科学、技术、工程和数学相关职业机会中的总体参与度的目标。① 与此同时,联合国妇女署、世界粮食计划署、国际农业发展基金和联合国粮食及农业组织共同执行了一项名为"加快农村妇女经济赋权方面取得进展(RWEE)"的试点方案,目的是在可持续发展和千年发展目标的背景下,确保农村女性的生计和权利,助力七个参与国(埃塞俄比亚、危地马拉、吉尔吉斯斯坦、利比里亚、尼日尔、尼泊尔和卢旺达)的农村女性获得经济权力。报告显示,联合国妇女署、联合国粮食及农业组织、国际农业发展基金和世界粮食计划署之间的伙伴关系将产生协同效应,利用各机构的任务授权、比较优势和机构实力,对女性赋权将产生更持久和更广泛的成果。②

联合国加强与区域组织合作在推动性别平等方面也发挥了重要的作用。自联合国成立以来,联合国妇女署与欧盟致力于促进女性赋权和维护女性权利。欧盟和联合国女性高级管理人员定期开会,就女性权利问题进行政策交流和对话。2012年,联合国妇女署与欧盟在签署合作伙伴协议后,各方面合作得到深化。2013年,双方签署"承诺(COMMIT)计划",承诺在欧洲范围内采取行动,为家庭暴力幸存者提供保护。2015年7月,欧盟参加了联合国妇女署举办的"性别平等与女性赋权全球领导人会议:行动承诺"活动,并通过了"2016—2020性别行动计划",其中一项承诺将促进经济发展和女性权利赋

---

① United Nations Educational, Scientific and Cultural Organization. Promoting women's participation in policy-making processes [EB/OL]. [2021-06-18]. http://www.unesco.org/new/en/natural-sciences/priority-areas/gender-and-science/womens-participation-in-policy-making-processes/.

② Empowerwomen. Rural women's economic empowerment [EB/OL]. [2021-06-18]. https://www.empowerwomen.org/en/who-we-are/initiatives/rural-women-economic-empowerment.

予，加强女性的参与和发言权利。除此之外，欧盟、联合国妇女署和国际劳工组织还携手七国集团（七国集团，是全球主要工业国家会晤和讨论政策的论坛，成员国包括美国、英国、德国、法国、日本、意大利和加拿大）中的国家，以及拉丁美洲和加勒比海地区的国家，通过私营部门促进性别平等，增强女性的经济权能和领导能力，以实现可持续、包容和公平的增长。欧盟—联合国的"妇女春天项目"（Spring Forward For Women Programme）旨在提高南部地中海区域女性的经济权能，并帮助她们在政治和决策领域重新定位，以便她们拥有更高地位。方案通过支持女性权利组织和网络、女权主义经济学家、性别专家、国家女性机构、各部委的性别联络点和女议员的宣传工作，影响决策过程。① 联合国与欧盟等区域或次区域组织之间的密切合作，意味着双方在推动性别平等议题上达成了一致。合作提升了双方在消除性别歧视、提高女性领导力方面的作用，同时也增强了议题的合法性。

联合国在解决女性问题过程中还吸纳了非政府组织的参与。在阿拉伯国家区域，联合国开发计划署与阿拉伯国家联盟合作，支持 13 个国家的 300 多名女领导人和 103 个非政府组织组成的网络，阐明她们的要求，使她们相互学习并参与和平与发展决策过程。通过这种支持，女性为该地区的工作启动了十点行动纲要。可以说，联合国各机构之间试图建立起促进性别平等的协调合作关系。在体系内部，各机构相互配合与协同，共同构成了一个以提高女性能力为目标的有机良性系统。在体系之外，脱离于各子机构之间的协作关系，联合国与非政府组织和区域集团合作，在推进两性平等、消除性别歧视和赋权女性方面达成共识的基础上，搭建了另一个良性互动平台，各方可以在合作中共同分享经验并推动下一步行动。因此，这个过程也可以被认为是各行为体在系统条件下相互配合，对性别平等问题进行协调和整合。

---

① United Nations Women.Spring forward for women programme[EB/OL].[2021-06-18]. https://spring-forward.unwomen.org/en/about.

二、规范性

联合国在提高女性领导力的问题上做出的努力表明,无论在横向还是纵向上,联合国都形成了一套具有规范性意义的行动举措。从横向来看,无论是最初的《联合国宪章》《妇女政治权利公约》《消除对妇女歧视宣言》,还是之后发布的《北京宣言》《行动纲要》《千年发展目标》等,这些政策都对赋权女性和提升女性领导力具有重大意义。从纵向来看,为了推动性别平等和增强妇女权能,联合国的政府间机构、专门机构、计划和资金以及研究所都围绕"性别"成立了专门的行政部门,监督和解决政治、经济、文化、教育、安全等领域中男女存在的不平等发展问题。

具体而言,联合国教科文组织在推动提高女性领导力的问题上采取了许多规范性措施,尤其是在文化、教育、科学问题上提供了保障。在文化层面,联合国教科文组织鼓励将性别平等纳入社会包容和转型政策,提出教育是践行"不让任何一个人掉队"理念的重要工作之一,各国应确定不得以性别、性取向、残疾、族裔、语言、移徙和流离失所状况为由,忽视或歧视特定群体的教育。与此同时,各国认为实现性别平等和增强女性权能(即可持续发展目标 5)是一项跨部门挑战,教育在其中可以起到重要作用。2017 年,埃及超过 30 000 名女性接受了为女性创办和管理小型创收项目开展技术、职业和金融知识的培训(埃及创办的一项名为"伊斯兰保险计划"的项目)。全球教育监测报告显示,埃塞俄比亚有超过 130 万女性农民受益于农业推广服务,这项服务还为将近 10 万名女性提供了培训,帮助她们进入中小企业就业。印度比哈尔邦的一项计划为每名升入九年级或十年级的女童提供一辆自行车,以降低辍学率;印度"国家妇女权能中心"倡议支持村级女性赋权中心,提供全面服务,包括培养女性的数字素养等多项技能。乌拉圭教育部启动了一项针对怀孕学生的支持计划,鼓励她们继续留校学习。联合国教科文组织提出并促进可持续发展目标的实现,使教育的作用得到认可,其中包括注重教育质量、促进可持续发展、建设和平与包容的社会、促进性别平等的目标。在教育层面,《2030年可持续发展议程》中的每个目标都要求通过教育赋予人们知识、技能和价值,使人们能够有尊严地生活,并为社会做出贡献。在科学层面,在促进科学领域女性发展的先驱计划中,联合国教科文组织和欧莱雅公司基金会致力于表彰在其工作范围内为克服当今全球挑战做出贡献的女性研究人员。[①]

同时,针对提高女性领导力问题,联合国妇女署从政治、经济、安全等方面提出了各项规范。在政治层面,联合国妇女署署长敦促七国集团领导人致力于性别平等并加入比亚里茨伙伴关系[②],理事会的报告敦促各国领导人承诺推翻阻碍女性前进的歧视性法律并进行法律改革,以加快两性平等方面的进步。伙伴关系呼吁提供足够的资金来进行这些改革,包括通过强大的问责制和治理机制,以及支持民间社会监测结果。在经济层面,联合国妇女署将女性与经济机会和资产联系起来。联合国的努力主要集中在让家庭工人和小农等女性群体获得最大的利益和保护,联合国妇女署经常与基层组织和民间社会组织合作,这些组织向最需要帮助的女性伸出援手,尤其是那些被边缘化的女性群体,例如农村女性、家庭主妇、移民中的女性以及低技能女性等。

在安全层面,2000年,联合国安理会通过了"妇女与和平与安全"决议。[③]该决议是第一份承认武装冲突对妇女和女童造成严重影响,以及妇女和女童在预防冲突、维持和平、解决冲突和建设和平中具有积极贡献的文件,它强调了她们作为和平与安全的积极力量,及其在推动平等、参与和平与安全进程中的重要性。此后,联合国安理会还通过了其他八份关于妇女与和平安全的决

---

① United Nations Educational, Scientific and Cultural Organization. L'Oréal-UNESCO for women in science programme[EB/OL].[2021-08-12].http://www.unesco.org/new/en/natural-sciences/priority-areas/gender-and-science/for-women-in-science-programme/.
② 比亚里茨伙伴关系是由七个国家组成,旨在支持并促进性别平等的组织。
③ 联合国安理会.妇女与和平与安全[S/RES/1325(2000)][EB/OL].[2021-08-12]. https://undocs.org/zh/S/RES/1325(2000).

议。这八份决议强调了妇女在预防和解决冲突中发挥领导作用的重要性。联合国安理会推动制定和使用监测妇女与和平安全任务落实情况的指标和标准;对维和人员开展性别平等、妇女与和平安全方面的培训和能力建设;让民间社会更全面地参与进来,让人们更好地了解冲突的性别影响。与此同时,联合国政治与建设和平事务部与和平行动部开展合作,正在执行一项关于妇女、和平与安全的更强有力的全新政策。有关妇女与和平安全的目标现已被纳入联合国所有与和平与安全任务有关的高级管理人员的契约中。在维持和平行动中,联合国正在努力打击和减少性剥削和性虐待。目前,全球性剥削和性虐待事件已经减少了一半。① 此外,联合国妇女署还专门设置了在冲突后调查、评估及在任务中提供性别专业知识的保障机制,这对于将性别纳入预防冲突及维持和平与可持续发展至关重要。②

除了联合国教科文组织和联合国妇女署提供了相关规范措施之外,妇女地位委员会就确保女性获得社会保护、市场就业机会、安全保障以及经济机会,也提出了相关举措。例如,在妇女地位委员会第 63 届会议上,妇女地位委员会承诺建设社会保护、公共服务和可持续基础设施,以提高从事包括非正规经济工作在内的女性的生产力;以性别平等的多边承诺为基础,以《残疾人权利公约》和 2012 年国际劳工组织《社会保护底线建议书》(第 202 号)等为依据,加强所有妇女和女童获得社会保护、公共服务以及基础设施的机会;促进妇女和妇女组织充分平等地参与有关领导社会保护系统、公共服务和可持续

---

① 联合国秘书长.妇女和女孩继续为冲突的后果付出代价[EB/OL].[2021-08-16]. https://news.un.org/zh/story/2019/10/1044501.
② United Nations Women.Building and sustaining peace[EB/OL].[2021-08-16].https://www.unwomen.org/en/what-we-do/peace-and-security/building-and-sustaining-peace.

基础设施的决策。① 在妇女地位委员会的支持下,女性在经济、安全、公共服务等领域得到了越来越多的保障和机会。这些规范的建立有助于加强各国对女性问题的重视,引导各国建立一套规范的体系来维护女性的权能,提升女性的领导力。

联合国粮食及农业组织在女性获取并掌握土地、自然资源、投入产品和生产工具等方面做出了示范。2017年9月25日,在意大利罗马召开了"粮食安全和营养背景下的女性赋权"论坛会议,该会议为农村女性的保障提供了许多规范和建议。文件中涉及性别的内容指出,为了获得更好的生活条件,有必要承认女性在粮食生产方面发挥的重要作用。女性掌握了大量的实践经验知识,可以促进粮食生产知识的创新和发展。联合国粮食及农业组织的目标是提高女性的经济自主权,增强社区的粮食主权。这有助于提高农村地区女性抵御气候变化的能力,解决工业和农业模式(即农药、转基因生物等造成的污染问题)。这种构建知识的集体进程影响了生态农业方法及其他支持促进粮食安全和营养的可持续粮食系统的创新。联合国粮食及农业组织必须考虑放弃此前按性别分工的做法,从而为女性发挥创造力及进行其他家庭和劳动安排提供可能。一旦女性被纳入新技术的所有内生发展阶段,她们就能获得自主权,主宰自己的工作,不断提高自身能力。② 在这个条件下,随着生产工具的革新和应对灾害能力的提升,掌握农业发展技能的女性将在粮食生产方面获得进步。

---

① United Nations Women. UN commission on the status of women delivers radmap on ensuring women's social protection, mobility, safety, and access to economic opportunities[EB/OL]. [2021-08-16]. https://www.unwomen.org/en/news/stories/2019/3/press-release-csw-63-delivers-roadmap-on-ensuring-womens-social-protection.

② The Committee on World Food Security. Forum on women's empowerment in the context of food security and nutrition[EB/OL]. [2021-08-16]. http://www.fao.org/cfs/home/events/womensempowerment/en/.

三、前瞻性

联合国在提升女性领导力方面做出的举措有目共睹,它在女性未来的发展和培养方面提供了许多帮助和建议,使女性的地位逐步提升,让处在贫困地区的女性以及遭受不平等待遇的女性对未来充满希望。2015 年,联合国提出了可持续发展目标,该目标作为一项长达 15 年的实施计划,为未来国际社会取得进步与发展制定了具体的行动方案。计划涵盖的目标 5 围绕性别平等展开,不仅指出了当前国际社会女性发展面临的诸多困境,同时也为未来各国如何打破这些障碍提供了指导方向。显然,在对女性获取权能、实现性别平等、提升女性领导力等方面,联合国具备的长远眼光会影响女性在国际社会发挥作用的程度,并增强她们在各领域维护和实现切身利益的能力。目标 5 进一步强调了促进性别平等,让妇女和女童获得教育、保健、体面工作并参与政治经济决策,促进经济可持续发展,造福整个社会和人类。提出实施关于工作场所性别平等和根除针对女性的有害做法的新法律框架,这对于消除世界上一些国家普遍存在的性别歧视至关重要。①

联合国教科文组织在《超越承诺:各国如何实现可持续发展目标 4》中提到教育的具体目标:第一,确保包容和公平的优质教育,让全民终身享有学习机会。第二,到 2030 年,确保所有儿童完成免费、公平和优质的中小学教育,并取得相关和有效的学习成果。第三,到 2030 年,确保所有儿童获得优质幼儿发展、看护和学前教育,为他们接受初级教育做好准备。第四,到 2030 年,确保所有男女平等获得负担得起的优质技术、职业和高等教育,包括大学教育。第五,到 2030 年,消除教育中的性别差距,确保残疾人、土著居民和处境脆弱的儿童等弱势群体平等获得各级教育和职业培训。第六,到 2030 年,确

---

① 联合国.可持续发展目标 5:实现性别平等,增强所有妇女和女童的权能[EB/OL].[2021-08-16].https://www.un.org/sustainabledevelopment/zh/gender-equality/.

保所有进行学习的人都掌握可持续发展所需的知识和技能,具体做法包括开展可持续发展、可持续生活方式、人权和性别平等方面的教育,弘扬和平与非暴力文化,提升全球公民意识,肯定文化多样性和文化对可持续发展的贡献。第七,建立和改善兼顾儿童、残疾和性别平等的教育设施,为所有人提供安全、非暴力、包容和有效的学习环境。[1] 很显然,作为一项长远规划的发展目标,其内容不仅对当前如何实现性别平等提出了具体要求,同时也就未来实现这一目标表达了一种愿景和期待。

联合国儿童基金会在2017年9月提出的《性别平等行动计划》[2](Gender Action Plan, GAP)中提出了推进两性平等的承诺和需要完成的任务。《性别平等行动计划》作为一项促进两性平等的战略,旨在与合作伙伴和国家利益攸关方一同推动实现《2030年可持续发展议程》和可持续发展目标所述的两性平等目标。行动计划阐明了儿童基金会对性别平等内容的重视,特别关注那些面临贫困、种族歧视、残疾等不利处境的女性。借鉴2014—2017年在全球、区域和国家各级实施《性别平等行动计划》的经验,儿童基金会对此做出调整,以应对男女不平等现象带来的挑战。与此同时,联合国儿童基金会增加了优质的孕产妇保健服务,并将以女性为主的一线社区卫生工作者职业化。联合国儿童基金会承认女性在设计和实现水、环境卫生和个人卫生生态系统方面的作用,并为她们进行角色赋权。儿童基金会和处于青春期的女童、男童一起行动,致力于帮助他们实现有意义的就业。联合国儿童基金会还投入了大量的人力、物力,支持各类平台为分布在全球的员工和合作伙伴提供培训,以提高其在性别平等方面的实用工作技能,促进实现关于性别平等工作的共同愿

---

[1] 联合国教科文组织.超越承诺:各国如何实现可持续发展目标4[M].巴黎:教科文组出版社,2019. https://unesdoc.unesco.org/ark:/48223/pf0000370294.
[2] United Nations Economic and Social Council. UNICEF gender action plan, 2018—2021 (E/ICEF/2017/16) [EB/OL]. [2021-08-15]. https://www.unicef.org/gender/files/2018-2021-Gender_Action_Plan-Rev.1.pdf.

景。儿童基金会收集、量化和共享相关数据,这些数据对更好地了解现存的和新出现的挑战及制定解决方案至关重要。每年联合国儿童基金会都会在国际女童日期间就最重要的议题采取行动,以寻求创新性的解决方案。例如,利用数字技术和新的伙伴关系全面实现性别平等愿景;利用青年人的力量和承诺更好地制定和指导对他们这一代人有效的方案。①

四、引领性

在促进性别平等和增强女性权能方面,联合国一直发挥着积极的引领作用。在联合国制定的千年发展计划中,可持续发展目标 5 专门关注解决性别不平等议题。国际劳工组织于 1951 年提出的《关于男女同工同酬的公约》,从性别平等的理念出发维护了女性获得公平工作的机会;1953 年,妇女地位委员会提出的《妇女政治权利公约》,立足于从政治层面维护女性的发展权利。不仅如此,自成立之初,联合国就针对女性发展和提升领导力方面发起了各项计划。计划涵盖的消除歧视、促进平等、提高领导能力等内容对增强女性能力和维护性别平等发挥了至关重要的作用。联合国大会于 1948 年 12 月 10 日通过的具有里程碑意义的《世界人权宣言》,重申了"人人生而自由,在尊严和权利上一律平等",以及"人人有资格享有本宣言所载的一切权利和自由,不分种族、肤色、性别、语言、宗教、出生或其他身份等任何区别"。20 世纪 70 年代,随着国际女权运动势头的增强,联合国大会宣布 1975 年为国际妇女年,并在墨西哥城举办了第一次妇女问题世界大会。在该会议的敦促下,联合国大会宣布 1976 年至 1985 年为联合国妇女十年,并设立了联合国妇女十年自愿基金会。1979 年,联合国大会通过了《消除对妇女一切形式歧视公约》,这个公约经常被称为"国际妇女权利宪章",明确界定了对女性的歧视,并提出各

---

① 联合国儿童基金会. 性别平等[EB/OL].[2021-08-03].https://www.unicef.org/zh/%E6%80%A7%E5%88%AB%E5%B9%B3%E7%AD%89.

缔约国采取行动消除这些歧视的议程。一年后,第二次妇女问题世界大会在哥本哈根举行。该会议通过的行动纲要呼吁强化国家层面的措施,以保障女性的财产所有权和控制权,并改善女性在继承、子女监护和丧失国籍等方面的权利。① 从上述一系列举措来看,作为重要议题之一,性别平等始终受到联合国的关注。同时,联合国提出的诸多行动方案也在规制着各国解决性别不平等问题的进程,为成员国提升女性地位提供了具体的实施框架。

为了帮助各国兑现其到 2030 年缩小性别差距的承诺,联合国教科文组织统计研究所尽可能按性别分列所有指标,编制均等指数并制定新指标,以更好地反映男女平等和包容性,例如,统计研究所会定期收集撒哈拉以南非洲地区男女厕所各自占比数据以及中小学女教师在校占比数据。此外,联合国妇女署对促进性别平等还发挥着领导作用。联合国妇女署在 2013 年的立场文件中主张在 2015 年后的发展议程中实现一项独立目标,以实现性别平等、女性权利和女性赋权,这是立足于人权并解决不平等权利关系的目标。除独立目标外,联合国妇女署还呼吁将性别平等问题纳入 2015 年后发展议程的其他优先领域,并制定明确的目标。联合国妇女署提交了名为《2030 年可持续发展议程:监测性别平等以及增强妇女和女童权能的指标 —— 机遇与挑战》的立场文件②,为推动女性权利平等和实现持久变革提供了一个真正的机会,并引发了深刻变革。联合国妇女署给女性议程的发展带来了许多机会,逐渐确立了女性在各个领域的地位,同时制定了女性在这些领域达到相应领导力的标准。可以看出,各个专门机构在联合国的领导下,旨在解决女性不平等问题并做出了重要贡献,同时在提升女性的地位、权能和领导力方面发挥了引领作用。

---

① 联合国.性别平等[EB/OL].[2021-08-13].https://www.un.org/zh/sections/issues-depth/gender-equality/.
② United Nations Women. UN women position in the post-2015 development agenda[EB/OL].[2021-08-13].https://www.unwomen.org/en/what-we-do/post-2015.

第二节　高等教育大众化优势发挥

水平的高低与个人的综合能力能否得到提高息息相关。作为联合国教科文组织的优先事项,加强高等教育已经成为当前各国,尤其是发展中国家改善国民素质、增强国民能力的重要内容。联合国教科文组织 2019 年的高等教育毛入学数据显示,截至 2018 年,欧洲和北美几乎全部实现了高等教育普及。在中南亚地区,哈萨克斯坦的高等教育取得了显著成果,受教育人数从 1999 年的不到 20% 发展到了 2018 年的 54%。拉美地区高等教育普及率更是取得了飞速发展:墨西哥从 1999 年的 19% 增加到了 2017 年的 40%;古巴实现了双倍增长,从 20% 提升到了 40%;智利实现了跨越式发展,从 35% 发展到了 88%;秘鲁也不甘落后,从 39% 增长到 71%。就北非和西亚地区而言,2018 年,沙特阿拉伯、以色列、格鲁吉亚、塞浦路斯、亚美尼亚、科威特、阿尔及利亚、巴林这些国家的高等教育普及率全部超过了 50%,而与之对比,这些国家在 1999 年的高等教育普及率仅维持在 20% 左右。北非其他国家的高等教育普及率虽然并没有达到 50%,但是整体水平都得到了提升,接近实现 50%。撒哈拉以南非洲地区的情况较为复杂,由于这些地区经济发展水平受限,因此其教育起步也较慢,很多地区的高等教育水平在 1999 年几乎为零。截至 2018 年,这些国家的高等教育普及率虽然未能突破 50%,但是也取得了一些可喜成果。例如,毛里求斯的高等教育毛入学率从 1999 年的 11% 发展到了 2018 年的 46%;佛得角从 1999 年的 2% 增加到了 2018 年的 24%。[①] 可以看出,就全球而言,不同地区的高等教育发展程度并不均衡。尽管如此,我们仍

[①] United Nations Educational, Scientific and Cultural Organization. Gross enrolment ratio for tertiary education[EB/OL].[2021-08-06].http://tcg.uis.unesco.org/4-3-2-gross-enrolment-ratio-for-tertiary-education/.

然能够看出一个清晰的趋势,即全球的高等教育正在呈上升趋势,尤其就发展中国家而言,这种趋势更加明显。不仅如此,就不同国家各地区的高等教育发展情况来看,都呈现出一种增长态势。即使是在最不发达的撒哈拉以南非洲地区,这种提升趋势依然较为明显。因此,可以发现,无论是地区层面还是国家层面,各国都始终致力于推动高等教育的普及和发展。经过十多年的努力,发展中国家虽然在教育发展方面还存在诸多问题,但毋庸置疑,高素质水平的教育正在成为各国普遍追求的目标,并在积极践行。

不仅如此,就性别而言,女性接受高等教育这一情况也引起了部分国家的重视,且成效显著。欧洲和北美作为领头羊,这些地区大部分女性高等教育普及率一直高居 50% 以上。在中南亚地区,哈萨克斯坦的女性在接受高等教育方面实现了新的突破,普及率从 1999 年的 26.5% 提升到 2018 年的 56.1%。伊朗女性在 1999 年接受高等教育的普及率为 16.4%,但是到了 2017 年,已经高达 64.3%。与中南亚地区相比,东亚和南亚地区的发展情况相对较好。最值得关注的是中国女性近些年来取得的成果:中国澳门女性受高等教育普及率从 1999 年的 25% 增长到了 2018 年的 105%;中国大陆从 2003 的 14% 上升到 2018 年的 56%。除此之外,蒙古女性接受高等教育的比例也从 1999 年的 35% 提高至 77%。拉丁美洲以智利和阿根廷为代表,女性实现了百分百的高等教育覆盖率。哥伦比亚以及墨西哥等国虽然未能达到全面普及,但是仍有 50% 左右的女性能够接受高等教育。在非洲,撒哈拉作为明显分界线,其南北形成了鲜明对比。北部地区的以色列和科威特女性的高等教育毛入学率均超过 70%,像埃及、突尼斯、约旦、摩洛哥等国虽未能超过 50%,但仍维持在 40% 左右。苏丹和也门女性面临的情况较为严重,尤其是也门,能够接受高等教育的女性比例仍不到 10%。在撒哈拉沙漠以南地区,截至目前,这些地区的女性接受高等教育的情况仍不容乐观,受教育比例大多低于 20%,只有 6 个国家超过 20%,例如,毛里求斯为 47%,纳米比亚为 30%,佛得角为

29%,博茨瓦纳为 29%,南非为 26%,塞舌尔为 23%。① 综上所述,从全球整体情况来看,全球女性接受高等教育的比例仍呈现良好的发展态势,有些国家或地区更是取得了优异的成绩,高等教育毛入学率实现了完全覆盖。而有些国家受起步较晚的影响,虽然开始未能对女性接受高等教育给予重视,但是在注意到这一缺陷后及时补救,实现了女性接受高等教育的目标。撒哈拉以南非洲地区在经济发展落后、思想观念陈旧等情况下,女性接受教育的比例尽管维持在较低水平,但是与之前相比仍有些许改善。因此,可以说促进女性接受高等教育已经成为各国达成的普遍共识,这也证明了女性与男性在获得教育方面享有同等权利,在教育方面实现性别平等正在获得国际社会的认可。

实际上,全球女性受教育水平的提高,离不开联合国及其专门机构——联合国教科文组织发挥的主要作用。联合国教科文组织通过收集和分析按性别分列的教育数据以及监测与性别平等有关的规范性手段来监测工作进展情况;帮助各国发展将性别观点纳入教育法律、政策和计划的国家能力;通过创新的、多部门的合作来倡导女孩和妇女的教育,例如,联合国教科文组织与联合国人口基金、联合国妇女署联合提出相关计划,旨在通过教育赋予少女和年轻女性权利;就促进性别平等面临的障碍进行政策研究,扩大和加强联合国教科文组织的专门知识,建立知识库;与合作伙伴在全球、地区和国家各级进行政策宣传,以支持教育中的性别平等。② 尤其是在女性高等教育培养方面,联合国教科文组织更是从全方位、高层次的角度出发,致力于在技术、科学、工程等领域提高女性的专业能力。

2017 年 8 月,联合国教科文组织在国际专题讨论会上编制了一份前沿全

---

① United Nations Educational, Scientific and Cultural Organization. Gross enrolment ratio for tertiary education[EB/OL].[2021-08-06]. http://tcg.uis.unesco.org/4-3-2-gross-enrolment-ratio-for-tertiary-education/.
② United Nations Educational, Scientific and Cultural Organization. What UNESCO does on education and gender equality [EB/OL]. [2021-08-06]. https://en.unesco.org/themes/education-and-gender-equality/action.

球报告《破解密码:科学、技术、工程和数学中的女性教育》(Cracking the Code: Girls' and Women's Education in STEM),描绘了女性在科学、技术、工程和数学教育中的地位,并确定了阻碍和促进其参与的因素。报告显示,全球高等教育阶段中,就读科学、技术、工程和数学相关专业的学生中仅有35%为女性,而且只有3%的女学生选择信息和通信技术研究相关专业。为了扭转这一不利局面,联合国教科文组织鼓励女性在科学、技术、工程和数学(包括艺术和设计)领域发挥领导作用,并提出了以下指导建议:第一,改善女性在教育和职业中的参与、成就和延续性情况,以减少科学、技术、工程和数学专业中的性别差距。第二,通过教师培训、教育内容和教学方法,加强各国开展对性别敏感的科学、技术、工程和数学教育的能力。第三,增强女孩和妇女对科学、技术、工程和数学教育重要性的认识。具体能力建设方面,在加纳,联合国教科文组织正在组织成立科学、技术、工程和数学诊所,以方便女性熟悉科学、技术、工程和数学相关知识,并在这些领域培养她们的技能,促进女性与可以充当积极榜样的科学、技术、工程和数学女性专业人员之间的联系。[①] 2016年,联合国教科文组织出版的《职业技术教育与培训(TVET)战略(2016—2021)》旨在支持会员国增强其职业技术教育与培训系统的相关性,使所有人掌握就业、体面工作、创业和终身学习所需的技能。战略内容具体包含三个优先领域:培养青年就业和创业精神,促进性别平等,加强向绿色经济和可持续社会转型。在性别平等方面,战略注意到女性缺乏获得技能发展和体面工作的机会,并且全球女性面临高失业率、劳动力参与率较低的情况。由于存在性别不平等现象且受到陈旧观念的影响,职业技能教育与培训计划也常常存在性别偏向,成为影响女性进入特定职业领域的阻碍。基于上述事实,联合国打算阐明现实情

[①] United Nations Educational, Scientific and Cultural Organization. Girls' and women's education in science, technology, engineering and mathematics (STEM)[EB/OL]. [2021-08-18]. https://en.unesco.org/themes/education-and-gender-equality/stem.

况,支持会员国拟定适当的政策,以保证职业技术教育与培训中的公平,通过职业技术教育与培训实现公平;确保所有不同年龄和不同性别的人均享有平等的学习机会,提升其知识水平,发展技能和能力;以及满足多种多样的学习和培训需求。与此同时,为促进职业技术教育与培训中的性别平等,以及通过职业技术教育与培训实现性别平等,联合国教科文组织试图填补在各种经济和文化背景下理解该问题的知识缺口,推动政策学习并提供政策支持和能力建设服务。特别关注并制定战略以推动女性进入就业前景更好的职业领域;确定国际上相关的成功做法,包括改进对职业技术教育与培训中性别平等的监测和评估;以及促进政策对话、能力建设,针对重要伙伴,包括劳动力市场利益攸关方,开展宣传工作。除了推广有针对性的措施,联合国教科文组织将支持会员国在审查和制定职业技术教育与培训政策、战略和活动时把性别平等问题置于重要位置,以便性别平等因素对政策优先事项和支出模式产生积极影响。[1]

在科学领域,女性研究人员的影响力仍存在不足。根据联合国教科文组织在2019年发布的《科学中的女性》[2]报告显示,2016年女性研究人员所占份额在全球的平均值为29.3%。就区域分布而言,拉丁美洲的比例最高,达45.1%;南亚和西亚地区最低,为18.5%(如表6-1所示)。

表6-1　2016年全球各区域女性研究人员比例分布情况(单位:百分比)

国家	中亚	拉丁美洲和加勒比地区	阿拉伯国家	中部和东部欧洲	北美和西欧	撒哈拉以南非洲地区	东亚和太平洋地区	南亚和西亚地区
比例	48.2	45.1	41.5	39.3	32.7	31.8	23.9	18.5

---

[1] United Nations Educational, Scientific and Cultural Organization. Strategy for technical and vocational education and training (TVET)[EB/OL].[2021-08-18].https://unesdoc.unesco.org/ark:/48223/pf0000245239_chi.

[2] United Nations Educational, Scientific and Cultural Organization. Women in science(FS/2019/SCI/55)[EB/OL].[2021-08-18]. http://uis.unesco.org/sites/default/files/documents/fs55-women-in-science-2019-en.pdf.

在这样的背景下,联合国教科文组织为帮助缩小科学技术领域中的性别差距,更有效地评估按性别分类的数据,提出了关于科学、技术、工程和数学与性别进步的全球化项目,并采用科学、技术和创新(STI)性别平等政策清单,以开发更好的衡量指标。清单内容包括:改变社会中对女性的观念、态度、行为、社会规范和陈规定型观念;让女性参与科学、技术、工程和数学的初等及中等教育以及技术和职业教育与培训;吸引、接触和留住科学、技术、工程和数学高等教育中的各级女性;确保科学家和工程师职业发展中的性别平等;促进研究内容、实践和议程涵盖性别层面;在与科学、技术、工程和数学相关的决策中促进两性平等;在科技创业和创新活动中促进两性平等。[1] 此外,海洋领域的女性科学家也引起了联合国教科文组织的重视。其中,联合国教科文组织的政府间海洋学委员会致力于促进海洋科学领域的性别平等和增强女性权能,以推动海洋科学界实现男女平等参与。目前已开展了第一步工作,增加科学界女性参与的活动数量,促进女科学家成为年轻女性的榜样。[2]

联合国教科文组织除了重视培养女性的科学技术技能外,还关注女性哲学家发挥的作用。联合国教科文组织专门为女性哲学家创办并刊发《女哲学家日报》等报纸和杂志。2011 年发布的《女哲学家日报》被认为是国际女哲学家知识生产的主要成果,也是国际成员之间交流的渠道。这项成果有力地团结了所有地区和所有文化背景下的女哲学家,呼吁女性哲学家解决当今在智力工作、社会影响、性别平等、人权与普遍性、文化间对话以及面向社区的政策等方面至关重要的基本问题。与此同时,《女哲学家日报》还提供了一个平台,

---

[1] United Nations Educational, Scientific and Cultural Organization. Measuring gender equality in science and engineering working paper 1: SAGA science, technology and innovation gender objectives list [EB/OL]. [2021-08-08]. http://uis.unesco.org/sites/default/files/documents/saga-sti-objectives-list-wp1-2016-en.pdf.

[2] United Nations Educational, Scientific and Cultural Organization. Initiative for women marine scientists [EB/OL]. [2021-08-08]. http://www.unesco.org/new/en/natural-sciences/ioc-oceans/focus-areas/gender-equality/.

用于发布有关实习、辅导、教育机会、出版物,以及女哲学家、博士生和哲学研究人员之间交流的信息。①

综上所述,联合国教科文组织作为推动全球教育发展的大本营,将促进性别平等与改善教育质量相联系,推动女性能力向优秀转变。一方面,联合国重视在初级和中等教育中确保女童的参与率和入学率,为女性培养扎实的基本能力;另一方面,从科技、工程、数学、海洋等领域入手,打破传统意义上以男性为主导的行业偏见,并在这些行业中注入更多的女性领导力量,这一做法正在改变女性的社会地位。可以认为,针对女性科学能力的培养,联合国及其教育、科学及文化组织提出的一系列高等教育计划和举措对精英女性领导力的提升具有特殊而又重要的意义。

第三节 媒介融合趋势的运用

近年来,联合国致力于精英女性的培养及其领导力提升,其中媒体发挥的作用不可或缺。在性别平等宣传方面,联合国专门设置节日或纪念日,以特殊化的节日形式塑造女性的榜样形象来加深社会各界对精英女性的认识。与此同时,期刊、新闻、广告等传统媒介手段也成为联合国推广性别平等工作的重要渠道。随着互联网新兴技术的兴起,传统的媒介传播形式已经不再能够满足社会受众的普遍需求。联合国在注意到这一情况后,也开始采用数字媒体形式,包括使用社交媒体——推特、微博、脸书等,线上发出呼吁女性发展的声音。依托于传统媒介和新兴媒介的交汇融合,联合国致力于利用传播来逐渐改变社会传统中存在的带有偏见的性别观念。借助于媒介多元化的传播形

---

① United Nations Educational, Scientific and Cultural Organization. Women philosophers' journal[EB/OL].[2021-08-08]. https://en.unesco.org/themes/social-transformations/womenphilosophersjournal.

式,联合国正在努力使女性摆脱以往的弱势形象,倡导女性对社会进步的积极作用。就这一层面而言,联合国及其专门机构已经采取行动并取得了一定的成绩。

一、设立国际妇女节

1975年国际妇女年期间,联合国宣布3月8日为第一个正式的国际妇女节。两年后,在12月召开的联合国大会上又通过一项决议,宣布在任何一天都应纪念联合国妇女权利和国际和平日,具体日期需由会员国根据其历史和民族传统来确定。国际妇女节是庆祝性别平等和增强妇女权能所取得的进展的节日。① 节日作为一种重要仪式,不仅代表了妇女过去为争取平等权利所付出的巨大努力,同时也时刻提醒社会各界的女性团结起来,谨记性别平等的基本信念。

二、刊发出版物

联合国妇女政策与计划司出版了多种出版物,其中有两个最为关键:《世界妇女进步》和《妇女在发展中的作用——世界调查》。《世界妇女进步》回顾了社会经济和政治环境不断变化的背景下,世界各地妇女的生活如何随着时间而改变,并为决策者、女性权利倡导者和研究人员确定了关键的性别和女性权利问题。《世界妇女进步》每期都会设定特定主题,自2000年以来已有七个版本。《妇女在发展中的作用——世界调查》每五年出版一次,并提交给联合国大会第二委员会,该委员会主要处理经济和金融问题,将性别观点纳入经济和发展领域。最近的三个版本集中于以下主题:性别平等与可持续发展(2014年);女性对经济资源及包括小额信贷在内的金融资源的获取与控制权(2009

---

① United Nations Educational, Scientific and Cultural Organization. International women's day[EB/OL].[2021-08-12]. https://en.unesco.org/commemorations/womenday.

年);女性与国际移民,涉及劳务移民、女性移民难民及流离失所者的权利,以及贩运妇女和女童等问题(2004年);全球化及其对性别和工作的影响;女性在全球家庭和劳动力市场中的相对地位。

三、签订媒体契约

作为围绕2030年议程工作的一部分,联合国妇女署于2016年3月签订《为性别平等而加强媒体契约》,呼吁媒体在实施《可持续发展议程》中发挥作用。来自全球的39个主要媒体作为其创始成员签署了《为性别平等媒体契约而逐步提高》(Step it Up for Gender Equality Media Compact)。媒体契约将作为媒体组织的联盟,在可持续发展目标的框架内为推进性别问题发挥积极作用,通过高质量的报道以及对性别敏感公司的做法进行补充,扩大公众对女性权利和性别平等问题的关注,从而实现契约规定。

四、促进深入报道

联合国妇女署还持续促进媒体对女性权利问题的深入报道,支持并开展有关新闻媒体和娱乐业中女性形象的研究。联合国妇女署促进了媒体网络的发展,并为世界各地的当地记者提供了关于性别敏感报道和各种主题的培训,包括如何在冲突与建设和平中或对女性的暴力行为中报道女性,以及如何确保选举报道的平衡等。①

五、发展伙伴关系

为了引起基层群众的注意,联合国妇女署不断探索发展新的合作伙伴关系。例如,与世界社区广播电台协会合作,致力于改善新闻中女性的形象。此

---

① United Nations Women. Media collaboration [EB/OL]. [2021-05-16]. https://www.un-women.org/en/partnerships/media-collaboration.

外,联合国妇女署在国际、地区和国家各级也与媒体建立了长期的伙伴关系,例如在"北京20+"运动期间,各方共同努力改善新闻中女性的形象,吸引了来自世界各地的30多家媒体,包括各种印刷、广播和在线媒体,这些媒体发布了成千上万的报告、分析、社论、专栏和专题报道,剖析了女性的勇敢行为,并给予其肯定的声音。① 同时,通过联合国妇女署和联合国开发计划署之间的伙伴关系,在厄瓜多尔建立了拉丁美洲第一个土著媒体专业人员网络,它致力于促进被排斥的土著人民特别是女性和青年的政治参与。

媒体作为社会中传播信息的直接渠道,虽然在推动性别平等方面发挥了重要的传播和宣传作用,但是根据联合国的统计与调查显示,媒体围绕性别的报道仍有失偏颇。这种偏颇体现在报道内容和报道数量上。以体育内容为例,观察女性在体育新闻报道中的现状,可以发现体育新闻报道对女性存在偏见。在体育报道中,女性往往先被定义为女性,其次才被提及运动员这一身份。同时体育广播虽为女性所用,但参与体育新闻业的女性人数仍然较少。换言之,这一特殊的报道领域仍然是以男性作为主导的。与男子相比,体育对女性的报道在质量和数量上与对男性的报道相比仍然偏少。联合国教科文组织的统计数据表明,所有体育参与者中有40%是女性,但是女性获得所有体育媒体报道的百分比仅约为4%。在这4%的覆盖率中,报告通常是指她们的外表和个人生活,而不是运动能力。这也就是说,体育新闻报道中女性塑造的形象正在被媒体有偏差地"议程设置",导致女性很难与男性一样获得社会平等和实质意义上的认同。而且,在这种有限的报道范围内,女性经常被主观化或被片面地形容。② 通过分析媒体用来描述运动员的语言可以发现,媒体对

---

① United Nations Women. Media collaboration[EB/OL].[2021-05-16]. https://www.un-women.org/en/partnerships/media-collaboration.
② United Nations Educational, Scientific and Cultural Organization. Gender equality in sports media[EB/OL].[2021-05-16]. https://en.unesco.org/themes/gender-equality-sports-media.

男性和女性在描述方式上采用了不同的话语。在描述女性时,经常出现"年龄""年长""怀孕""已婚"和"未婚"等词语。与此形成鲜明对比的是,"最快""强""大""真实"和"伟大"等形容词则经常用来形容男性运动员。① 可以看出,体育新闻报道中仍存在明显的性别歧视观念。男性运动员被塑造成阳光、勇敢、强壮的个人形象,与对女性运动员被塑造出的形象构成了强烈的反差。可以预想,一旦受众长时间接触带有性别偏见的新闻报道,可能导致女性很难扭转被边缘化和被排斥的弱势局面。除此之外,女性在政治方面的媒体宣传中也处于不利位置,比如在拉丁美洲,联合国妇女署和国际民主与选举援助研究所针对大选前30天男女候选人在媒体报道方面的差异进行了首次区域研究。该研究所和联合国妇女署汇编了来自五个国家的数据,证明女性在许多情况下受到的关注较少且带有偏见,而且竞选活动很少关注性别平等问题。②

不仅如此,与女性在其他行业遭遇的困境一样,传媒行业对女性担任领导的能力也产生了质疑。这也就是说,女性在媒体中担任领导和专业人士的可能性较小。联合国妇女署对全球522个新闻媒体组织进行统计后发现,在媒体的幕后工作中,高级媒体管理职位仍以男性担任为主导,比例高达73%。不仅在媒体管理职位上,在一些与媒体相关的具体工作中,女性占比情况同样不容乐观,例如,在电影配音工作中,女性占比不足三分之一。与此同时,随着网络世界中暴力现象的出现,女性也成了网络暴力的主要攻击对象。③

综上所述,可以看出,当前在媒体领域推进性别平等方面仍存在一些问题,具体包括:第一,女性在媒体从业者中的占比和地位较低;第二,有关女性

---

① United Nations Educational, Scientific and Cultural Organization. Gender equality in sports media[EB/OL].[2021-03-09]. https://en.unesco.org/themes/gender-equality-sports-media.
② United Nations Women. Media[EB/OL].[2021-03-09]. https://www.unwomen.org/en/what-we-do/leadership-and-political-participation/media.
③ United Nations Women. Women and the media[EB/OL].[2021-03-09]. https://beijing20.unwomen.org/en/in-focus/media.

的报道在媒体中占比较少；第三，女性在媒体报道中被塑造的形象不够客观。为了进一步改善性别不平等的新闻报道现状，联合国从媒介融合的角度出发，将传统媒体与新兴媒体相融合，致力于从线上和线下两个渠道改善新闻媒体领域的性别歧视现象。首先，发起"妇女网络(Network of Women)倡议"。该倡议于2016年12月12日至16日在日内瓦举行的世界无线电通信研讨会(World Radiocommunication Seminar 2016)期间提出，旨在鼓励更大程度地促进性别平等，并使女性代表在未来的无线电通信大会和活动中发挥关键作用，提高国际电信联盟女性在社区的能力并增加其贡献。①

其次，线上开展性别平等"我知道性别"的相关课程。联合国妇女培训中心电子学习校园是旨在促进性别平等的全球创新在线平台，向所有有兴趣进行培训或学习的人开放，是联合国促进性别平等以及增强女性权能的方式之一。

最后，丰富精英女性线上数据资料。当前媒体工作中女性的代表性仍存在不足，媒体也往往更偏爱将男性作为可靠的信源。因此，为了改善这一不利局面，一方面，联合国教科文组织建立"妇女成为新闻"数据库，以帮助新闻工作者确定女性专家，并将她们的故事纳入报道，以此作为促进媒体和社会中性别平等的一种手段。另一方面，联合国教科文组织还发起了＃维基女性(＃WIKI4WOMEN)倡议，呼吁来自世界各地的人们创建、丰富更多内容，翻译成尽可能多的语言，以介绍维基百科中有关教育、科学、文化、社会和人文科学领域有关女性的个人资料和信息。②同时，联合国教科文组织还组织了一场主题为"在线女性：数字空间性别平等挑战"的辩论。演讲嘉宾以一些杰出人物

---

① International Telecommunication Union. Communiqué: ITU launches network of women for WRC-19[EB/OL].[2021-03-09]. https://www.itu.int/en/mediacentre/Pages/2016-CM24.aspx.

② United Nations Educational, Scientific and Cultural Organization. Women, media and the digital sphere[EB/OL].[2021-03-09]. https://en.unesco.org/node/304607.

为代表,他们终生致力于通过媒体强调和推动女性权能的提高。演讲者会分享自己的经验,发表对在线挑战的愿景,并就女性在数字化领域取得成功的新兴解决方案展开讨论。①

除了利用线上网络改善媒体中的女性形象外,线下媒体也成了联合国努力培养精英女性的另一个主要方向。

第一,开展媒介教育,提高女性的媒介素养。联合国教科文组织致力于在成员国中开展性别媒体教学。例如,2019年10月在印度尼西亚大学传播学系组织的新闻学和媒体研究中,来自世界各地的学者们聚集在一起分享了他们在性别、新闻和媒体教学方面的文化经验。联合国教科文组织雅加达办事处传播与信息顾问林明国博士介绍了两份联合国教科文组织出版物:《制定传播政策的性别议程——全球媒体与性别联盟的新提案》和《性别、媒体和信息通信技术——研究、教育和培训的新方法》。两本书的主要内容描述了在媒体和互联网公司的决策层内部存在性别不平等,并就如何提高针对女性的媒介教育,促进其使用信息通信技术的能力进行了方法上的指导和说明。同时,联合国教科文组织还开展了针对使用法语的非洲广播电台的媒体性别平等培训,利用专家在媒体中的引导作用促进在可持续发展中实现性别平等。

第二,与农村女性一起直播,增强女性使用广播的能力。在瑞典政府的支持下,联合国教科文组织开展了向偏远农村地区的人口提供媒体服务的项目。该项目的重点是利用信息通信技术使台站业务现代化,提高节目质量并扩大新闻来源的地域覆盖范围。尤其是针对性别问题敏感话题的节目,项目注重提高地区关注度和新闻调查能力,以扩大女性在地方广播电台的参与度,并鼓励在广播中和通讯业务中更多地纳入女性声音。需要指出的是,自2012年以

---

① United Nations Educational, Scientific and Cultural Organization. Women make the news 2019 [EB/OL]. [2021-03-09]. https://en.unesco.org/themes/media-pluralism-and-gender-equality/womenmakenews/2019.

来,该项目已提升来自 10 个非洲国家(布隆迪、刚果民主共和国、肯尼亚、莱索托、纳米比亚、卢旺达、南非、坦桑尼亚、乌干达和赞比亚)的 59 个广播电台的能力。广播电台融入更多女性的声音意味着广播电台的性别单一性正在发生改变。女性充分运用信息通信技术,不仅有助于打破陈规定型的性别偏见理念,也向社会传递了女性可以在信息技术相关职位上表现得更加出色的信号。①

第三,拟定全球性别敏感指标框架,促进实现性别平等。根据联合国教科文组织的全球优先性别问题,联合国教科文组织正在为 2030 年之前媒体实现性别平等做出贡献。在注意到媒体工作中的男女平等和新闻报道中的男女平等这两点具有同等重要意义的情况下,联合国教科文组织于 2010 年初提出了拟定全球性别敏感指标框架,目的是通过各种形式的媒体和技术手段实现性别平等和女性赋权。媒体性别敏感指标(GSIM)为媒体分析其内容和运作提供了一个全面的框架,并为媒体在内容和运作方面实现性别平等奠定了基础。② 与此同时,联合国教科文组织在线下也努力改善女性在媒体中受歧视的现象,比如印发了《取得平衡:新闻界的性别平等》等刊物。具体而言,《取得平衡:新闻界的性别平等》主要针对为性别平等目标做出贡献的媒体组织、专业协会和新闻工作者工会,并向所有记者提供信息。该书将协助媒体工作人员评估两性平等方面的进展,促进地方、区域和全球的相关辩论,从而制定出具体政策以推动两性平等,进而在全球范围内提高女性地位。③

---

① United Nations Educational, Scientific and Cultural Organization. Women in radio[EB/OL].[2021-06-22].https://en.unesco.org/node/282922.
② United Nations Educational, Scientific and Cultural Organization.Gender-sensitive indicators for media[EB/OL].[2021-06-22]. http://www.unesco.org/new/en/communication-and-information/crosscutting-priorities/gender-and-media/gender-sensitive-indicators-for-media/.
③ United Nations Educational, Scientific and Cultural Organization.Communication and information[EB/OL].[2021-06-22]. http://www.unesco.org/new/en/communication-and-information/resources/publications-and-communication-materials/publications/full-list/getting-the-balance-right-gender-equality-in-journalism/.

第四,开展全球问卷调查,呼吁政府对性别和媒体行动报告进行监测。为了突出各国政府在媒体人员配备和媒体内容上追求性别平等的关键作用,联合国教科文组织已经与其195个会员国和9个准会员国进行磋商,以全球调查的形式呼吁和鼓励更多国家支持并参与其倡议。自2015年以来,联合国教科文组织已收到了40个成员国政府的回复,根据联合国教科文组织的要求,调查的结果最终将汇总成一份全球报告。目的是从政府行动的角度收集、分析并发布关于实现《北京宣言》和《行动纲要》与媒体和性别有关的战略目标进展的经验数据;在会员国中提高对该主题的认识,并就如何将媒体和信息通信技术纳入国家性别政策和战略提出建议;以及为《北京宣言》和《行动纲要》的20年审查做出贡献。[1] 可以认为,以问卷调查的形式对成员国媒体的性别平等进行评估和监测,有助于监督政府对方案的执行和落实情况,对解决全球性别和媒体问题具有重要的实际意义。

第四节 联合国精英女性的培养及其领导力提升的前瞻分析

随着全球化的深入发展,各种层出不穷的新问题正在对各国提出巨大考验。女性作为社会发展一支不可忽视的重要力量,在解决恐怖主义、气候变化、难民问题等方面发挥了关键作用。随着新兴技术的迅速发展,人工智能、区块链等也为女性赋权拓展了新的空间和方向。联合国作为引领全球性别平等事务的国际组织,如何在新的社会发展形态下提高精英女性在各个领域的领导能力,成了联合国当前迫切面对的重要问题。鉴于此,本节试图从安全、技术、气候、难民议题等角度出发,对未来联合国精英女性领导力培养的努力

---

[1] United Nations Educational, Scientific and Cultural Organization. Final call on governments to join the UNESCO global survey on governments' actions on gender and media [EB/OL]. [2021-06-12]. https://en.unesco.org/news/final-call-governments-join-unesco-global-survey-governments-actions-gender-and-media.

方向进行分析。

一、女性在新兴领域的发展情况概述

(一)男女在信息技术层面仍存在巨大鸿沟

就 2019 年全球互联网用户性别分配比例而言,女性的互联网使用比例仅为 48%,比男性少 10%。这一数字意味着全球还有超过一半的女性未能使用和访问互联网。就地域而言,全球只有不到百分之十的国家中的女性使用互联网的比例高于男性,而仅有四分之一多一点的国家实现了互联网使用上的性别平等。具体来说,虽然独联体国家和欧洲地区使用互联网的性别差距在缩小,但是在其他发展中地区,尤其是在一些阿拉伯、亚洲和非洲国家,性别差距却在一直扩大。[1] 在区块链领域,比特币数据在线门户网站(Coin.dance)[2] 的数据表明,截至 2018 年 5 月,在比特币社区参与的人数中,男性占比高达 95%。这意味着,女性在区块链领域的参与性较低。

不仅如此,新兴技术的发展在为女性赋权提供更多机会的同时,其发展产生的负面效应也加剧了性别鸿沟带来的风险。研究表明,数据集和算法会在一定程度上强化性别、种族或意识形态等方面的偏见。来自波士顿大学和微软的研究人员共同对华盛顿大学创建的情景识别数据集和最初由微软协调的图像识别数据集进行了研究,结果显示,两个数据集所包含的男性图像多于女性。在图像识别数据集中,以勺子和叉子为代表的厨房符号与女性紧密相关,而单板滑雪和网球拍之类的户外运动设备则与男性密切相关。[3] 这也就是

---

[1] 国际电信联盟. 弥合性别鸿沟[EB/OL].[2021-06-12].https://www.itu.int/zh/media-centre/backgrounders/Pages/bridging-the-gender-divide.aspx.
[2] 比特币数据在线门户网站,负责对比特币领域的著名企业数据进行跟踪检测与统计分析,提供包括市值、价格、节点、矿池、区块等多种指标的统计图表。
[3] Wired. Machines taught by photos learn a sexist view of women[EB/OL].[2021-06-12]. https://www.wired.com/story/machines-taught-by-photos-learn-a-sexist-view-of-women/.

说,在大数据技术背后,数据和算法赋予了男性与女性不同的符号属性。这些符号以标签的形式对性别进行自动分类,强化了性别之间的差异。可以设想,一旦这种数据集应用到互联网中,这类操作会给女性在使用互联网进行搜索时造成一些困扰。同质化的搜索内容会强化女性已有的性别内容,为精英女性的培养和发展造成无形阻碍,在某些方面也会使女性无法正常开展工作。

(二)女性在气候议题中缺少发言权

相较于男性,女性在干旱、洪水等其他极端气候事件的问题上受到的影响尤为严重。同时在对气候环境问题做出决定时,女性的声音也往往会遭到主流排斥。在发展中国家,从事与环境相关行业的女性在收入方面与同行男性相比相对较低,担任的管理职位也相对较低。与从事农业、正规部门工作的男性人数相比,女性在非农业、非正规部门的从业人数占比较多,例如撒哈拉以南非洲地区女性在非农业、非正规部门的从业人数占比为84%,亚洲为86%,拉丁美洲为58%。这一现象直接导致在应对气候变化冲击的能力方面,各部门表现出了明显的性别差异。不仅如此,这种不平衡现象在与气候议题有关的专业科学部门也体现得更加明显。女性在气候部门中作为技术人才、专业人员以及决策者的代表性存在不足。就目前情况而言,尽管女性在一些与气候相关的(包括卫生、农业和环境管理)部门中从业的人数较多,但是对于影响环境变化的核心部门,女性仍被视为边缘群体,这些部门包括能源、工程、运输、信息技术和计算等,这些部门对于预警系统、信息共享和环境监测至关重要。在诸如能源、工程等领域,虽然也有女性的参与,但其在决策和方案编制方面的代表性面临不足。这也就是说,部分女性在决策部门甚至是气候部门的领导岗位中仍被排斥在外。历史经验显示,女性是许多新农业技术的早期采用者,是危机的第一响应者。女性为更好地管理气候和防范风险提供了宝贵的意见和解决方案。然而,她们的贡献在人道主义和气候行动中常常被忽视,女性的实际需要也被忽略了。因此,在未来气候议题可持续发展建设中,需要女性发挥更多的领导才能,贡献更多知识与技术。①

(三)女性正在成为参与恐怖主义活动的重要力量

近些年来,随着全球恐怖主义的猖獗发展,一些恐怖组织中人员性别的构成比例也出现了明显的变化。自 2002 年起,许多国家由女性参与实施的自杀性恐怖袭击事件比例超过了 50%,女性"人体炸弹"造成了数以万计的人员伤亡,还有成百上千的女性恐怖分子正在接受恐怖组织的训练,等待成为新的"人体炸弹"。② 具体而言,在斯里兰卡,泰米尔猛虎组织发动的近 200 起自杀性"人体炸弹"袭击事件中,女性占 30%—40%;在叙利亚,叙利亚社会主义和民族主义党中女性参与实施的自杀性恐怖袭击事件的比例达到了 37%;在土耳其,库尔德工人党中女性参与的自杀性袭击行动的比例甚至超过了男性,高达 66%。在其所策划的 21 起自杀性袭击事件中,有 14 次都由女性执行。③ 由此可见,世界各地的女性恐怖袭击事件已呈现出急剧增长的态势,反恐形势令人担忧。女性恐怖主义已经成为当前恐怖主义发展的重要趋势之一,对世界的和平与稳定构成了日益严重的威胁。

当前,学界在研究性别与安全的关系时常常存在几种偏见。第一,将女性视为被动的受害者,对女性在激进运动中的作用分析过于简单化,甚至忽略女性的自主权。第二,对女性从事恐怖主义活动采取漠视态度,在客观上造成了女性恐怖主义在全球范围内愈演愈烈的态势。第三,缺少针对女性恐怖主义治理问题的制度性研究,导致治理女性恐怖主义问题未能提上反恐议程。然而,伴随着女性意识的觉醒,女性已经不再是置身事外的"旁观者",她们的角色正在发生改变,从"受害者"变成"加害者",从"被动参与"变成"主动出

---

① United Nations Educational, Scientific and Cultural Organization. Is the gender gap narrowing in science and engineering[EB/OL].[2021-07-01].https://en.unesco.org/sites/default/files/usr15_is_the_gender_gap_narrowing_in_science_and_engineering.pdf.
② Bloom M. Bombshells:women and terror[J]. Gender issues, 2011, 28(1-2): 2-3.
③ 李湛军.恐怖主义与国际治理[M].北京:中国经济出版社,2006:115.

击",逐渐成为恐怖主义组织的重要成员,直接策划或参与执行恐怖主义活动。① 除此之外,在一些恐怖主义活动中,部分女性还从事招募他人、筹集资金和传播暴力极端主义思想等活动,并且作为恐怖组织中的重要成员,积极支持恐怖主义和暴力极端主义团体。

(四)女性在难民群体中占有一定比例

截至 2018 年年底,全球因冲突或迫害被迫逃离家园的人数高达 7 080 万。其中,全球近 3 000 万难民中,女性人数已经超过一半。具体而言,在巴尔干地区的难民中,女性占比 17%,儿童占比 25%,女性与儿童总计占比多达 42%。受地区持续不断的战争影响,截至 2015 年,18% 的叙利亚女性需要得到他国保护;伊拉克次之,达到 15%;最后是阿富汗,寻求庇护的女性比例为 12%。自第二次世界大战以来,联合国各机构和非政府组织在应对欧洲最大的难民危机方面承受了巨大的压力,联合国欧洲和中亚女性事务区域主任因吉比约·吉斯拉多蒂尔(Ingibjorg Gisladottir)认为,目前,沿着西巴尔干路线迁徙的妇女和女童难民有保护其尊严的具体需求,以及获得优先事项和权利的需求,但这些需求都没有得到充分解决。而且女性难民在迁徙的过程中也面临着许多挑战,包括家庭分居、心理压力和心理创伤、健康并发症,以及遭受剥削和性暴力的风险。② 联合国经社理事会在 2014 年发布的《自然灾害中的性别平等和女性赋权》报告估计,全球至少有五分之一流离失所的女性遭受过

---

① Middle East Institute. The role of women of the islamic state in the dynamics of terrorism in Indonesia [EB/OL]. [2021-07-03]. https://www.mei.edu/publications/role-women-islamic-state-dynamics-terrorism-indonesia.
② United Nations Women. UN women assesses the needs of women migrants and refugees in serbia and fyr macedonia [EB/OL]. [2021-07-03]. https://www.unwomen.org/en/news/stories/2016/1/women-migrants-and-refugees-in-serbia-and-fyr-macedonia.

性暴力,①而且这些女性难民中的童婚比例也很高,②其中以约旦和叙利亚地区最为严重。在约旦和叙利亚,难民中不足 18 岁女童的结婚比例在冲突前不足 17%,而在冲突后超过一半。③ 同时由于缺乏性和生殖健康服务,这些女孩很少能控制怀孕,这也导致了后续出现一些危害女性健康的结果。

二、联合国精英女性的培养及其领导力提升的努力方向

(一) 大数据中的女性发展

国际电信联盟研究发现,一旦女性能够访问互联网并具备了使用信息通信技术的技能,她们就有机会去创立新企业,向新市场售卖产品,找到薪酬更丰厚的工作,接受教育并享受医疗和金融服务等。从英特尔数据中心提供的数据可以看出,如果全球使用互联网的女性人数增加 6 亿,将会创造多达 180 亿美元的世界生产总值。④ 可以认为,女性借助互联网技术,正在成为推动世界经济向前发展的重要力量。新技术在为女性赋权的同时,不仅在一定程度上改善了女性的社会地位,还为女性发展带来更多切实利益。

大数据时代,数据的开发与运用正在使人工智能、区块链等技术应用成为现实。然而,现实情况是女性在新技术研发领域发挥的力量仍然受限。具体来说,在人工智能开发技术团队中女性研究人员所占的比例相对较低,仅有 12%,软件开发人员中女性占比也仅有 6%。与男性相比,女性申请信息和通

---

① United Nations Economic and Social Council. Gender equality and the empowerment of women in natural disasters report of the secretary-genera[EB/OL].[2021-07-03].https://digitallibrary.un.org/record/764450.
② United Nations Women. Gender-based violence and child protection among Syrian refugees in Jordan, with a focus on early marriage[EB/OL].[2021-07-03].https://data2.unhcr.org/en/documents/download/39522.
③ 于怀清.女难民,她们是受害者也是建设者[N].中国妇女报,2016-07-13 (A3).
④ Intel. Women and web[EB/OL].[2021-07-03].https://www.intel.com/content/dam/www/public/us/en/documents/pdf/women-and-the-web.pdf.

信技术专利的可能性比男性低接近13个百分点。这意味着,以人工智能为代表的新兴科技行业对女性存在明显的偏见和歧视。正如联合国教科文组织性别平等主任克拉特(Saniye Gülser Corat)所言:"人工智能的严格服从性影响了女性自我表达和发出诉求的能力。为了改变这种趋势,联合国教科文组织以及联合国妇女署需要更加密切地关注人工智能技术已存在的性别化问题。"[1]

随着新兴科学技术的发展和应用,出现了一些新的行业现象,这在一定程度上也对女性能力的提升提出了挑战。技术市场中衍生的自动化和数字化生产模式虽然有序地提高了生产力和工作效率,但是这种操作也被视为加剧不平等现象的潜在驱动因素。尤其是在结构性失业或就业不足的情况下,女性面临的困境更加明显。[2] 这种情况一旦形成长期趋势,工作场所中男女之间的性别差距将会加大,这意味着女性很容易成为数字市场发展的牺牲品,面临被淘汰的风险。因此,面对这样的形势,联合国有必要在数字市场快速发展的背景下,开拓女性新的职业发展道路,激发女性的职业发展潜力。借助技术优势,培养女性在这方面的适应能力和领导能力。

(二)气候治理中的女性领导力

长期以来,联合国对女性参与解决气候变化问题给予了格外的重视。例如,为了帮助更多女性参与气候环境保护,联合国曾出版多个刊物,其内容主要包括联合国防治荒漠化公约、促进两性平等的土地退化的变革性项目和计划等。这些出版物汇集了有关如何解决气候变化、生物多样性以及土地的使用和管理领域中常见的性别不平等问题的方法,并为确保女性成为气候环境

---

[1] United Nations News. UN report shows gender bias in talking digital tech[EB/OL].[2021-07-10].https://news.un.org/en/story/2019/05/1038691.
[2] World Economic Forun. The global risks report 2018 13th edition[EB/OL].[2021-07-10].http://www3.weforum.org/docs/WEF_GRR18_Report.pdf.

挑战的核心行动者和受益者的政策和方案提供信息。① 2017年11月6日,在为期近十天的联合国气候变化框架公约(United Nations Framework Convention on Climate Change,UNFCCC)缔约方年度会议上,联合国妇女署就将性别平等和女性赋权纳入了气候变化的讨论。不仅如此,在2018年的缔约方年度会议上,缔约方还要求拟出一项性别行动计划,以支持与性别相关的决策和任务。为了对这一要求做出回应,并提高女性在气候行动中的知名度,联合国妇女署专门落实政策,为性别行动计划制定了一套可行性方案,方案中包含了女性领导参与第二十三届联合国气候变化大会等内容。

尽管联合国注意到了女性在改善气候治理方面发挥的积极作用,但是随着近年来气候变化不断引发环境甚至自然灾害等新议题的出现,女性在防治这些现象方面仍然面临着领导力发挥不足的局面。一项有关性别平等和国家环保主义关系的研究显示,女性在环保政策制定和执行中的参与度仍有待提高。② 全球130多个国家中,女性担任政府职务的国家比男性担任政府职务的国家更有可能签署国际条约以应对全球变暖。同时,提升女性在气候科研领域的领导职位占比,可以促进更多的年轻女性加入气候治理领域。③ 例如,克里斯蒂安娜·菲格雷斯(Christiana Figueres)④和瑞安娜·甘恩·赖特(Rhiana Gunn Wright)这样⑤在气候领域有杰出贡献的精英女性代表,她们在

---

① United Nations Women. Investing in gender equality for transformative climate actions [EB/OL].[2021-07-10].https://www.unwomen.org/en/news/stories/2019/9/news-investing-in-gender-equality-for-climate-actions.
② Kari Norgaard and Richard York. Gender equality and state environmentalism[M].Sage Publications,2005:8.
③ Yale Program on Climate Change Communication. Gender differences in public understanding of climate change[EB/OL].[2021-07-10].https://climatecommunication.yale.edu/publications/gender-differences-in-public-understanding-of-climate-change/.
④ 克里斯蒂安娜·菲格雷斯被任命为联合国气候变化框架公约的执行秘书。
⑤ 瑞安娜曾被《时代》杂志列入为了结束气候变化而战的顶级女性名单,同时她也是妇女领导气候运动的组织者。

全球气候变化以及气候治理等方面都发挥了重要的作用。然而,遗憾的是,目前,在气候发展领域,女性在高级别决策职位的比例仍相对较低。环境和性别指数(Environment and Gender Index, EGI)显示,女性在与气候环境有关的部门中担任部长职位的人数仅占总人数的12%。[①] 因此,为了实现气候治理领域的性别平等,加速防治由气候变化引发的全球自然灾害等,联合国仍然需要继续鼓励和呼吁各国扩大气候部门中的女性任职比例,尤其是在高级别决策职位上给予女性更多考虑。同时吸收多样化的声音,以便在均衡的考量下制定出符合各国利益最大化的气候治理决策。

(三)防止恐怖主义中的女性力量

在恐怖主义治理方面,联合国妇女署正在努力预防和打击暴力极端主义和恐怖主义以促进性别平等,通过治理恐怖主义来反映女性的需求,提升女性的领导才能。联合国妇女署支持鼓励开展对极端暴力的性别驱动因素和反恐战略因素对女性和民间社会影响的研究。[②] 此外,联合国安全理事会及其反恐怖主义执行局关注性别问题和恐怖主义问题之间的联系,提出了在反恐和暴力极端主义中融入性别观点的建议:第一,妇女和女童是恐怖主义的受害者;第二,女性是恐怖主义的发起者、促进者和支持者;第三,女性是预防和打击恐怖主义的推动者;第四,反恐战略对女性权利有着重要影响。

随着网络系统应用走向成熟,女性利用互联网技术,在线上和线下共同打击恐怖主义和暴力极端主义的行动中发挥了重要作用。以线下实际行动为例,女性可以通过在社区和家庭中充当预警和消除激进分子的正面角色来打

---

① International Union for Conservation of Nature. Women's participation in global environmental decision making: new research from the environment and gender index (EGI) [EB/OL].[2021-07-10]. https://portals.iucn.org/union/sites/union/files/doc/egi_factsheet_desicion_making_web_sept2015.pdf.

② United Nations Women. Preventing violent extremism and countering terrorism[EB/OL]. [2021-07-10]. https://www.unwomen.org/en/what-we-do/peace-and-security/preventing-violent-extremism.

击恐怖主义。同时,女性也可以在安全部门和执法服务中执行重要任务。就这一点而言,将女性纳入安全体系不仅至关重要,还可以提高执法工作的效率。女性观点和专业知识的多样化,不仅可以为政治决策提供更多信息,还能让其他的利益相关方参与进来,有助于结合不同的专业知识,分享多元的实践经验,有利于反恐工作的开展。[1]

少数女性是恐怖主义的发动者、支持者和推动者,这在当前恐怖主义的发展进程中已经成为无可争议的事实。但是为何女性会沦为发动袭击的激进主义者,其背后的驱动因素有哪些,国际社会包括联合国往往未能进行充分研究。可能出现的情况是,对政治地位、经济条件、社会环境等因素的不满,引发了心理上的不平衡,导致女性出现极端化倾向。也存在另一种可能,女性人权受到侵犯,以及反恐措施本身带来的不利影响造成了侵犯人权行为的发生,这些因素会驱使女性走向激进。联合国开发计划署对非洲极端主义驱动因素的研究表明,激进化的"临界点"是国家滥用法律或人权,国家行动体是最终将个人推向非洲暴力极端主义的主要因素。因此,在这样的背景下,如何从国家行为体的角度出发,对临界点进行测量和明晰,并分析女性加入恐怖主义组织的政治机制动因,成了未来联合国治理恐怖主义的重要议题。

(四)难民身份认证过程中的女性安全保障

近年来,联合国妇女署一直在与"乐施会"[2]合作,为全球女性难民提供帮助。2016年年初,联合国妇女署与乐施会计划向女性提供有针对性的支持信息,评估难民庇护国的建设能力以及对女性难民获得相应权利的情况进行考察。为便于女性难民得到更快的安置和迁徙,在双方共同的努力下,双方帮助

---

[1] United Nations Security Council. Counter-terrorism committee, gender[EB/OL].[2021-07-11].https://www.un.org/sc/ctc/focus-areas/gender/.

[2] 乐施会是跨越种族、性别、宗教和政治界限,与政府部门、社会各界及贫穷人群合作,一起努力解决贫穷问题,并让贫穷人群得到尊重和关怀的组织。"助人自助,对抗贫穷"是乐施会的宗旨和目标。

难民庇护国建立了一个由当地非政府组织(包括女性组织)组成的区域网络，主要任务是分享有关女性难民的一些基本信息，包括原籍国、过境国和目的地国等。2017年，联合国妇女署在土耳其成立了女性发展与团结中心①，为女性难民和当地女性提供生活技能和心理支持服务。而且，通过建立女性难民和收容社区的整体保护系统，联合国妇女署还提出了女性难民的经济赋权倡议，组织开展增加社会凝聚力的宣传活动，以此支持庇护国应对难民问题的能力。

当前，难民人数的增多导致难民身份无法做到有效甄别。就女性难民而言，这一点直接造成了她们无法得到有效援助。根据联合国难民署的解释，目前主要存在两种身份甄别体系：一种是个体甄别，即个人向国家或联合国难民署申请难民身份；另一种是群体甄别，即由于特定时期或特定事件，以群体方式申请共同获得难民身份。个人申请通常耗时较长，需要仔细甄别；群体申请对于接受国来说压力较大，但通过率高于个人申请。需要特别指出的是，虽然联合国在难民甄别问题上拥有一套相对标准的体系，并制定了一个具有权威性的《难民地位甄别程序和标准手册》，该手册成了其他国家鉴别难民身份的主要标准，但是由于甄别过程较为烦琐复杂，导致女性难民群体在进行身份甄别过程中遭遇了许多安全问题，如复杂的身份认证程序可能会间接使女性在等待的过程中遭受性骚扰、性别歧视等。因此，如何消除女性难民在身份鉴别过程中面临的安全隐患，需要引起联合国的格外重视。甄别难民身份固然重要，但也需要简化程序和提高工作效率。在这个框架下，面对近年来全球难民人数不断攀升的现象，如何在有序完成难民身份甄别工作的同时保障女性难民的安全利益，对联合国的难民治理提出了新的挑战。

---

① 女性发展与团结中心是由欧洲联盟和日本政府资助的"加强叙利亚妇女和女孩的复原力"项目下设立的妇女合作社。

(五)卫生系统中女性领导力培养

当前,性别不平等依旧是卫生系统从业者面临的重要挑战,从事关键卫生决策并领导卫生工作的女性占比情况堪忧。2018年3月,世界卫生组织发布了报告《全球卫生领域中女性领导力与性别平等研究》。[1] 这份报告从社会和经济因素出发,对女性未能领导全球卫生发展的原因进行了分析。报告显示,女性虽然占据全球卫生人力的70%,但仅有25%的女性担任了高级职务。这意味着,在全球卫生服务系统中,女性在领导层中依旧处于边缘地位,男性仍是主导全球卫生系统发展的中坚力量。调查结果显示,69%的全球卫生组织由男性领导,80%的理事会主席是男性。不仅如此,从全球卫生组织的职能部门来看,只有20%的董事会实现了性别均等,25%的高级管理层实现了男女任职平等。[2]

事实上,在应对卫生系统中性别不平等现象方面,诸多国际组织已经做出了许多努力。世界卫生组织在《有关全球卫生和人力性别与平等的分析报告》[3]中强调了各国需要制定政策,从根本上消除性别不平等。在目前条件下,增加卫生人力工作岗位并不能解决性别不平等问题,而正是性别不平等,导致了卫生工作者的短缺。迄今为止,政策试图使女性适应不公平的制度,而现在,世界需要改革制度和工作环境,为女性创造体面的工作,并缩小领导地位和薪酬方面的性别差距。同时,国际社会应改变全球卫生和社会人力研究的重点。研究必须优先考虑低收入和中等收入国家,采用性别视角和交叉性

---

[1] Women in Global Health. Women in Global Health as co-chair of Gender Equity Hub [R]. https://www.womeningh.org/gender-equity-hub.

[2] Women in Global Health. Women in global health as co-chair of gender equity hub[R/OL].[2021-07-21].https://www.womeningh.org/gender-equity-hub;世界卫生组织.确保全球卫生工作人员性别平等的10个关键问题[EB/OL].[2021-07-21].https://www.sohu.com/a/307547602_652863.

[3] Women in Global Health. Women in global health as co-chair of gender equity hub[R/OL].[2021-07-21].https://www.womeningh.org/gender-equity-hub.

视角,包括按生物性别和社会性别分列的数据,并纳入社会护理人力。研究工作必须超越性别不平等,同时评估性别角色转换干预措施的影响。①

---

① 世界卫生组织.确保全球卫生工作人员性别平等的 10 个关键问题[EB/OL].[2021-07-21].https://www.sohu.com/a/307547602_652863.

结 语

目前来看,全球女性的社会地位得到了显著提升。女性不仅在社会工作中获得了更大的发展空间,同时领导能力的增强也为全球和各个国家的经济发展做出了重要贡献。在经济领域,增加女性就业和领导机会可以为企业创造更多收益。麦肯锡 2018 年发布的《妇女问题》(*Women Matter*)报告显示,如果企业拥有三名或三名以上的女性担任高级管理职务,那么组织内部各方面经营绩效都会显著提升。[①] 纵观当前女性在各个领域的发展情况,整体呈现出了积极乐观的态势,这其中离不开国际社会的各个行为体相互协调发挥的关键作用。可以认为,在国家、国际组织以及民间社会的共同努力下,全球推动性别平等工作取得了可喜的成绩。

联合国作为当代国际社会中最具世界影响力的国际组织,长期以来对性别平等议题给予了格外的关注。一方面,联合国以处于社会弱势地位的女性

---

① United Nations Secretary-General's High-Level Panel on Women's Economic Epowerment. Women matter: time to accelerate ten years of insights into gender diversity 2018 [EB/OL]. [2021-07-21]. https://www.empowerwomen.org/-/media/files/un%20women/empowerwomen/resources/hlp%20briefs/unhlp%20full%20report.pdf? la=en.

群体为着眼点,侧重于解决女性被歧视、性暴力等问题;另一方面,联合国还重视对精英女性群体展开研究,致力于从多层次提高女性的领导能力,促进精英女性在推动社会发展中发挥关键作用。

在政治领域,联合国为女性提升领导力提供全面支持。常驻联合国代表团提供的资料显示,截至 2019 年 6 月,全球共有 11 位女性担任国家元首,12 位女性担任政府首脑。① 同时越来越多的证据显示,女性在政治决策过程中的领导作用可以促进政治体系的改革和完善。② 例如,女性通过跨党派工作、议会来倡导性别平等,如消除基于性别的暴力、保障育儿假和养恤金,以此体现女性的政治领导力。另外,女性首脑也可推动政治领域的改革和发展。在经济领域,联合国妇女署与各国政府开展合作,制定和实施能够为女性带来更多益处的宏观经济政策,分析女性有偿工作与包容性增长之间的联系、经济危机的影响以及性别在农业和贸易政策中发挥的作用等。与此同时,联合国妇女署还提供指南和数据,为响应性别问题的政策提供更多信息,并帮助政府官员和性别平等倡导者获得设计和实施这些政策的技能。③

在教育领域,联合国教科文组织通过创新合作计划(如"全球女童和女性教育合作""更好的生活,更好的未来"计划)来推动女性教育。借助信息、通信和技术等创新工具,辅以正式和非正式的教育手段,寻求扩大女性的学习机会,让她们能够更好地接受教育。不仅如此,长期以来,联合国教科文组织还

---

① United Nations Women. Facts and figures:leadership and political participationt:women in parliament[EB/OL].[2021-07-21].https://www.unwomen.org/en/what-we-do/leadership-and-political-participation/facts-and-figures#notes.
② United Nations Women. In brief:women's leadership and political participation[EB/OL].[2021-07-23]. https://www.unwomen.org/~/media/headquarters/attachments/sections/library/publications/2013/12/un% 20womenlgthembriefuswebrev2% 20pdf.ashx.
③ United Nations Women. Macroeconomic policies and social protection[EB/OL].[2021-07-23].https://www.unwomen.org/en/what-we-do/economic-empowerment/macroeconomics-policies-and-social-protection.

致力于在全球和国家层面开展教育政策方面的合作,支持女性教育以及性别平等。①

在气候领域,联合国妇女署倡导将性别平等和女性赋权纳入气候变化的讨论和行动中,以此加强女性在气候行动中的参与度和领导能力。除此之外,联合国气候变化框架公约缔约方年度会议还通过了一项性别行动计划,以支持与性别相关的决定并确保任务得到执行,提高女性在气候行动中的知名度。②

在科技创新领域,随着互联网技术的兴起,人工智能、区块链、物联网、云计算等信息科技领域也对女性发展提出了前所未有的挑战。联合国妇女署在其新发布的《2018—2022年战略计划》草案中将创新技术列为"变革推动力"之一,认为创新战略着重于促进女性成为创新者和企业家,以及满足女性投资和创新技术的需求。

然而,需要说明的是,尽管联合国在女性赋权方面做出了诸多努力,但是就实际情况而言,全球仍然没有任何一个国家完全实现性别平等。目前来看,联合国可持续发展目标5进程推进较快,性别平等目标取得的成效较为明显,但是总体而言,推进性别平等和提高女性的领导能力仍存在诸多问题。例如,尽管全球女性生殖器切割和早婚的流行率大大下降,但部分欠发达地区的女性仍然面临早婚和女性生殖器切割的风险。另外,在解决性别不平等问题的路径方面,结构性缺陷成了阻碍女性发展的现实困境,如法律内容存在歧视条款、传统社会规范不公平、女性决策过程不公平以及政治参与程度低等。

联合国统计数据表明,当前女性仍未摆脱不平等的生活处境,受传统社会

---

① 联合国教科文组织. 妇女和女童教育[EB/OL].[2021-07-25]. https://zh.unesco.org/themes/women-s-and-girls-education.
② United Nations Women. In focus: climate action by and for women[EB/OL].[2021-07-25].https://www.unwomen.org/en/news/in-focus/climate-change.

习俗、社会观念等影响,全球还会有 7.5 亿名妇女和女童在 18 岁之前结婚,30个国家中至少有 2 亿名女性经历过切割女性生殖器的痛苦。在经济发展较为落后的国家,丈夫仍是合法阻止妻子外出工作的重要因素。同时,部分国家的女性遭受家庭暴力仍未得到法律的保护,导致女性的人身安全还面临着家庭威胁等。① 从上述发展困境可以看出,普通女性在实现"精英化"的道路上仍将面临巨大障碍。历史经验表明,社会发展离不开女性发挥关键作用。女性作为一支不可忽视的重要力量,将促进社会可持续发展,实现造福整个社会和人类的目标。开展制定工作场所的性别平等规范、完善维护女性权利的法律框架等制度性建设工作,有益于根除对女性的有害行为,对于消除全球普遍存在的性别歧视至关重要。② 因此,就这个意义而言,国际社会促进性别平等、提高女性领导力以及最终真正实现妇女赋权仍然任重而道远。

---

①② 联合国.可持续发展目标 5:实现性别平等,增强所有妇女和女童的权能[EB/OL]. https://www.un.org/sustainabledevelopment/zh/gender-equality/.

附录一:与性别相关中英文译名对照

包括性别创新原则(Gender Innovation Principles)

包容性和可持续工业发展(Inclusive and sustainable industrial development, ISID)

促进国际电信联盟电信标准化部门(ITU Telecommunication Standardization Sector, ITU-T)

促进和全面发展妇女的国家政策(National Development Plan K'atun: Our Guatemala 2032, PNPDIM 2008—2003)

促进性别平等和公平的国家战略(A National Strategy for Gender Equality and Equity, SNEEG)

赤脚学院(Barefoot College)

从事服装行业女性(Ready-made Garment, RMG)

创新领导者(Champions for Innovation)

多年工作计划(Multi-Year Programme of Work)

地球科学界女性(Women in Earth Science)

发展中国家妇女科学组织(Organization for Women in Science for the Developing World, OWSD)

反刻板印象联盟(Unsterotype Alliance)

女性创新战略(UN Women's Innovation Strategy)

妇女的经济赋权(Economic empowerment of women, WEE)

妇女地位委员会(Commission on the Status of Women, CSW)

妇女的政治赋权和领导能力(Women's political empowerment and leadership, WPEL)

妇女赋权指南(A Guide to Women's Empowerment, WEPs)

妇女发展与团结中心(Women Development and Solidarity Centre, SADA)

妇女经济赋权旗舰计划(Women's Economic Empowerment, WEE)

妇女权能中心(Mahila ShaktiKendra)

妇女气象监测(the Women's Weather Watch, WWW)

妇女体面工作方案(Decent Work for Women Programme)

妇女网络(Network of Women, NOW)

妇女意识平台(Mahila Jagruk Manche)

妇女议员资源中心(Resource Centre for Women Parliamentarians, RCWP)

妇女在科学、创新、技术和工程(Gender in Science, Innovation, Technology and Engineering, SITE)

福特基金会(Ford Foundation)

非洲变革和包容性领导中心(Africa Centre for Transformative and Inclusive Leadership, ACTIL)

非洲妇女数学协会(African Women's Mathematical Association, AWMA)

非洲妇女协会(African Women's Association, AFA)

非洲联盟委员会(African Union Commission, AUC)

非洲女孩可以编码倡议(African Girls Can Code Initiative, AGCCI)

妇女参政(Women in Politics, WiP)

联合国工业发展组织与西班牙国际合作署(Agencia Española de Cooperación Internacional para el Desarrollo, AECID)

国际合作性别问题委员会(Mesa de Género de la Cooperación Internacional en Colombia, MGCI)

国际崛起人才计划(The International Rising Talents)

国际劳工组织(International Labour Organization, ILO)

国际女工程师和科学家网络(International Network of Women Engineers and Scientists, INWES)

国际农业发展基金(International Fund for Agricultural Development, IFAD)

国际天然气联盟(International Gas Union, IGU)

蝴蝶之翼(Butterfly Wings)

环境和性别指数(Environment and Gender Index, EGI)

合作小组性别问题分组(STG-GruC)

健康人力中的性别平等:基于对104个国家的分析(Gender Equity in the Health Workforce:Analysis of 104 Countries)

联合国教科文组织—欧莱雅科学女性伙伴关系(For Women in Science Partnership, FWIS)

联合国教科文组织自然科学部门(UNESCO Natural Sciences Division)

剑麻篮子(Sisal Baskets)

结束对妇女和女孩的暴力行为(End Violence Against Women and Girls,

EVAWG)

将性别观点纳入电信发展部门(Telecommunication Development Bureau, BDT)

将性别观点纳入所有方案和活动的主流议程(Gender Mainstreaming in All Programmes and Activities)

将性别纳入减少灾害风险(Disaster Risk Reduction, DRR)

可持续发展宽带委员会的宽带和性别问题工作组(Working Group on Broadband and Gender of the Broadband Commission for Sustainable Development)

宽带数字发展委员会(the Broadband Commission for Digital Development)

妇女参与公共服务项目(Women in Public Service Projects, WPSP)

开放社会基金会(Open Society Foundation, OSF)

跨领域议题(Cross-Cutting Issues)

科学、创新、技术和工程中的性别(GenderInSITE)

科学、技术、工程、数学与性别进步(STEM and Gender Advancement, SAGA)

科学、技术、工程研究和数学(Science, Technology, Engineering Research and Mathematics, STEM)

科学、技术和创新(Science, technology and innovation, STI)

联合国道德操守办公室(United Nations Ethics Office)

联合国妇女署(UN Women)

联合国妇女署与联合国姐妹机构(UN sister agencies)

联合国关于在土耳其建立有利于两性平等的环境的联合计划(UN Joint Programme on Fostering an Enabling Environment for Gender Equality in

Turkey, UNJP)

联合国工业发展组织(United Nations Industrial Development Organization, UNIDO)

机构间妇女和两性平等网络(Inter-Agency Network on Women and Gender Equality, IANWGE)

联合国教科文组织(United Nations Educational Scientific and Cultural Organization, UNESCO)

联合国教科文组织统计研究所(UNESCO Institute Statistics)

联合国气候变化框架公约(United Nations Framework Convention on Climate Change, UNFCCC)

《联合国全球契约》(UN Global Compact)

联合国社会性别主题工作组(United Nations Theme Group on Gender, UNTGG)

"连接另一半"的2025目标框架(2025 Targets: "Connecting the Other Half")

联合国粮食及农业组织(Food and Agriculture Organization, FAO)

农村妇女的经济赋权(Economic Empowerment of Rural Women, RWEE)

女性的春天(Spring Forward for Women)

女性购买(Buy from Women)

平等薪酬冠军平台(The Equal Pay Platform of Champions)

破解密码:科学、技术、工程和数学中的女性教育(Cracking the code: Girls' and women's education in STEM)

旗舰女性军官课程(Female Military Officers Course, FMOC)

旗舰项目(Flagship Programme initiatives)

全球变革创新联盟(Global Innovation Coalition for Change, GICC)

全球青年女性领导人会议(The Road to 2030: Leadership by and for Young Women)

全球契约地方网络(Red Local de Pacto Global)

全球性别配额数据库(Gender Quotas Database)

全球移动通信系统协会(GSM Association, GSMA)

群体甄别(Prima Facie)

让我们把墨西哥涂成橙色(Let's Paint Mexico in Orange)

《世界妇女状况:趋势和统计数据》(The World's Women1970-1990: Trends and Statistics)

世界气象组织(World Meteorological Organization, WMO)

世界无线电通信研讨会(World Radiocommunication Seminar 2016, WRS-16)

世界知识产权组织(World Intellectual property organization, WIPO)

同酬国际联盟(Equal Pay International Coalition, EPIC)

她创新全球计划(She Innovates Global Programme)

她创新运动和指导计划(She Innovates Campaign and Mentoring Programme)

参与式情景规划(Participatory Scenario Planning, PSP)

《为性别平等媒体契约而逐步提高》(Step it Up for Gender Equality Media Compact)

性别敏感(Gender-Sensitive)

性别平等和女性赋权问题(Gender Equality and Women's Empowerment, GEWE)

性别问题工作队(Gender Task Force)

性别问题和提高妇女地位特别顾问办公室(OSAGI)

性别问题纳入国际电信联盟发展(Gender Integration in ITU Development, ITU-D)

性别与教育(Gender and Education)

性别主流指导委员会(Gender Mainstreaming Steering Board, GMSB)

信息与通信技术(Information and Communication Technology, ICT)

议会联盟(Inter-Parliamentary Union, IPU)

支持联合国妇女运动(March On campaign)

制定特定性别的方案(Gender-Specific Programming)

中国社会性别基金(China Gender Fund, CGF)

姊妹大学/联合国教科文组织教席计划(UNITWIN/UNESCO Chairs Programmes)

附录二：与性别议题相关的网址

对妇女的暴力行为特别报告员 https://www.ohchr.org/EN/Issues/Women/SRWomen/Pages/SRWomenIndex.aspx

东南亚国家联盟：促进和保护妇女和儿童权利委员会 https://asean.org/asean-socio-cultural/asean-ministerial-meeting-on-social-welfare-and-development-ammswd/acwc-php/

非洲开发银行：性别 http://www.afdb.org/en/topics-and-sectors/sectors/gender/

非洲联盟：性别与发展 https://au.int/wgd

国际电信联盟：性别仪表板 https://www.itu.int/en/action/gender-equality/data/Pages/ie.aspx?/en/action/gender-equality/data/Pages/default.aspx

国际劳工组织：性别、平等与多样性和国际劳工组织艾滋病处 https://www.ilo.org/gender/lang--en/index.htm

国际贸易中心：妇女与贸易 http://www.intracen.org/itc/projects/women-and-trade/

国际农业发展基金：性别 https://www.ifad.org/en/gender/

国际移民组织：性别与移民 http://www.iom.int/cms/iom-and-gender

国际原子能机构：性别 https://www.iaea.org/about/overview/gender-at-the-iaea

国际自然保护联盟：性别 https://www.iucn.org/theme/gender

红十字国际委员会：妇女 https://www.icrc.org/en/war-and-law/protected-persons/women

联合国艾滋病毒/艾滋病联合规划署：性别 https://www.unaids.org/en/topic/gender

联合国裁军事务厅：性别观点 http://www.un.org/disarmament/HomePage/gender/gender.shtml

联合国裁军研究所：性别 https://unidir.org/about/the-institute/gender

联合国大会：与性别有关的项目的会议和文件 https://www.un.org/womenwatch/daw/documents/ga.htm

联合国毒品和犯罪问题办公室：性别 https://www.unodc.org/unodc/en/gender/index.html

联合国儿童基金会：性别平等 https://www.unicef.org/gender-equality

联合国非洲经济委员会：性别 https://www.uneca.org/our-work/gender

妇女地位委员会 https://www.unwomen.org/en/csw

联合国妇女观察 https://www.un.org/womenwatch/

联合国妇女署 https://www.unwomen.org/en

联合国妇女与两性平等机构间网络 https://www.un.org/womenwatch/ianwge/

联合国防治荒漠化公约：性别行动计划 https://www.unccd.int/actions/gender-action-plan

联合国工业发展组织：性别平等和增强妇女权能 http://www.unido.org/

gender.html

联合国环境规划署：性别 https://www.unenvironment.org/explore-topics/gender

联合国和平行动部：性别 https://dppa.un.org/en

联合国经济及社会理事会：与性别有关的项目的会议和文件 https://www.un.org/womenwatch/daw/documents/ecosoc.htm

联合国减少灾害风险办公室：性别 https://www.undrr.org/

联合国教科文组织：性别平等 http://www.unesco.org/new/en/unesco/themes/gender-equality/

联合国开发计划署：性别平等 https://www.undp.org/content/undp/en/home/2030-agenda-for-sustainable-development/people/gender-equality.html

联合国拉丁美洲和加勒比经济委员会 https://www.eclac.org/mujer/

联合国秘书长关于性别主流化的报告 https://www.un.org/womenwatch/osagi/oSGreports.html

联合国贸易和发展会议：性别与贸易 https://unctad.org/en/Pages/DITC/Gender-and-Trade.aspx

联合国难民署：妇女 https://www.unhcr.org/pages/49c3646c1d9.html

联合国欧洲委员会：性别 http://www.unece.org/gender

联合国气候变化框架公约（UNFCCC）：性别与气候变化 https://unfccc.int/gender#balance

《联合国气候变化框架公约》中的妇女与性别团体 http://womengenderclimate.org/

联合国人道主义事务协调厅：性别平等方案 https://www.unocha.org/fr/themes/gender-equality-programming

联合国人居署：性别 https://unhabitat.org/urban-themes/gender/

联合国人口基金：性别平等 https://www.unfpa.org/gender-equality

联合国人权理事会 https://www.ohchr.org/EN/HRBodies/HRC/Pages/Home.aspx

联合国人权事务高级专员办事处：妇女权利与两性平等，https://www.ohchr.org/EN/Issues/Women/WRGS/Pages/WRGSIndex.aspx

联合国社会发展研究所：性别与发展 http://www.unrisd.org/80256B3C005BB128/(httpProgrammeAreas)/BAC527EAC4F1F59C8025718B003C2B65?OpenDocument

联合国水机制：水与性别 https://www.unwater.org/water-facts/gender/

联合国训练研究所：性别平等和增强妇女权能 https://www.unitar.org/sustainable-development-goals/peace/our-portfolio/gender-equality-and-womens-empowerment

联合国亚太经济社会委员会：性别平等 http://www.unescap.org/our-work/social-development/gender-equality

联合国政治与建设和平事务部：妇女、和平与安全 https://dppa.un.org/en/women-peace-and-security

联合国粮食及农业组织：性别，http://www.fao.org/gender/en/

世界粮食计划署：性别平等，https://www.wfp.org/gender-equality

玛丽·鲁滨孙基金会-气候正义：妇女在性别与气候变化方面的领导 https://www.mrfcj.org/our-work/areas-of-work/womens-leadership-on-gender-and-climate-change/

美洲国家组织：妇女 http://www.oas.org/en/topics/women.asp

美洲开发银行：性别与多样性 http://www.iadb.org/en/topics/gender-indigenous-peoples-and-african-descendants/gender-equality-and-womens-empowerment,2604.html

南亚区域合作联盟：与性别相关的问题，http://saarc-sec.org/areas_of_cooperation/area_detail/social-affairs/click-for-details_8

欧洲安全与合作组织：性别平等 https://www.osce.org/secretariat/gender

欧洲联盟：男女平等 https://eur-lex.europa.eu/legislation_summaries/employment_and_social_policy/equality_between_men_and_women/

欧洲委员会：性别平等 https://ec.europa.eu/info/policies/justice-and-fundamental-rights/gender-equality_en

欧洲性别平等研究所：https://eige.europa.eu/

全球性别与气候联盟：https://genderandenvironment.org/actors/the-global-gender-and-climate-alliance-ggca/

歧视妇女和女童工作组 https://www.ohchr.org/EN/Issues/Women/WGWomen/Pages/WGWomenIndex.aspx

世界经济论坛：性别均等 https://www.weforum.org/agenda/archive/gender-parity/

世界贸易组织：妇女节 https://www.wto.org/english/forums_e/women_day_e/women_day13_e.htm

世界气象组织 https://public.wmo.int/en/resources/gender-equality

世界银行：性别 https://www.worldbank.org/en/topic/gender

世界知识产权组织：性别平等与知识产权 https://www.wipo.int/women-and-ip/en/

实施联合国行政首长协调会性别平等和增强妇女权能政策的全系统行动计划 http://www.unwomen.org/en/how-we-work/un-system-coordination/promoting-un-accountability

生物多样性公约：性别与生物多样性，https://www.cbd.int/gender

食物权问题特别报告员:性别 http://www.srfood.org/en/gender

世界卫生组织:性别,平等与人权 https://www.who.int/health-topics/gender

消除对妇女歧视委员会 https://www.ohchr.org/EN/HRBodies/CEDAW/Pages/CEDAWIndex.aspx

西亚经济社会委员会:性别问题 https://www.unescwa.org/our-work/gender-and-women-issues

亚洲开发银行:缩小性别差距 https://www.adb.org/themes/gender/main

后　记

《联合国精英女性培养政策与实践》一书作为"高等教育大众化与媒介融合时代精英女性培养与领导力提升研究"（项目编号15JZDW002,2015年教育部哲学社会科学研究重大委托项目）项目的子课题《联合国菁英女性培养及领导力提升政策分析》（2017年子课题），目的是从宏观的视角全面评价联合国在精英女性的培养上所做的努力，并在此基础上，对未来联合国及国际社会在相关领域政策的制定及措施的实施提出多方面思考和政策主张。

本书自2017年6月开始写作，2019年12月完成初稿。此后又几度修改，于2020年6月最后定稿，前后历时3年的时间完成。

图书在版编目(CIP)数据

联合国精英女性培养政策与实践/仪名海,薛岩,张易昔等著. --北京：中国传媒大学出版社，2025.2
ISBN 978-7-5657-2864-8

Ⅰ.①联⋯ Ⅱ.①仪⋯ ②薛 ③张⋯ Ⅲ.①女性－社会问题－研究－世界 Ⅳ.①C913.68

中国版本图书馆 CIP 数据核字(2020)第 256917 号

联合国精英女性培养政策与实践
LIANHEGUO JINGYING NÜXING PEIYANG ZHENGCE YU SHIJIAN

著　者	仪名海　薛岩　张易昔 等
策划编辑	李水仙
责任编辑	姜颖昳
封麻设计	大鹏设计
责任印制	李志鹏
出版发行	中国传媒大学出版社
社　址	北京市朝阳区定福庄东街 1 号　　邮编　100024
电　话	86-10-65450528　65450532　　传真　65779405
网　址	http://cucp.cuc.edu.cn
经　销	全国新华书店
印　刷	唐山玺诚印务有限公司
开　本	710mm×1000mm　1/16
印　张	16.5
字　数	227 千字
版　次	2025 年 2 月第 1 版
印　次	2025 年 2 月第 1 次印刷
书　号	ISBN 978-7-5657-2864-8　　定价　79.00 元

本社法律顾问：北京嘉润律师事务所　郭建平